Natur entdecken 7 R/M

Mittelschule Bayern
Natur und Technik

Erarbeitet von
Franz Kraft, Bad Tölz
Kathrin Schön, Lenting
Bernhard Schnupp, Berching
Dr. Eva Schropp, Kallmünz
Jürgen Wolff, Iphofen

Oldenbourg Schulbuchverlag, München

Autorinnen und Autoren: Franz Kraft, Bernhard Schnupp, Kathrin Schön, Dr. Eva Schropp, Jürgen Wolff
Redaktion: Dr. Kerstin Amelunxen, Yvonne Schanzenbächer
Bildrecherche: Moritz Vennemann
Illustration: biologiegrafik, diGraph, Jörg Mair, Karin Mall, Tom Menzel , Heike Möller, Ingrid Schobel, Detlef Seidensticker
Umschlagskonzept: Mendell & Oberer, München
Gesamtgestaltung und technische Umsetzung: Studio SYBERG

www.oldenbourg.de

Dieses Werk enthält Vorschläge und Anleitungen für Untersuchungen und Experimente. Vor jedem Experiment sind mögliche Gefahrenquellen zu besprechen. Beim Experimentieren sind die Richtlinien zur Sicherheit im Unterricht einzuhalten.

Soweit in diesem Lehrwerk Personen fotografisch abgebildet sind und ihnen von der Redaktion fiktive Namen, Berufe, Dialoge und Ähnliches zugeordnet oder diese Personen in bestimmte Kontexte gesetzt werden, dienen diese Zuordnungen und Darstellungen ausschließlich der Veranschaulichung und dem besseren Verständnis des Inhalts.

1. Auflage, 1. Druck 2019

Alle Drucke dieser Auflage sind inhaltlich unverändert und können im Unterricht nebeneinander verwendet werden.

Druck: Firmengruppe APPL, aprinta Druck, Wemding

ISBN 978-3-7627-0467-6 (Schülerbuch)
ISBN 978-3-7627-0626-7 (E-Book)

PEFC
PEFC/04-32-0928

PEFC zertifiziert
Dieses Produkt stammt aus nachhaltig bewirtschafteten Wäldern und kontrollierten Quellen.

www.pefc.de

Inhaltsverzeichnis

Mensch und Gesundheit

Elektrische Energie 122

Liebe Schülerin, lieber Schüler,

willkommen in der 7. Klasse!
Damit du dich in deinem Buch gut zurechtfindest, möchten wir es dir hier kurz vorstellen.

*Wenn du Schülerin oder Schüler einer Mittleren-Reife-Klasse bist, gibt es Textabschnitte und Seiten, die sich speziell an dich wenden. Sie sind mit **oranger Farbe** gekennzeichnet.*

Auftakt

Jedes Kapitel beginnt mit mehreren Bildern und kurzen Texten. Die Fotos geben dir einen ersten Eindruck, worum es geht. In den Texten findest du interessante Zahlen oder Rekorde zum Thema.

Vorwissen

Beim Betrachten der großen Zeichnung fallen dir sicher viele Dinge ein, die du zum Thema des Kapitels bereits weißt. Oder es ergeben sich Fragen, die im Verlauf des Kapitels geklärt werden ...
Der kurze Text unten auf der Seite zeigt dir, was genau dich im Kapitel erwartet.

Forschen

Mit den Forscher-Aufträgen startest du in die neuen Themen. Hier darfst du Dinge selbst ausprobieren und herausfinden.

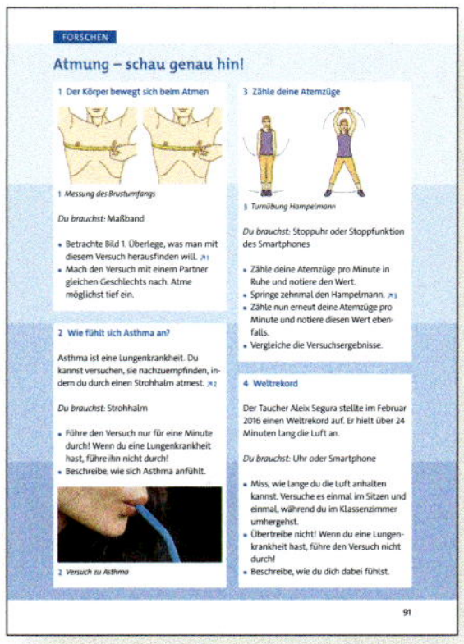

Grundseiten

Auf diesen Seiten werden dir Zusammenhänge und Fachbegriffe eines Themas erklärt. Merksätze am Seitenende fassen das Allerwichtigste kurz zusammen.
Auf Abbildungen wird so verwiesen: ↗1
Wenn Absätze mit Sternchen ∗ gekennzeichnet sind, kannst du aus ihnen auswählen.

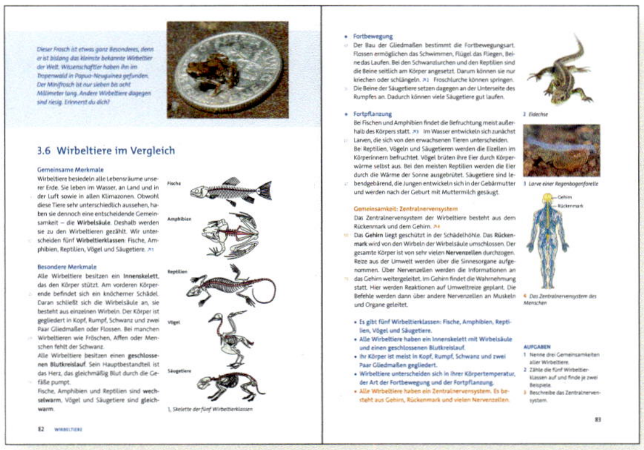

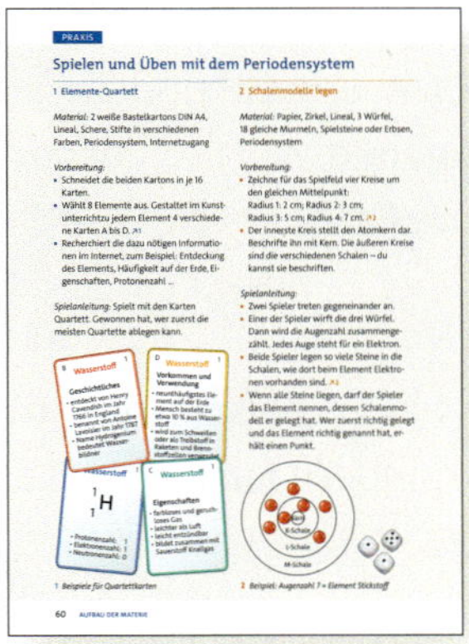

Praxis

Hier erhältst du Anleitungen für wichtige Arbeitsweisen und Versuche.
Jeder Schritt wird genau erklärt.

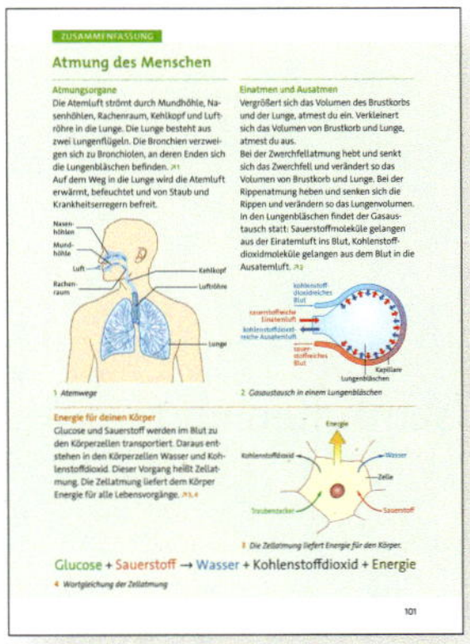

Zusammenfassung

Auf dieser Seite ist der Stoff des ganzen Kapitels zusammengefasst. Die Seite ist darum eine gute Lernhilfe.

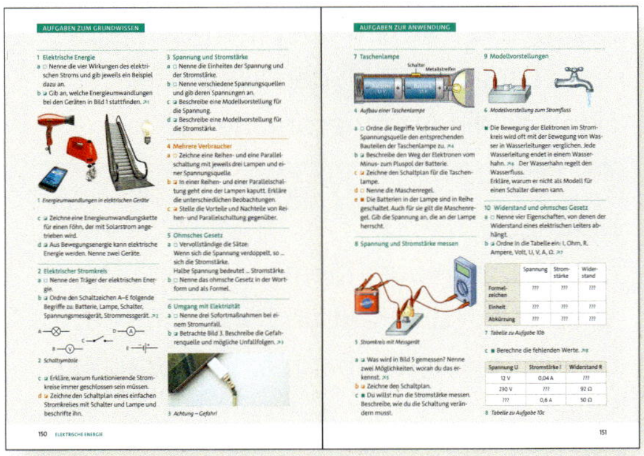

Aufgaben

Nun kannst du dein Wissen überprüfen und anwenden. Wenn du die Aufgaben auf der linken Seite lösen kannst, hast du das nötige Grundwissen. Auf der rechten Seite findest du kniffligere Aufgaben, bei denen du auch weiterdenken musst.
Die Symbole zeigen dir, wie schwierig die Aufgaben sind: □ einfach, ◪ mittel, ■ schwer.

Am Ende des Buchs findest du die Lösungen zu den Aufgaben-Seiten.
Außerdem gibt es ein Stichwortverzeichnis. Es hilft dir beim Nachschlagen.

Arbeitsaufträge richtig verstehen

Im Unterricht oder in schriftlichen Prüfungen bearbeitest du immer wieder **Aufgaben**. Jede Aufgabe enthält ein Aufforderungsverb. Der Fachausdruck dafür ist **Operator**. Operatoren sind Signalwörter, die dir darüber Auskunft geben, was du bei der Aufgabe tun musst. Wenn du die Bedeutung eines Operators kennst, kannst du die Aufgabe leichter lösen.

Nennen – angeben – aufzählen

Hier sollst du Sachverhalte oder Begriffe aufzählen.

> Nenne die Aufgaben des Blutes.

↗ S. 109/2

Lösung:
Die Aufgaben des Blutes sind die Verteilung der Wärme im Körper, der Transport von Stoffen und die Abwehr von Krankheitserregern.

Beschreiben

Hier sollst du Sachverhalte und Zusammenhänge in eigenen Worten wiedergeben. Verwende Fachbegriffe und Fachsprache.

> Beschreibe an einem Beispiel, wie man das Rosten verhindern kann.

↗ S. 33/5

Lösung:
Wenn man einen Wasserhahn mit Chrom überzieht, rostet er nicht, weil kein Sauerstoff an das Eisen gelangt.

Vergleichen

Hier sollst du Gemeinsamkeiten und Unterschiede ermitteln.

> Vergleiche das Verbrennen von Eisenwolle mit dem Verrosten eines Fahrrads.

↗ S. 39/9c

Lösung:

Verbrennen von Eisenwolle	Rosten eines Fahrrads
Eisen fein verteilt, Oberfläche groß, großer Zerteilungsgrad	Eisen massiv, Oberfläche gering, kleiner Zerteilungsgrad
Reaktion verläuft schnell mit Feuererscheinung	Reaktion verläuft langsam ohne Feuererscheinung
Eisen reagiert vollständig zu Eisenoxid	Eisen reagiert zunächst nur an Oberfläche

Ordnen – zuordnen

Hier sollst du Begriffe in eine sinnvolle Reihenfolge bringen oder zueinander in Beziehung setzen.

> Wirbeltiere atmen über Kiemen, Haut und Lungen. Ordne den Wirbeltierklassen die Atmungsorgane zu.

↗ S. 86/6c

Lösung:
Fische atmen über Kiemen. Amphibien atmen über die Haut und über Lungen, als Larven atmen sie über Kiemen. Reptilien, Vögel und Säugetiere atmen über Lungen.

Erläutern

Hier sollst du Sachverhalte durch zusätzliche Informationen veranschaulichen und verständlich machen.

Erläutere den Begriff Isotop an einem Beispiel.

↗ S. 47/3

Lösung:
Isotope sind Atome eines Elements, die sich in der Anzahl der Neutronen unterscheiden. Das Element Wasserstoff hat drei Isotope mit keinem, einem und zwei Neutronen.

Beurteilen – bewerten – Stellung nehmen

Hier sollst du zu einem Sachverhalt aufgrund von Fachwissen, aber auch persönlicher Einschätzung eine Aussage machen.

Beurteile die Aussage: Das Atommodell von Dalton ist falsch.

↗ S. 63/7d

Lösung:
Diese Aussage ist falsch. Ein Modell ist nicht richtig oder falsch. Es kann nur nicht alles erklären.

Begründen

Hier sollst du Sachverhalte auf Regeln, Gesetzmäßigkeiten oder Ursachen zurückführen.

Begründe, warum es besser ist, durch die Nase als durch den Mund zu atmen.

↗ S. 93/3

Lösung:
In der Nase befinden sich Haare und die Nasenschleimhaut. Wenn man durch die Nase einatmet, wird die Luft erwärmt, befeuchtet und gereinigt.

Erklären

Hier sollst du Sachverhalte verständlich machen und dabei Regeln, Gesetzmäßigkeiten oder Ursachen verwenden.

Erkläre die Begriffe Nesthocker und Nestflüchter.

↗ S. 81/3

Lösung:
Nesthocker bleiben noch mehrere Tage bis Wochen im Nest und werden von der Mutter versorgt. Nestflüchter können schon kurz nach der Geburt laufen und ihren Eltern folgen.

Zeichnen

Hier sollst du eine anschauliche und genaue Zeichnung anfertigen.

Zeichne das Stickstoffmolekül im Teilchenmodell.

↗ S. 38/2b

Lösung:

Im Fachraum – Einrichtungen und Regeln

Sicherheitseinrichtungen, Symbole und Zeichen

Im Fachraum gibt es verschiedene Einrichtungen, die deiner Sicherheit dienen. Mit dem Not-Aus-Schalter kannst du blitzschnell im ganzen Fachraum Strom und Gas ausschalten. ↗1

1 *Sicherheitseinrichtungen*

Im Fachraum gibt es verschiedene Gruppen von Zeichen: blaue Gebotssymbole, grüne Rettungssymbole und gelbe Warnzeichen. ↗2

Gebotssymbole	Rettungssymbole	Warnzeichen
 Schutzbrille	 Fluchtweg	 Spannung
 Schutzhandschuhe	 Erste-Hilfe-Kasten	 Strahlung

2 *Wichtige Symbole*

Verhaltensregeln im Fachraum

Für den Fachraum gelten besondere Regeln. Sie dienen dazu, die Zusammenarbeit zu erleichtern und dich vor Unfällen zu schützen. ↗3

Richtiges Verhalten im Fachraum

- Fachraum nur mit Lehrkraft betreten
- nicht herumlaufen oder rempeln
- nicht essen oder trinken
- Geräte, Schalter und Chemikalien erst nach Aufforderung deiner Lehrkraft berühren
- Versuchsplanung beachten
- Sicherheitsvorschriften beachten
- sorgfältig mit Materialien und Geräten umgehen
- Arbeitsplatz aufräumen

3 *Verhaltensregeln*

Regeln beim Experimentieren

Für das Durchführen von Versuchen gibt es einige grundlegende Regeln: ↗4

- immer eine Schutzbrille tragen
- lange Haare zurückbinden
- Chemikalien nie mit den Fingern anfassen
- Glasöffnungen nie auf dich oder andere richten

4 *Wichtige Experimentierregeln*

Im Fachraum – Geräte und Chemikalien

Umgang mit Laborgeräten

Im Natur-und-Technik-Fachraum findest du viele Behälter, Werkzeuge, Messgeräte und andere Hilfsmittel. Alles das bezeichnet man als Laborgeräte. ↗1

Messgeräte wie Thermometer oder Laborwaagen sind teuer. Erkundige dich vor dem Gebrauch über die richtige Handhabung und behandle sie sorgsam.

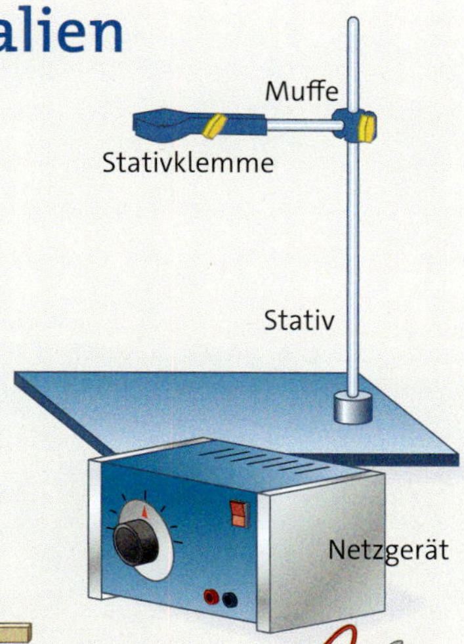

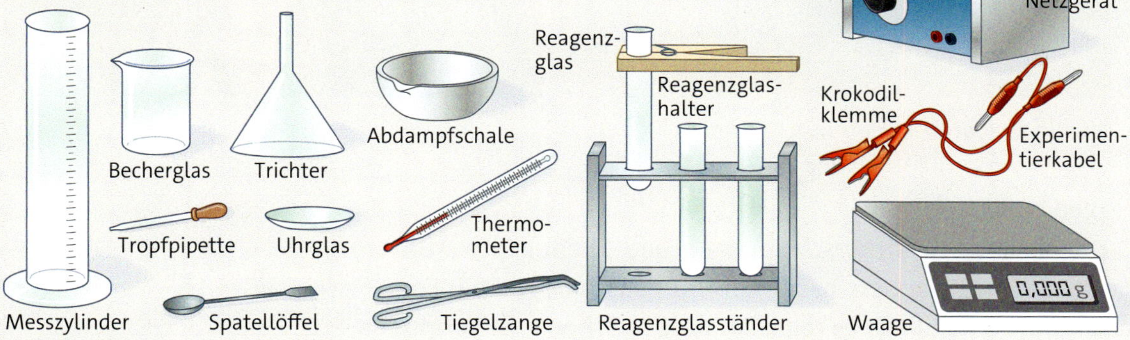

1 *Laborgeräte*

Kennzeichnung von Chemikalien

Auf vielen Chemikalienbehältern findest du Symbole mit rotem Rand. Sie heißen **Gefahrenpiktogramme**. Sie warnen dich vor schädlichen oder gefährlichen Stoffen. ↗2

Da viele Chemikalien gesundheitsschädlich oder gar giftig sind, darfst du sie auf gar keinen Fall probieren oder tief einatmen.

2 *Wichtige Gefahrenpiktogramme*

Entsorgung von Chemikalien

Manche Chemikalien dürfen nicht in den Ausguss geschüttet werden. Sie gehören in spezielle Sammelbehälter. ↗3 Frage deine Lehrerin oder deinen Lehrer, wie du Reste entsorgen sollst. Auch zerbrochene Glasgeräte werden wegen der Verletzungsgefahr in einem Extrabehälter gesammelt.

3 *Entsorgung*

So arbeiten Forscher

1 *Warum schlägt mein Herz nun so schnell?*

Fragen stellen

Du beobachtest Naturerscheinungen und überlegst, warum sie so und nicht anders passieren. Du gehst vor wie ein Forscher und stellst dir eine **Frage**. Oft hast du schon eine **Vermutung**, wie die Antwort lauten könnte. ↗1

Versuche durchführen

Du weißt nicht, ob deine Vermutung richtig oder falsch ist. Um sie zu überprüfen, musst du sie genauer **untersuchen**. Dazu brauchst du einen **Plan**. Was genau willst du untersuchen? Wie gehst du bei deinem Versuch vor? Welche **Materialien** sind dazu nötig?

Während du den **Versuch** durchführst, musst du genau hinsehen. Alle Veränderungen, die du während des Versuchs wahrnehmen kannst, sind **Beobachtungen**. Wenn du nach Ähnlichkeiten oder Unterschieden suchst, heißt das **Vergleichen**. Zu jedem Versuch fertigst du ein **Versuchsprotokoll** an (↗ Seite 13).

Versuche auswerten

Jeder Versuch hat ein **Ergebnis**. Es zeigt, ob deine Vermutung richtig oder falsch war. Das ist deine **Erkenntnis**. Auch wenn deine Vermutung nicht bestätigt wird, ist der Versuch nicht misslungen. Du findest vielleicht eine neue Frage und kannst weiterforschen.

Die Abfolge von Frage, Vermutung, Versuch und Erkenntnis nennt man **Erkenntnisweg**. ↗2 Forscher finden Lösungen, indem sie dem naturwissenschaftlichen Erkenntnisweg folgen.

2 *Naturwissenschaftlicher Erkenntnisweg*

AUFGABEN

1 Du bemerkst im Sportunterricht, dass dein Herz nach einem Sprint sehr schnell schlägt. Notiere eine Frage zu dieser Beobachtung und stelle eine Vermutung dazu auf.

2 Plane einen Versuch, um deine Vermutung zu überprüfen.

Das Versuchsprotokoll

Viele Fragen wirst du im Natur-und-Technik-Unterricht selbst durch Versuche beantworten. Damit du die Versuche auch später noch verstehst, fertigst du zu jedem Versuch ein **Versuchsprotokoll** an. Versuchsprotokolle haben einen ganz bestimmten Aufbau. ↗1

Titel

Schreibe ganz oben deinen **Namen** und das **Datum** auf.
Darunter notierst du die **Frage** und deine **Vermutung**.

Material

Unter diesem Punkt zählst du die Geräte, Chemikalien und alle anderen benötigten Materialien auf.

Versuchsdurchführung

Falls nötig machst du eine **Zeichnung** vom Versuchsaufbau. Achte auf die richtige Anordnung.
Dann beschreibst du Schritt für Schritt, wie du den Versuch durchführst.
Zeichnung und **Beschreibung** müssen so genau sein, dass auch eine andere Person den Versuch nachmachen kann.

Beobachtung

Alles, was du bei einem Versuch hörst, riechst, siehst oder misst, schreibst du als **Beobachtung** auf. Messergebnisse notierst du am besten in einer **Tabelle**.

Auswertung

Beschreibe die Bedeutung deiner Beobachtungen und deiner Messergebnisse.
Schreibe die Antwort auf deine anfangs gestellte Frage auf. Sie ist die Schlussfolgerung oder **Erkenntnis** aus deinem Versuch.

Ahmet Celin, 7c — *10.12.2018*

Versuchsprotokoll

Frage: Wie verändert sich die Anzahl der Herzschläge, wenn ich mich mehr anstrenge?

Vermutung: Je mehr ich mich anstrenge, desto schneller schlägt mein Herz.

Material: Stoppuhr des Smartphones

Versuchsdurchführung:
Meinen Herzschlag kann ich an der Halsschlagader messen. Dazu taste ich den Pulsschlag am Hals wie in der Skizze.

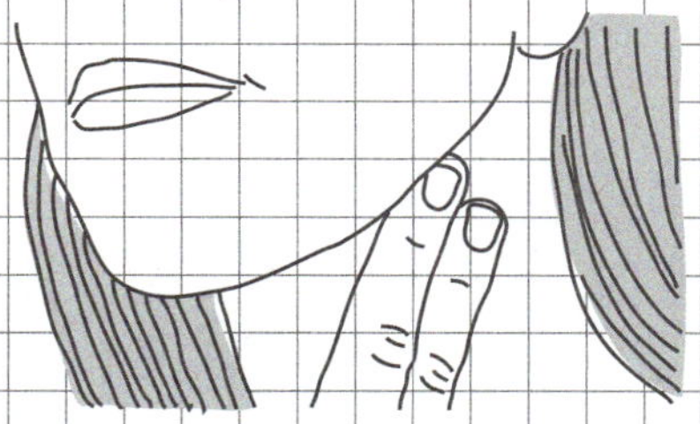

Dann starte ich die Stoppuhr des Smartphones, zähle 15 Sekunden lang die Pulsschläge und notiere mir den Wert.
Um mich anzustrengen, mache ich Hampelmänner. Ich messe den Puls erneut nach 10 und nach 20 Hampelmännern.

Beobachtung:

	Anzahl der Pulsschläge in 15 Sekunden
zu Beginn	17
nach 10 Hampelmännern	26
nach 20 Hampelmännern	34

Auswertung: Die Anzahl der Pulsschläge ist höher, wenn ich mich anstrenge. Wenn ich mich noch stärker anstrenge, wird sie noch höher. Je mehr ich mich anstrenge, desto schneller schlägt mein Herz.

1 *Beispiel für ein Versuchsprotokoll*

1
arqiva

Zusammensetzung und Bedeutung der Luft

25 000 000

Von der Internationalen Raumstation aus kann man die Lufthülle der Erde als dünne blaue Schicht erkennen. Seit **25 Millionen Jahren** ist ihre Zusammensetzung etwa so wie heute.

10 000

Zehntausend Kilogramm wiegt die Luft über einem Quadratmeter Boden. So schwer sind etwa zwei erwachsene Elefanten.

28 217

Über **achtundzwanzigtausend** Windkraftanlagen gab es im Jahr 2017 in Deutschland. Ihre Zahl wächst ständig. Mittlerweile werden über 12 % der elektrischen Energie in Deutschland durch Wind erzeugt.

In diesem Kapitel ...

- untersuchst du die besonderen Eigenschaften der Luft und ihre Auswirkungen auf den Alltag.
- lernst du, wie die Luft zusammengesetzt ist.
- arbeitest du mit chemischen Symbolen und lernst die chemische Zeichensprache.
- lernst du, unter welchen Voraussetzungen etwas brennt, wie man Bränden vorbeugt und wie man sie bekämpft.
- lernst du, dass sich manche Gegenstände durch den Luftsauerstoff verändern und wie man das verhindern kann.
- lernst du, wie man aus Windkraft elektrische Energie gewinnen kann.

Welche Eigenschaften hat Luft?

1 Kann man Luft wiegen?

Du brauchst: Luftballons, Digitalwaage (auf 0,1 g genau)

- Überlegt euch, wie ihr mit Hilfe der Materialien überprüfen könnt, ob Luft ein Gewicht hat.
- Führt den Versuch durch.
- Schreibt ein Versuchsprotokoll.

2 Der Trick mit der Postkarte

Du brauchst: Postkarte oder Karton, Glas, Wasser

Hinweis: Führe den Versuch über dem Waschbecken oder einer Schüssel durch.

- Fülle das Glas halb voll mit Wasser und lege den Karton auf die Öffnung.
- Halte den Karton fest und drehe das Glas schnell um. ↗1
- Nimm die Hand vom Karton weg.
- Was beobachtest du?
- Welche Rolle spielt die Luft bei diesem Versuch?

1 *Was geschieht als nächstes?*

3 Kerzen unter Glas

2 *Was passiert mit den Kerzen?*

Du brauchst: 3 Kerzen, 3 verschieden große Gläser, Zündhölzer, feuerfeste Unterlage

- Betrachte Bild 2. Vermute, was geschehen wird. ↗2
- Führe den Versuch durch und beobachte genau.
- Wie sieht deine Erklärung aus? Stelle sie den anderen vor.

4 Kann man Luft zusammendrücken?

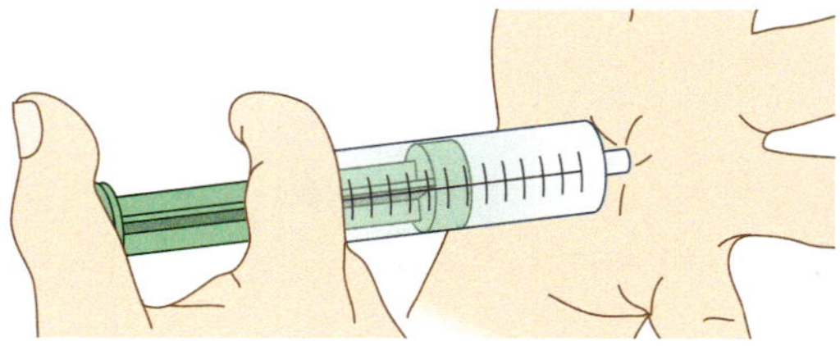

3 *Spritze voll Luft*

Du brauchst: Einwegspritze voll Luft

- Halte die Spritze so, dass ihre Öffnung luftdicht abgeschlossen ist. ↗3
- Drücke die Spritze zusammen.
- Was stellst du fest? Versuche zu erklären.

„Und ab!" – Nach dem Sprung aus dem Flugzeug fällt der Fallschirmspringer mit großer Geschwindigkeit nach unten. Dann zieht er die Reißleine: Der Schirm öffnet sich. Wird der Fallschirmspringer sicher nach unten kommen?

1.1 Eigenschaften der Luft

Die Lufthülle der Erde

Die Luft umgibt die Erde wie eine Hülle. Diese Lufthülle heißt **Atmosphäre**. Sie besteht aus verschiedenen Gasen und ist etwa 100 Kilometer dick. Der Übergang zwischen der Erdatmosphäre und dem Weltraum ist fließend, darum kann keine genauere Grenze angegeben werden. ↗1

Die Erdatmosphäre besteht aus verschiedenen Schichten. Die unterste Schicht reicht bis etwa 15 Kilometer Höhe. Sie enthält etwa drei Viertel der gesamten Luft und fast den gesamten Wasserdampf. In dieser Schicht findet das Wetter statt: Hier entstehen Wolken, Winde, Regen oder Schnee.

1 *Lufthülle der Erde*

Warme Luft erzeugt Auftrieb

Wenn Luft erwärmt wird, dehnt sie sich aus. Warme Luft ist leichter als kalte Luft. Wenn die erwärmte Luft von kälterer Luft umgeben ist, strömt sie nach oben. Sie erfährt einen **Auftrieb**. Der Auftrieb kann so stark sein, dass ein Heißluftballon mit angehängter Gondel nach oben getragen wird.

Luft nimmt Raum ein

Saubere Luft ist farblos und geruchlos, du kannst sie weder sehen noch riechen. Dennoch ist Luft ein Stoff und nimmt Raum ein. Im Gegensatz zu festen Stoffen und Flüssigkeiten lassen sich gasförmige Stoffe zusammendrücken. Der Fachausdruck dafür ist **komprimieren**.

In den Druckluftflaschen von Tauchern oder Feuerwehrleuten befindet sich komprimierte Luft. Je höher der Druck ist, desto mehr Luft befindet sich in der Flasche. ↗2

2 *Taucher mit Druckluftflasche*

Luft bremst und treibt an

Luft kann auf Gegenstände **Kraft** ausüben: Sie kann Gegenstände antreiben oder bremsen. Wind ist bewegte Luft. Er dient beim Segelboot oder beim Windrad als **Antrieb**. Die **Bremswirkung** der Luft nutzt man zum Beispiel beim Fallschirmspringen aus. Auch beim Fahrradfahren fühlst du die Bremswirkung der Luft deutlich. ↗3

3 *Radfahrer mit Gegenwind*

Luft hat Gewicht

Die Erdanziehungskraft hält die Luftschichten über der Erde fest. Ohne diese Kraft würde die Atmosphäre in den Weltraum verschwinden. Das Eigengewicht der Luft drückt die darunterliegende Luft zusammen. Das bezeichnen wir als **Luftdruck.** ↗4 Der Luftdruck entsteht durch das Gewicht der Luftsäule über einer Fläche. Ein Kubikmeter Luft in Bodennähe wiegt etwa 1,3 Kilogramm.

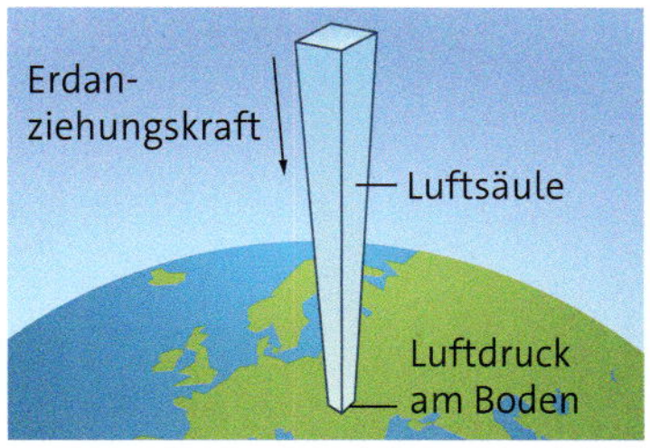

4 *Die Lufthülle drückt auf die Erdoberfläche.*

Luftdruck im Teilchenmodell

Luft ist ein Gas und besteht wie alle anderen Stoffe aus Teilchen. Die Teilchen von Gasen bewegen sich frei. Sie füllen den verfügbaren Raum gleichmäßig aus. Wenn das Gas komprimiert wird, verringert sich der Abstand zwischen den Gasteilchen.

Am stärksten wird die Luft am Erdboden komprimiert, denn über ihr lastet das Gewicht der Luftsäule der gesamten Atmosphäre. Weiter oben ist die darüberliegende Luftsäule kürzer und hat damit weniger Gewicht. Dort wird die Luft also weniger zusammengedrückt. Darum ist der Luftdruck auf Höhe der Ozeane höher als im Gebirge. Die Teilchen der Luft haben weiter oben einen größeren Abstand voneinander als unten am Boden. Ein Kubikmeter Luft in Bodennähe enthält also mehr Luftteilchen als ein Kubikmeter Luft in größerer Höhe. ↗5

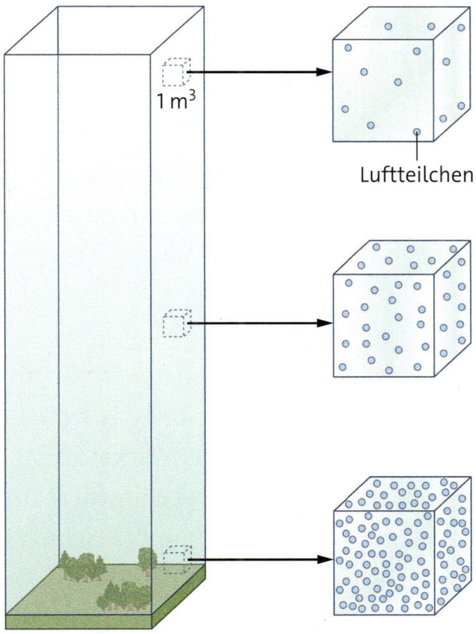

5 *Luftdruck im Teilchenmodell*

- **Die Atmosphäre ist die Lufthülle der Erde. Sie besteht aus verschiedenen Gasen.**
- **Warme Luft erzeugt Auftrieb.**
- **Luft nimmt Raum ein und lässt sich komprimieren.**
- **Luft übt Kraft aus und hat Gewicht.**
- **Das Eigengewicht der Luftteilchen führt zum Luftdruck.**

AUFGABEN

1 Nenne drei Eigenschaften der Luft und wie sie genutzt werden.

2 Beschreibe, wie der Luftdruck zustande kommt.

3 Erkläre den Luftdruck mit dem Teilchenmodell.

Manche Luftballons steigen weit in den Himmel. Wenn du einen Ballon mit Atemluft aufbläst, bleibt er am Boden. Hast du eine Idee, worin sie sich unterscheiden?

1.2 Bestandteile der Luft

Sauerstoffanteil der Luft

Durch ein Experiment kann man herausfinden, wie viel Sauerstoff die Luft enthält. In einem abgeschlossenen Glasrohr wird Eisenwolle verbrannt. ↗1 Während der Verbrennung der Eisenwolle wandert der Kolben nach innen. Von 100 Millilitern Luft werden etwa 21 Milliliter verbraucht. Das ist die Menge an Sauerstoff in der Luft. Etwa 21% der Luft sind Sauerstoff. Der Rest der Luft besteht also aus anderen Gasen.

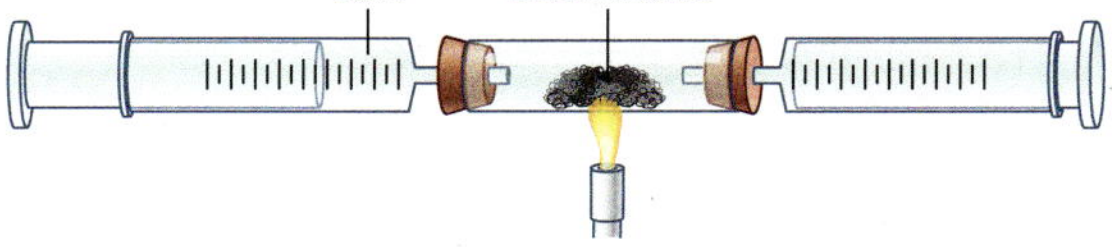

1 *Eisenwolle verbrennt in einem Rohr.*

Luft ist ein Gasgemisch

Sobald der Sauerstoff im Versuch verbraucht ist, findet keine Verbrennung mehr statt. Das Restgas erstickt die Flamme. Es besteht zum größten Teil aus **Stickstoff**. ↗2 Stickstoff wird auch zum Haltbarmachen von Lebensmitteln verwendet. Auf der Verpackung steht dann „unter Schutzatmosphäre verpackt".

Ein sehr kleiner, aber wichtiger Anteil der Luft ist das **Kohlenstoffdioxid**. Die grünen Pflanzen nehmen es bei der Fotosynthese auf. Sie erzeugen daraus Sauerstoff und energiereiche Stoffe. Bei der Atmung von Menschen und Tieren entsteht daraus wieder Kohlenstoffdioxid.

Außerdem enthält Luft etwas weniger als 1% **Edelgase**. Die Edelgase sind Helium, Neon, Argon, Krypton, Xenon und Radon. Das Gas Helium ist leichter als Luft und wird darum in Luftballons gepumpt. Andere Edelgase werden in Glühlampen und Leuchtstoffröhren verwendet. ↗3

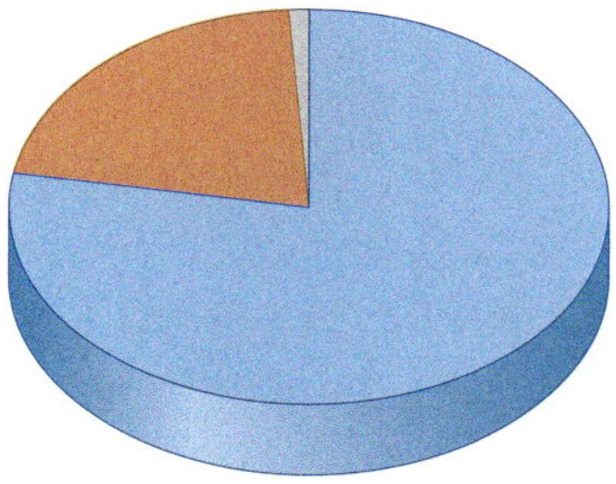

Stickstoff **78 %**
Sauerstoff **21 %**
sonstige Gase (Edelgase und Kohlenstoffdioxid) **1 %**

2 *Zusammensetzung der Luft*

3 *Leuchtstoffröhren sind mit Edelgasen gefüllt.*

Wasserdampf in der Luft

Auf der Erde befinden sich große Mengen Wasser in einem ständigen Kreislauf. Es verdunstet aus Meeren und anderen Gewässern. Auch der Boden und alle Lebewesen geben Wasserdampf ab. Die Luft nimmt den **Wasserdampf** auf. Wenn zu viel Wasserdampf in der Luft ist, kondensiert er zu kleinen Tröpfchen. Du kannst sie als Nebel oder Wolken sehen. ↗4

4 *Wasser in Luft: Nebel*

Gase der Luft in der Sprache der Chemiker

Sauerstoff, Stickstoff und die Edelgase sind **Elemente** und haben ein eigenes **Elementsymbol**. Oft leiten sich die Symbole vom lateinischen oder griechischen Namen des Elements ab. Die Symbole der Edelgase bestehen aus den beiden ersten Buchstaben des Elementnamens: Helium He, Neon Ne, Argon Ar, Krypton Kr und Xenon Xe. ↗5

Die kleinsten Bausteine der Elemente sind die **Atome**. Du kannst dir die Atome als winzig kleine Kugeln vorstellen. Edelgase bestehen aus einzelnen Atomen.

Die Atome von Sauerstoff und Stickstoff verbinden sich zu **Molekülen**. Moleküle können aus gleichen Atomen oder verschiedenen Atomen bestehen. In der **Molekülformel** schreibt man die Symbole der Elemente nebeneinander, aus denen das Molekül zusammengesetzt ist. Die tiefgestellte Zahl hinter dem Elementsymbol gibt an, wie viele Atome des gleichen Elements im Molekül zu finden sind. Das Sauerstoffmolekül ist aus zwei Sauerstoffatomen aufgebaut. Die Formel heißt daher O_2. Das Kohlenstoffdioxidmolekül ist aus einem Kohlenstoffatom und zwei Sauerstoffatomen aufgebaut. Die Formel heißt daher CO_2. ↗6

Elementname	Symbol	Ableitung von
Stickstoff	N	Nitrogenium
Sauerstoff	O	Oxygenium
Kohlenstoff	C	Carboneum
Wasserstoff	H	Hydrogenium
Schwefel	S	Sulfur
Eisen	Fe	Ferrum
Helium	He	–

5 *Namen und Symbole einiger Elemente*

Stoff	Formel	Modell	Teilchenart
Argon	Ar		Atom
Kohlenstoffdioxid	CO_2		Molekül
Sauerstoff	O_2		Molekül
Stickstoff	N_2		Molekül
Wasser	H_2O		Molekül

6 *Bestandteile der Luft*

- **Stickstoff und Sauerstoff sind die Hauptbestandteile der Luft. Außerdem enthält Luft Kohlenstoffdioxid, Edelgase und Wasserdampf.**
- **Jedes Element hat ein Elementsymbol.**
- **Die Molekülformel gibt an, aus welchen und aus wie vielen Atomen ein Molekül besteht.**

AUFGABEN

1 Nenne die Bestandteile der Luft und gib an, wie viel Prozent sie ausmachen.

2 Erkläre den Unterschied zwischen Atom und Molekül.

3 Beschreibe den Aufbau folgender Moleküle: H_2O, CO_2, N_2.

Hier ist wohl alles zu spät – das Feuer hat sich schon im gesamten Gebäude ausgebreitet. Die Feuerwehr wird nicht mehr viel retten können. Hoffentlich sind keine Menschen und Tiere mehr in dem Haus. Was könnte die Ursache für den Brand gewesen sein?

1.3 Verbrennung und Explosion

Voraussetzungen für Feuer

So einfach fängt ein Haus nicht zu brennen an. Es müssen verschiedene Bedingungen zusammentreffen, damit es zu einem solchen Unglück kommt. Ein Feuer entsteht nur dann, wenn Brennstoff und Luft vorhanden sind und die Entzündungstemperatur erreicht ist. Das **Verbrennungsdreieck** fasst diese Bedingungen zusammen. ↗1

1 *Verbrennungsdreieck*

Ohne Luft geht die Flamme aus

Du kennst das vielleicht vom Grillen: Mit viel **Luft** brennt die Grillkohle besser. Dazu benutzen Profis einen Anzündkamin. In ihm entzündet man die Grillkohle. Da warme Luft nach oben steigt, strömt durch die vielen Öffnungen unten ständig frische Luft nach. Die Kohle glüht so besonders schnell. ↗2

Sauerstoff ist der Teil der Luft, der für die Verbrennung nötig ist. Du kannst es selbst ausprobieren: Wenn du ein Glas über eine Kerze stülpst, wird die Flamme mit der Zeit immer kleiner. Sobald die Luft nicht mehr genügend Sauerstoff enthält, erlischt die Flamme.

2 *Anzündkamin beim Grillen*

„Nahrung" für das Feuer

Brennstoffe sind Materialien, die sehr gut brennen. Sie können fest, flüssig oder gasförmig sein. Brennstoffe werden oft zum Heizen verwendet, zum Beispiel Holz, Erdöl oder Erdgas. Benzin, Spiritus oder Kerzenwachs sind ebenfalls brennbare Stoffe. Behälter mit Stoffen, die leicht entzündlich sind, werden mit dem Symbol Flamme gekennzeichnet. Mit diesen Stoffen musst du besonders vorsichtig umgehen. ↗3

3 *Diese Stoffe entzünden sich leicht.*

Auch die Temperatur ist wichtig

Brennstoff und Sauerstoff alleine reichen nicht aus. Ein Feuer wird erst dann entfacht, wenn eine dritte Bedingung erfüllt ist: Es muss heiß genug sein. Die **Entzündungstemperatur** des Brennstoffs muss erreicht werden. Bei dieser Temperatur entzündet sich der Stoff in Gegenwart von Sauerstoff selbst.
Bei einem Zündholz geht das ganz einfach: Wenn du den Kopf über eine raue Fläche reibst, erwärmt er sich. Dadurch erreicht er die Entzündungstemperatur und das Hölzchen brennt. ↗4

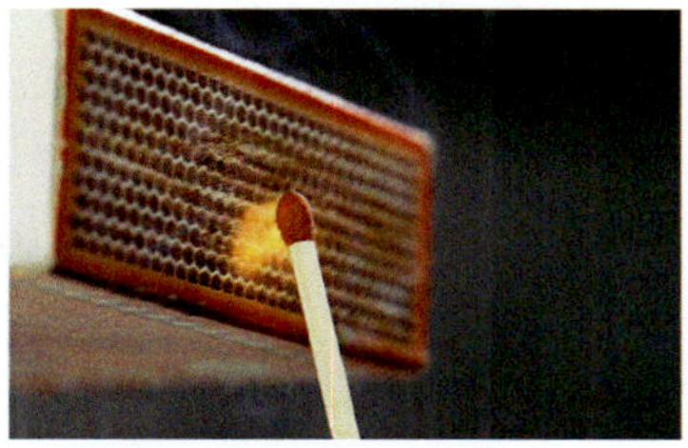

4 Die Entzündungstemperatur ist erreicht.

Fein verteilt brennt gut

Kleine Äste brennen schneller als große, Holzwolle brennt noch schneller. Je feiner ein brennbarer Stoff zerteilt ist, desto schneller verbrennt er.
„Mehlstaubexplosion in der Großbäckerei" – diese Zeitungsschlagzeile ist kein Scherz. Stoffe mit einem hohen **Zerteilungsgrad** wie Mehlstaub oder Holzstaub haben eine große Oberfläche. ↗5 Je größer die Oberfläche ist, desto besser kann der Stoff mit Luft in Kontakt treten. Durch einen elektrischen Funken oder eine heiße Oberfläche kann der Staub leicht entzündet werden. Wenn ein fein verteilter Stoff schlagartig verbrennt, spricht man von einer **Explosion**.

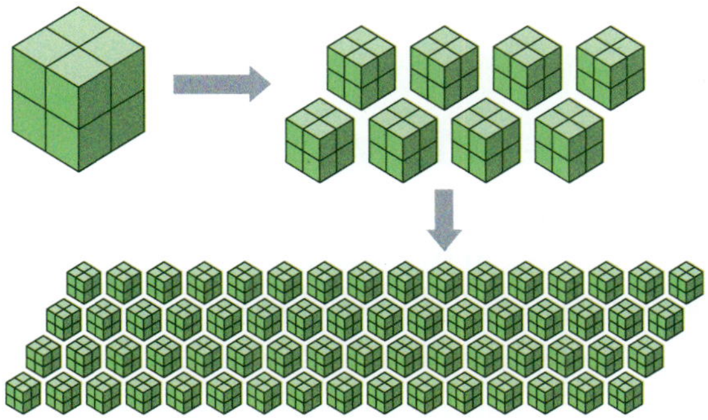

5 Fein verteilte Stoffe – große Oberfläche

Explosion beabsichtigt

In jedem **Benzinmotor** finden unzählige Explosionen statt. Im Zylinder entzündet die Zündkerze ein Benzin-Luft-Gemisch. Die Explosion drückt einen Kolben nach unten. Die Bewegung des Kolbens wird in mehreren Schritten auf die Räder übertragen. ↗6

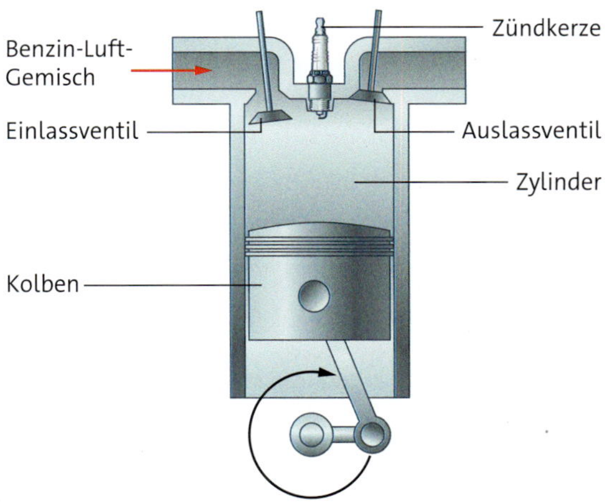

6 Zylinder in einem Benzinmotor

- **Ein Feuer entsteht, wenn ein Brennstoff und Sauerstoff vorhanden sind und die Entzündungstemperatur erreicht wird.**
- **Wie leicht ein Stoff brennt, hängt von der Entzündungstemperatur und seinem Zerteilungsgrad ab.**
- **Eine schlagartige Verbrennung heißt Explosion.**
- **In einem Benzinmotor nutzt man die Explosion eines Benzin-Luft-Gemischs, um den Motor anzutreiben.**

AUFGABEN

1 Nenne alle Bedingungen für eine Verbrennung.
2 Nenne zehn brennbare Stoffe und ordne sie nach ihrem Aggregatzustand.
3 Beschreibe, wie ein Lagerfeuer aufgebaut sein muss, damit es gut brennt.

Es hat gebrannt. Die Feuerwehr ist da, die Männer und Frauen in ihren Schutzanzügen haben das Feuer gelöscht. Jetzt werden die Schläuche wieder eingepackt. Wie hätte man das Feuer verhindern können?

1.4 Brände verhindern und löschen

Was tun, wenn es brennt ...

Wenn es brennt, ist schnelles Handeln wichtig. Aber fast noch wichtiger ist es, Ruhe zu bewahren. Wer in Panik gerät, kann nicht mehr überlegt handeln.

Am wichtigsten ist es, den **Brand** zu **melden**. ↗1 Die Notrufnummer lautet **112**. Du wirst Folgendes gefragt:

- **W**o brennt es?
- **W**as brennt?
- **W**ie viele Personen sind betroffen?
- **W**elche Verletzungen haben sie?
- **W**arte auf Rückfragen!

Bringe dich in **Sicherheit**. Folge dabei den Fluchtwegschildern und verlasse sofort das Gebäude. Da ein Brand die Aufzüge lahmlegen kann, darfst du sie nicht benutzen. Melde den Brand so schnell wie möglich.

Kleine Feuer können manchmal mit einem Feuerlöscher gelöscht werden. Unternimm nur dann einen **Löschversuch**, wenn du dich selbst nicht gefährdest. ↗2

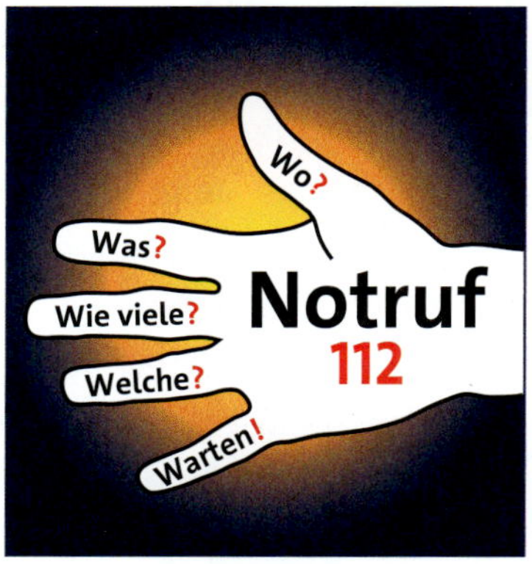

1 *Einen Brand richtig melden*

2 *Verhalten im Brandfall*

Feuer löschen

Ein Feuer entsteht, wenn es einen Brennstoff gibt, Sauerstoff vorhanden ist und die Entzündungstemperatur erreicht ist. Um ein Feuer zu löschen, muss man dafür sorgen, dass mindestens eine dieser drei Bedingungen für einen Brand nicht mehr erfüllt ist.

3 *Löschen mit Schaum*

4 *Löschen mit Wasser*

5 *Löschmittel im Labor*

Luftzufuhr unterbrechen

Einen kleinen Brand kann man durch **Abdecken** mit einer Löschdecke oder mit Sand löschen. **Feuerlöscher** enthalten Kohlenstoffdioxid, Schaum oder Pulver. Diese Stoffe ersticken das Feuer ebenfalls. Auch das Löschen mit **Wasser** unterbricht die Luftzufuhr. Durch die Hitze verdampft das Wasser und der Wasserdampf verdrängt die Luft um das Feuer. ↗3, 4, 5

Brennstoff abkühlen oder entfernen

Um einen Brand zu löschen, kann man den Brennstoff auch unter die Entzündungstemperatur abkühlen. Als Löschmittel verwendet die Feuerwehr dazu **Wasser.** ↗4

In großen Wäldern werden manchmal breite **Brandschneisen** angelegt, in denen die Bäume entfernt werden. Dem Feuer fehlt dort der brennbare Stoff. So kann es nicht auf das nächste Waldstück übergreifen. ↗6

6 *Brandschneise*

Vorbeugende Maßnahmen

Schwer entflammbare Baustoffe verhindern, dass Brände entstehen oder sich weiter ausbreiten. Für öffentliche Gebäude wie Schulen oder Krankenhäuser ist darum festgelegt, welche Baumaterialien verwendet werden dürfen. Baustoffe wie Beton, Glas oder Stahl brennen nicht. **Brandschutztüren** in den Gebäuden sorgen dafür, dass kein weiterer Sauerstoff an den Brandherd gelangt. Außerdem verhindern sie, dass sich die Flammen weiter ausbreiten. Heizungsräume in Wohngebäuden sind darum mit schweren Stahltüren abgeschlossen.

- **Wenn es brennt, musst du dich in Sicherheit bringen und den Brand melden.**
- **Feuer kann man löschen, indem man die Luftzufuhr unterbricht, den Brennstoff entfernt oder ihn unter die Entzündungstemperatur abkühlt.**
- **Schwer entflammbare Baustoffe und Brandschutztüren verhindern, dass Brände entstehen oder sich ausbreiten.**

AUFGABEN

1 Gib an, was du bei einem Brand melden musst.

2 Nenne drei Methoden der Brandbekämpfung und erkläre eine davon.

3 Nenne Maßnahmen, wie man Bränden vorbeugen kann.

4 Erkläre, was eine Brandschneise bewirkt.

Sicher arbeiten mit dem Gasbrenner

1 Sicheres Bedienen des Brenners

Material: Schutzbrille, Gasbrenner, Feuerzeug

Vorbereitung:
- Binde langes Haar zurück und setze die Schutzbrille auf.
- Schließe Gasregler und Luftzufuhr. ↗1
- Stelle den Brenner eben und kippsicher auf eine feuerfeste Unterlage.
- Schließe ihn an die Gasversorgung an.

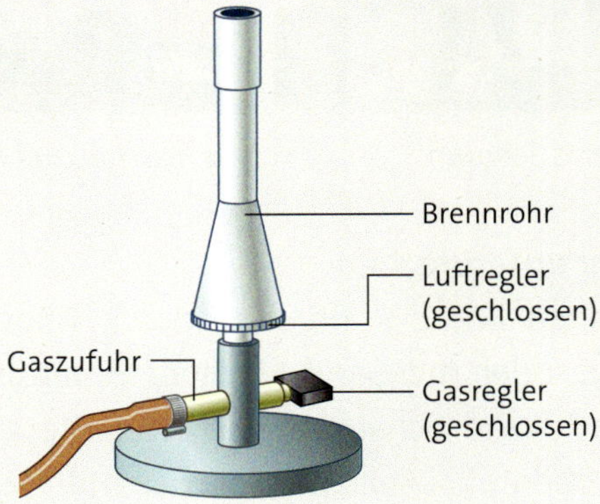

1 *Aufbau eines Gasbrenners*

Entzünden und Regeln:
- Öffne den Gashahn am Tisch.
- Halte die Feuerzeugflamme an das Brennerrohr, öffne den Gasregler und entzünde die Flamme.
- Stelle mit dem Gasregler die leuchtend gelbe Flamme auf etwa 10 cm Höhe ein.
- Stelle mit Hilfe der Luftzufuhr mehrmals die verschiedenen Flammen ein: leuchtend, nicht leuchtend und rauschend. ↗2

Löschen:
- Drehe zuerst die Luftzufuhr ab.
- Schließe den Gasregler am Brenner.
- Schließe den Gashahn am Tisch.
- Räume den Brenner erst weg, wenn er abgekühlt ist.

Auswertung: Nenne die drei Flammenarten, die du mit dem Brenner erzeugen kannst. Beschreibe, wie sie sich unterscheiden.

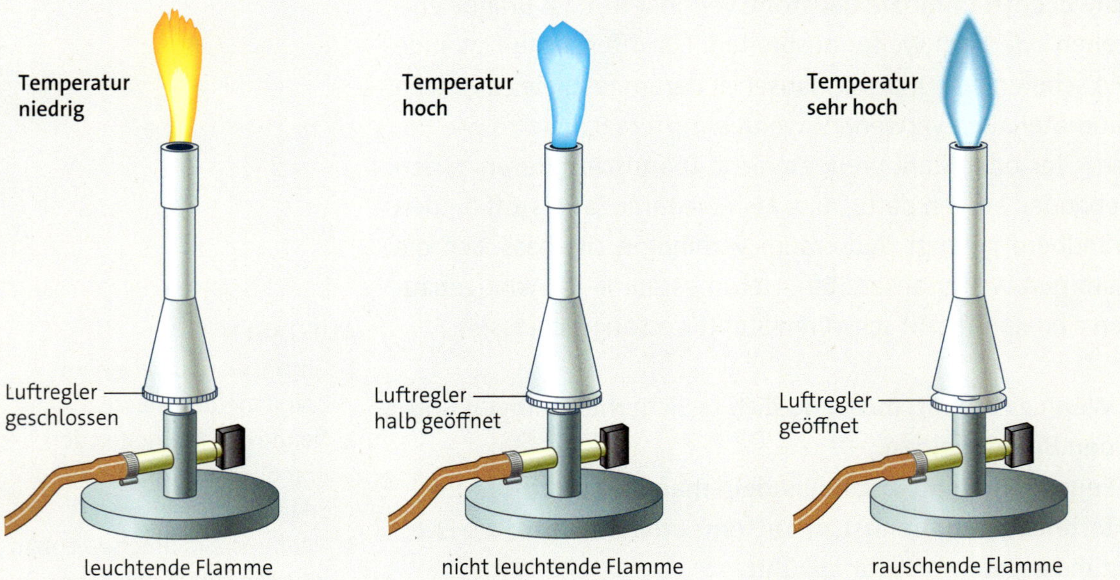

2 *Flammen im Vergleich*

Entstehen und Löschen von Bränden

1 Brennbar oder nicht?

Material: Schutzbrille, Gasbrenner, Feuerzeug, Tiegelzange, feuerfeste Unterlage, Holz, Glas, Beton, weitere selbst gewählte Stoffe

Durchführung:
- Entzünde den Gasbrenner.
- Halte mit der Tiegelzange nacheinander die verschiedenen Stoffe für 30 Sekunden in die Brennerflamme. Untersuche, ob sie brennen.
- Lege die heißen Gegenstände auf der feuerfesten Unterlage ab.

Auswertung: Beschreibe und bewerte die Materialien in Bezug auf ihre Brennbarkeit.

2 Zerteilungsgrad

Material: Schutzbrille, Gasbrenner, Feuerzeug, Tiegelzange, feuerfeste Unterlage, Schale mit Wasser, Stoppuhr, Holzwolle, Holzspan, Holzscheit

Durchführung:
- Überprüfe mit einem geeigneten Experiment, wie sich der Zerteilungsgrad eines Stoffes auf seine Brennbarkeit auswirkt. Verwende dazu die angegebenen Materialien.

Auswertung:
- Schreibe ein Versuchsprotokoll und werte den Versuch aus.

3 Selbst gebauter Feuerlöscher

Material: Schutzbrille, Erlenmeyerkolben, Gummistopfen mit Lochbohrung, gewinkeltes Glasrohr, Porzellanschale, Backpulver (Natriumhydrogencarbonat), feste Citronensäure, Spülmittel, Feuerzeug, Ethanol, Wasser

Durchführung:
- Gib ca. 150 ml Wasser, 2 Spatel Natriumhydrogencarbonat und ein paar Tropfen Spülmittel in den Erlenmeyerkolben.
- Entzünde in der Porzellanschale etwa 3 ml Ethanol.
- Gib jetzt 2 Spatel Citronensäure in den Erlenmeyerkolben und setze rasch den Stopfen mit dem Glasrohr auf. ↗1
- Drücke den Stopfen mit dem Glasrohr fest in den Kolben. Schüttle den Kolben, bis am Glasrohr Schaum austritt.
- Versuche, den Brand in der Porzellanschale zu löschen.

Auswertung: Erkläre die Wirkungsweise dieses Feuerlöschers.

1 *Selbst gebauter Feuerlöscher*

Es ist Silvesternacht – Funken fliegen durch die Luft. Es blitzt und knistert. Wunderkerzen werden angezündet. Kaum einer weiß, dass sie aus verschiedenen Chemikalien und Aluminiumpulver bestehen. Was brennt da eigentlich?

1.5 Verbrennung – chemisch gesehen

Kohle verbrennt

Wenn du ein Stück Holzkohle anzündest, verbrennt es und wird immer kleiner. Es scheint so, als ob die Kohle einfach verschwindet. Mit einem Experiment kannst du zeigen, was mit der Kohle passiert. Beim Verbrennen bilden sich unsichtbare Verbrennungsgase. Wenn du sie durch Kalkwasser leitest, trübt es sich. Dies ist ein Nachweis für **Kohlenstoffdioxid**. ↗1

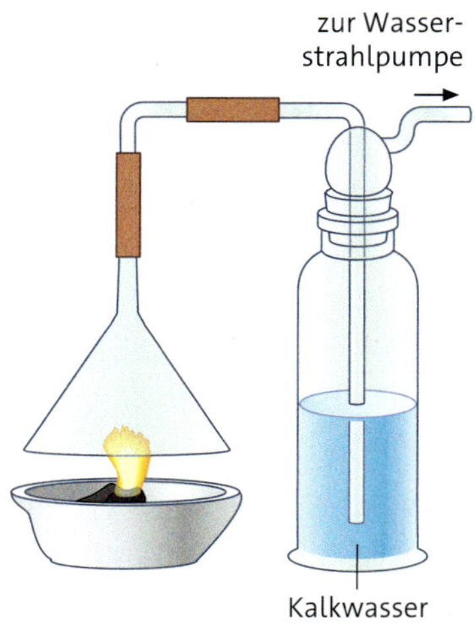

1 *Nachweis der Verbrennungsgase von Holzkohle*

Verbrennung – eine Oxidation

Holzkohle besteht aus dem Element Kohlenstoff. Bei der Verbrennung entsteht aus dem Kohlenstoff und dem Sauerstoff der Luft ein neuer Stoff mit anderen Eigenschaften: Kohlenstoffdioxid. Eine solche **Stoffumwandlung** bezeichnet man als **chemische Reaktion**. Sauerstoff hat den lateinischen Namen Oxygenium. Eine Reaktion mit Sauerstoff heißt deswegen **Oxidation**, die Reaktionsprodukte heißen **Oxide**. Aus Kohlenstoff entsteht bei der Oxidation Kohlenstoffdioxid. ↗2
Kohlenstoff gehört zu den Nichtmetallen. Bei der Oxidation von Nichtmetallen entstehen **Nichtmetalloxide**.

Reaktionen aufschreiben

Die Verbrennung von Kohlenstoff lässt sich aufschreiben. Die **Wortgleichung** lautet:

Kohlenstoff + Sauerstoff → Kohlenstoffdioxid

Links stehen die Namen der **Ausgangsstoffe**, rechts die Namen der **Reaktionsprodukte**, dazwischen der **Reaktionspfeil**. Lies: Kohlenstoff und Sauerstoff reagieren zu Kohlenstoffdioxid.

2 *Oxidation von Kohlenstoff*

Teilchen bei der Verbrennung

Die Oxidation von Kohlenstoff kann man auch im **Teilchenmodell** betrachten. Die Atome der Ausgangsstoffe bleiben bei der Reaktion erhalten und ordnen sich zu den Teilchen der Reaktionsprodukte um.

Kohlenstoff besteht aus Kohlenstoffatomen. Das Gas Sauerstoff besteht aus Sauerstoffmolekülen. Wenn die beiden reagieren, entsteht das Gas Kohlenstoffdioxid. Es besteht aus Kohlenstoffdioxidmolekülen. ↗3

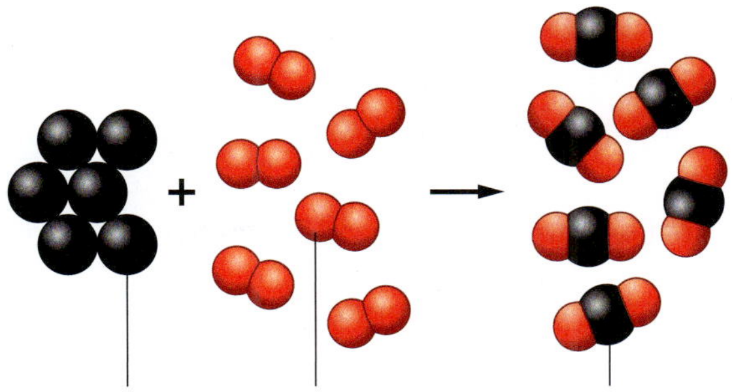

3 *Teilchenmodell für die Reaktion von Kohlenstoff mit Sauerstoff*

4 *Eisenwolle vor der Reaktion*

5 *Eisenwolle verbrennt.*

6 *Nach der Reaktion: Eisenoxid*

Auch Eisen verbrennt

Wenn du Eisenwolle anzündest, brennt sie langsam ab, verglüht und wird schwarz. ↗4, 5, 6 Das schwarze Reaktionsprodukt kann man zu einem Pulver verreiben. Eisen hat sich mit dem Sauerstoff aus der Luft zu einem neuen Stoff verbunden. Die Reaktion mit Sauerstoff ist eine Oxidation, das Reaktionsprodukt ist deswegen ein Oxid. Eisen reagiert also mit Sauerstoff zu Eisenoxid. Die Wortgleichung lautet:

Eisen + Sauerstoff → Eisenoxid

Eisen gehört zu den Metallen. Bei der Oxidation von Metallen entstehen **Metalloxide**. Diese sind Feststoffe.

- **Ein Vorgang, bei dem neue Stoffe mit anderen Eigenschaften entstehen, heißt chemische Reaktion.**
- **Eine chemische Reaktion kann man mit einer Wortgleichung beschreiben.**
- **Bei der Verbrennung reagieren Stoffe mit Sauerstoff.**
- **Eine Verbrennung ist eine Oxidation.**
- **Bei der Oxidation von Nichtmetallen entstehen Nichtmetalloxide, bei der Oxidation von Metallen Metalloxide.**

AUFGABEN

1 Beschreibe anhand eines Beispiels, wie ein Nichtmetalloxid entsteht.

2 Notiere die Wortgleichung für die Verbrennung von Holzkohle.

3 Beschreibe die Verbrennung von Holzkohle mit dem Teilchenmodell.

4 Schreibe zwei Merksätze mit den Wörtern: Metalle, Nichtmetalle, Oxidation, Metalloxide, Nichtmetalloxide.

Reaktionen in der Sprache der Chemie

Noch kürzer und genauer als mit einer Wortgleichung kann man eine chemische Reaktion in einer **Formelgleichung** ausdrücken. Anstelle der Namen der beteiligten Stoffe setzt man ihre Elementsymbole und Formeln ein. Aus der Wortgleichung

Kohlenstoff + Sauerstoff → Kohlenstoffdioxid

wird die Formelgleichung

$$C + O_2 \rightarrow CO_2$$

Aus der Formelgleichung kann man ablesen,
- welche Stoffe miteinander reagieren,
- welche und wie viele Atome beteiligt sind. ↗7

Verschiedene Reaktionsprodukte

Sicher hast du schon einmal gegrillt. Der Grill muss danach unbedingt im Freien stehen bleiben, weil er ein sehr giftiges Gas produzieren kann: Kohlenstoffmonoxid. Dieser Stoff verhindert unsere normale Atmung und ist darum lebensgefährlich. Wenn genug Sauerstoff vorhanden ist, verbrennt Kohle zu Kohlenstoffdioxid. Wenn zu wenig Sauerstoff vorhanden ist, entsteht das giftige Gas Kohlenstoffmonoxid:

Kohlenstoff + Sauerstoff → Kohlenstoffmonoxid

$$2\,C + O_2 \rightarrow 2\,CO$$

Oxidation von Schwefel

Kohle enthält nicht nur Kohlenstoff, sondern auch immer kleine Schwefelmengen. Das Nichtmetall Schwefel verbrennt ebenfalls und reagiert mit dem Sauerstoff der Luft. Bei dieser Oxidation entsteht das Nichtmetalloxid Schwefeldioxid:

Schwefel + Sauerstoff → Schwefeldioxid

$$S + O_2 \rightarrow SO_2$$

Schwefeldioxid ist sehr gefährlich für unsere Umwelt. Mit Wasser kann sich eine Säure bilden, die Pflanzen schädigt. ↗8 Kohlekraftwerke müssen deswegen Filter haben, die Schwefeldioxid herausfiltern.

- **Eine chemische Reaktion kann man mit einer Formelgleichung beschreiben.**
- **Die Formelgleichung zeigt, welche Stoffe und wie viele Atome an der Reaktion beteiligt sind.**

$$C + O_2 \longrightarrow CO_2$$

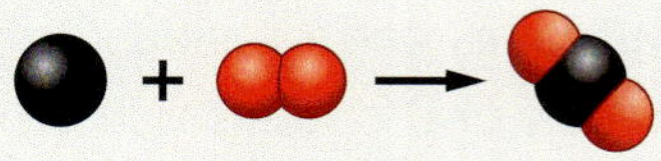

Reaktion auf Stoffebene
Kohlenstoff und Sauerstoff reagieren miteinander zu Kohlenstoffdioxid.

Reaktion auf Teilchenebene
Je ein Atom Kohlenstoff und ein Molekül Sauerstoff reagieren zu einem Molekül Kohlenstoffdioxid.

7 *Reaktion von Kohlenstoff und Sauerstoff*

8 *Schwefeldioxid im Regenwasser kann Bäume schädigen.*

AUFGABEN

5 Gib an, was du aus einer Formelgleichung ablesen kannst.

6 Zeichne das Teilchenmodell der Bildung von Kohlenstoffmonoxid wie in Bild 7. Die Formelgleichung hilft dir dabei. ↗7

Reaktionen mit Sauerstoff

1 Verbrennen von Kohle

1 *Verbrennen von Kohle*

Mit Kalkwasser weist man das Gas Kohlenstoffdioxid nach: Das Kalkwasser trübt sich dabei und wird weißlich.

Material: Gasbrenner, Feuerzeug, Porzellanschale, Becherglas (250 ml), kleine Kohlenstückchen, Kalkwasser, feuerfester Handschuh

Durchführung:
- Spült das Becherglas mit Kalkwasser aus. Im Becherglas sollen Tropfen bleiben.
- Gebt die Kohlenstückchen in die Porzellanschale und entzündet sie mit dem Gasbrenner. Die Kohle muss richtig glühen.
- Haltet das Becherglas mit der Öffnung nach unten kurz über die Flamme. ↗1 Achtung: Passt auf, dass ihr euch dabei nicht verbrennt! Handschuh tragen!
- Welche Veränderungen könnt ihr beobachten? Achtet besonders auf die Kohle und die Kalkwassertropfen im Becherglas.

Auswertung:
- Notiert eure Beobachtungen.
- Gebt an, welches Gas beim Verbrennen der Kohle entsteht.
- Notiert die Wortgleichung dieser Reaktion.
- Schreibt die Formelgleichung auf.

2 Verbrennen von Eisenwolle

2 *Eisen auf der Waage verbrennen*

Material: Gasbrenner, Feuerzeug, Waage, trockene Eisenwolle, Porzellanschale

Durchführung:
- Legt die Eisenwolle in die Porzellanschale.
- Stellt sie auf die Waage und setzt die Waage auf 0 g. ↗2
- Entzündet die Eisenwolle mit dem Gasbrenner. Versucht, die Eisenwolle vollständig zu verbrennen.
- Beobachtet die Anzeige der Waage.

Auswertung:
- Schreibt ein Versuchsprotokoll und notiert eure Beobachtungen.
- Erklärt eure Beobachtungen.
- Notiert die Wortgleichung dieser Reaktion und benennt die Art der Reaktion.

Dieses Schiff ist wohl schon vor Jahren auf Grund gelaufen und wurde von der Mannschaft aufgegeben. Jetzt rostet es vor sich hin. Bestimmt hast du auch schon rostige Dinge entdeckt. Überlege, was alles verrostet.

1.6 Sauerstoff verursacht Probleme

Rosten – eine langsame Oxidation

Die Verbrennung von Eisenwolle ist eine **Oxidation**. Diese Reaktion läuft schnell ab und benötigt hohe Temperaturen. Beim Rosten geschieht der gleiche chemische Prozess – nur wesentlich langsamer und bei Umgebungstemperatur. Sauerstoff und Wasser greifen die Oberfläche von Eisen an. Wie bei der Verbrennung von Eisenwolle entsteht ein Eisenoxid: Rost.

Ein dünnes Eisenblech kann sogar ganz durchrosten. Das liegt an der Beschaffenheit des entstehenden Eisenoxids. Es bildet Plättchen, unter die immer wieder Wasser und Luft dringen kann. So rostet ein Stück Eisen, bis es zerfällt. ↗1, 2 Man nennt diesen Vorgang **Korrosion**.

Da beim Rosten die Oxidation langsam und ohne Feuererscheinung abläuft, spricht man von **stiller Oxidation**.

1 *Rost am Fahrrad*

2 *Blech kann durchrosten.*

Auch Lebensmittel oxidieren

Stille Oxidation gibt es auch bei Lebensmitteln: Fette werden ranzig, Eiweiße, Farben und Vitamine werden zersetzt. Fleisch wird langsam grau und schließlich ungenießbar, Obst färbt sich braun. Die verdorbenen Lebensmittel sollte man wegwerfen, weil ihr Verzehr die Gesundheit schädigen kann. ↗3

Um Lebensmittel länger haltbar zu machen, werden sie zum Beispiel luftdicht eingeschweißt. Auf der Verpackung von Lebensmitteln kannst du oft E-Nummern entdecken. Hinter E 221 oder E 300 verbergen sich Mittel, die ein schnelles Oxidieren verhindern. Sie heißen **Antioxidantien**. Salz und Zitronensaft sind natürliche Antioxidantien. Salz macht Fleisch haltbar, Zitronensaft verhindert, dass Obst braun wird.

3 *Verdorbener Schinken*

4 *Verchromte Wasserhähne*

5 *Verzinkte Treppe*

6 *Rostschutz durch Öl*

Eisen muss geschützt werden

Luft und Wasser bringen Eisen zum Rosten. Um das zu verhindern, muss man versuchen, die beiden vom Eisen fernzuhalten. Dazu kann man Eisen mit einer dünnen Schicht aus **Chrom** überziehen. So gelangt kein Sauerstoff ans Eisen. Weil Chrom sehr beständig und hart ist, bleiben verchromte Wasserhähne oder Autoteile für Jahre geschützt. ↗4

Auch ein Metallüberzug aus Zink kann Eisenteile vor dem Rosten schützen. Man spricht dann vom **Verzinken**. Zink wirkt anders als Chrom: Es oxidiert anstelle des Eisens. Das Zink wird also verbraucht, damit das Eisen nicht rostet. ↗5

Wenn Metallüberzüge zu teuer sind, können Eisenteile auch mit **Rostschutzfarbe** gestrichen werden. Deine Fahrradkette kannst du durch regelmäßiges **Einölen** schützen. ↗6

Schäden durch Rosten

Als im Mai 1980 das Dach der Berliner Kongresshalle einstürzte, starb ein Mensch in den Trümmern des erst 23 Jahre alten Gebäudes. Die Ursache dafür war Rost an tragenden Teilen. 1999 hatte Rost die letzten Millimeter der Bordwand des Öltankers „Erika“ durchgefressen. 11 000 Tonnen Öl ergossen sich ins Meer und verseuchten 500 Kilometer Strand. 2005 knickten im Münsterland 82 Strommasten um, Tausende Menschen saßen im Dunkeln. ↗7 Die World Corrosion Organization schätzte 2009 die **Schäden** durch Korrosion auf weltweit 1,6 Billionen Euro. Rostschutz ist also wegen der hohen **Kosten** und der **Gefahren** für Menschen und Umwelt notwendig.

- **Eine langsame Reaktion mit Sauerstoff bei Umgebungstemperatur heißt stille Oxidation.**
- **Das Rosten von Eisen und das Verderben von Lebensmitteln sind Beispiele für die stille Oxidation.**
- **Eisen und Lebensmittel kann man vor Oxidation schützen.**
- **Die Schäden durch stille Oxidation erzeugen hohe Kosten und gefährden Menschen und Umwelt.**

7 *Geknickter Strommast*

AUFGABEN

1 Nenne Bedingungen für das Rosten.
2 Nenne Beispiele für die stille Oxidation von Lebensmitteln.
3 Begründe, warum manchen Lebensmitteln Antioxidantien zugesetzt werden.
4 Recherchiere im Internet, welche Stoffe sich hinter E 221 und E 300 verbergen.
5 Beschreibe an einem Beispiel, wie man das Rosten verhindern kann.

An vielen Stellen in unserem Land kannst du Windkraftanlagen sehen. Sie drehen sich bei starkem Wind schnell, bei schwacher Luftbewegung langsam. Wie erzeugen sie eigentlich Strom?

1.7 Wind als Energiequelle

Windkraftanlagen erzeugen Strom

In einer Windkraftanlage wird die Kraft des Windes zur Stromerzeugung genutzt. Weil der Wind 50 bis 200 Meter über dem Boden stärker weht als ganz unten, sind Windkraftanlagen sehr hoch: Sie stehen auf einem hohen **Turm** und sind weithin zu sehen.

Bau und Funktionsweise

Rotorblätter fangen die Bewegungsenergie des Windes auf und bringen den **Rotor** zum Drehen. Über eine Achse wird die Bewegung an das **Getriebe** weitergeleitet. Dieses sorgt dafür, dass die Drehung gleichmäßig an den **Generator** weitergegeben wird, auch wenn der Wind unterschiedlich stark weht. ↗1, 2
Der Generator wandelt die Bewegungsenergie des Rotors in elektrische Energie um, ähnlich wie ein Fahrraddynamo. Über die **Netzleitung** wird der Strom ins Stromnetz eingespeist.
Messgeräte stellen Windrichtung und Windstärke fest und steuern so die **Windrichtungsnachführung**. Diese sorgt dafür, dass der Rotor die Windenergie stets optimal nutzen kann.

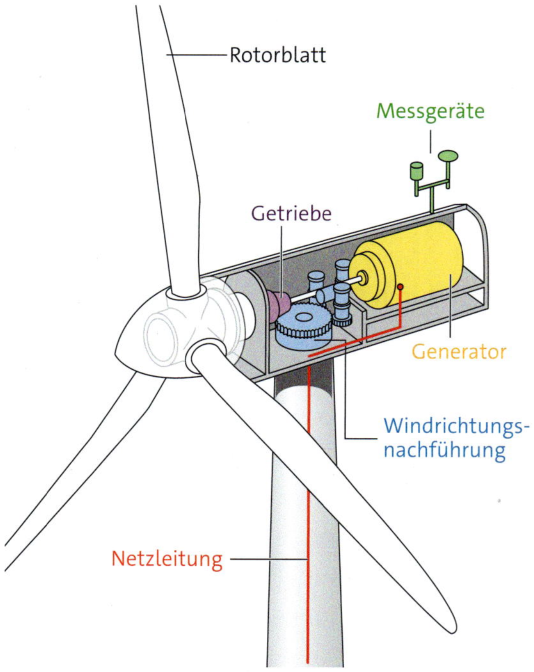

1 *Aufbau einer Windkraftanlage*

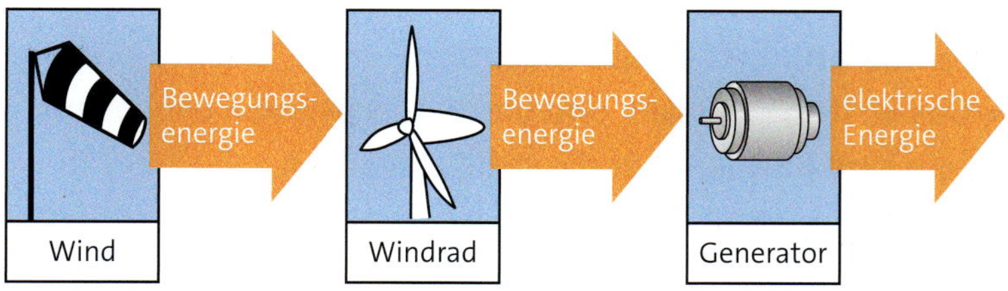

2 *Energieumwandlungskette in einer Windkraftanlage*

Herkömmliche Energiequellen

Seit ungefähr 200 Jahren nutzen die Menschen die Energie, die in Kohle, Erdöl und Erdgas enthalten ist. Diese Rohstoffe bildeten sich im Lauf von Millionen Jahren unter der Erde. Kohle, Erdöl und Erdgas bezeichnet man als **fossile Energiequellen**.

Die Vorräte daran sind endlich. Außerdem bildet sich bei ihrer Verbrennung Kohlenstoffdioxid. Dieses Gas steigt in die Atmosphäre und trägt dazu bei, dass sich die Erde erwärmt.

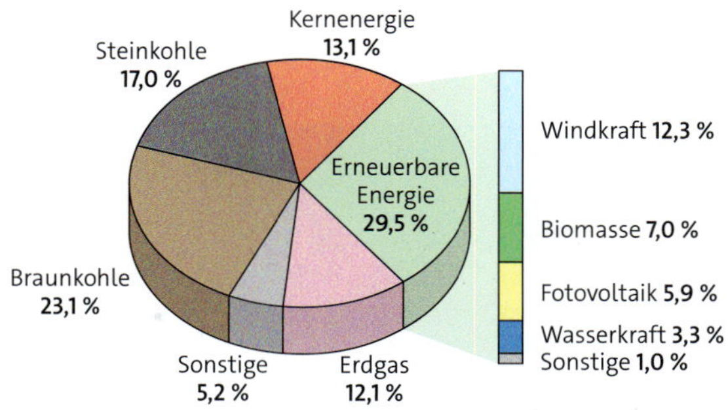

3 *Anteile der verschiedenen Energiequellen an der Stromerzeugung 2016 in Deutschland*

Umweltfreundliche Energiegewinnung

Um die Erderwärmung zu bremsen, gibt es seit dem Jahr 2000 in Deutschland das **Erneuerbare-Energien-Gesetz**, kurz EEG. Es schreibt vor, dass bis zum Jahr 2025 bei uns 40 bis 45 % des Stroms aus **erneuerbaren Energiequellen** stammen müssen. Zu diesen gehören zum Beispiel die Windkraft, die Wasserkraft und die Sonnenenergie.

Im Gegensatz zu den fossilen Energiequellen sind erneuerbare Energiequellen unerschöpflich. Außerdem entstehen bei ihrer Nutzung keine schädlichen Stoffe. Dadurch gewinnen sie immer mehr an Bedeutung.

4 *Offshore-Windpark in Nähe der Nordseeinsel Amrum*

Energieerzeugung im Wandel

In Deutschland wird Strom aus vielen verschiedenen Energiequellen erzeugt. Man spricht von einem Energiemix. Durch das EEG stieg der Anteil der erneuerbaren Energiequellen an der Stromerzeugung: von 6,6 % im Jahr 2000 auf 29,5 % im Jahr 2016. ↗3

Damit der Anteil weiter steigt, werden immer mehr Windkraftanlagen gebaut. Im Norden Deutschlands bläst der Wind gleichmäßiger und kräftiger als im Süden. Deswegen gibt es dort mehr Anlagen. Sogar in der Nordsee stehen sie in sogenannten **Offshore-Windparks**. Um den dort erzeugten Strom in ganz Deutschland zu verteilen, muss man neue **Stromtrassen** bauen. ↗4, 5

5 *Stromtrassen transportieren große Mengen Strom.*

- **In Windkraftanlagen wird mit Generatoren die Bewegungsenergie des Windes in elektrische Energie umgewandelt.**
- **Windkraft ist eine erneuerbare Energiequelle, die immer mehr an Bedeutung gewinnt.**

AUFGABEN

1 Beschreibe die Energieumwandlungen in einer Windkraftanlage.

2 Erkläre, warum der Ausbau von Windkraft wichtig ist.

3 Recherchiere im Internet die aktuellen Zahlen zum Energiemix und vergleiche sie mit den Daten von 2016. ↗3

Ausbau der Windkraft – pro und kontra

Windkraftanlagen stehen oft in der Nähe von Wohngebieten.

Was bringt uns die Windkraft?

Windkraft ist kostenlos, reichlich vorhanden und eine unerschöpfliche Energiequelle. Aber Wind ist nicht zuverlässig: Er weht nicht immer mit der richtigen Stärke. Daher ist keine regelmäßige Energieerzeugung garantiert.

Die Anlagen stehen oft in Gebieten, wo der Strom nicht gebraucht wird. Der Strom muss dann über weite Strecken transportiert werden. Dazu müssen Stromtrassen gebaut werden. Das kostet viel Geld.

Der Strom aus Windenergie ist teurer als Strom aus Kohle oder Öl. Die Anlagen müssen gebaut und gewartet werden. So kommt es zu Erhöhungen des Strompreises.

Allerdings entstehen in Windkraftanlagen keine schädlichen Gase und sie benötigen relativ wenig Platz. Sie beeinträchtigen aber das Landschaftsbild und machen unangenehme Geräusche. Wenn sich die Rotoren bewegen, gibt es einen schnellen Wechsel von Licht und Schatten, der Menschen und Tiere stören kann. Wohnungen, Häuser und Grundstücke in der Nähe von Windrädern können an Wert verlieren, weil keiner direkt neben einer Windkraftanlage wohnen will.

1 *Zeitungsartikel zur Windkraft*

Aufgaben

1. Suche aus dem Text in Bild 1 Vorteile und Nachteile der Windkraft heraus. Stelle sie in einer Tabelle gegenüber. ↗1
2. Ordne die Vorteile und Nachteile den Bereichen Umwelt, Kosten und Folgen für die Gesellschaft zu.
3. Bist du für oder gegen einen Ausbau der Windkraft in deiner Region? Begründe deine Entscheidung.
4. Suche aus Bild 2 heraus, in welchen Bundesländern besonders viele Windkraftanlagen stehen. Verwende dazu deinen Atlas. Erstelle eine Rangliste. ↗2
5. Beschreibe den optimalen Standort für eine Windkraftanlage.

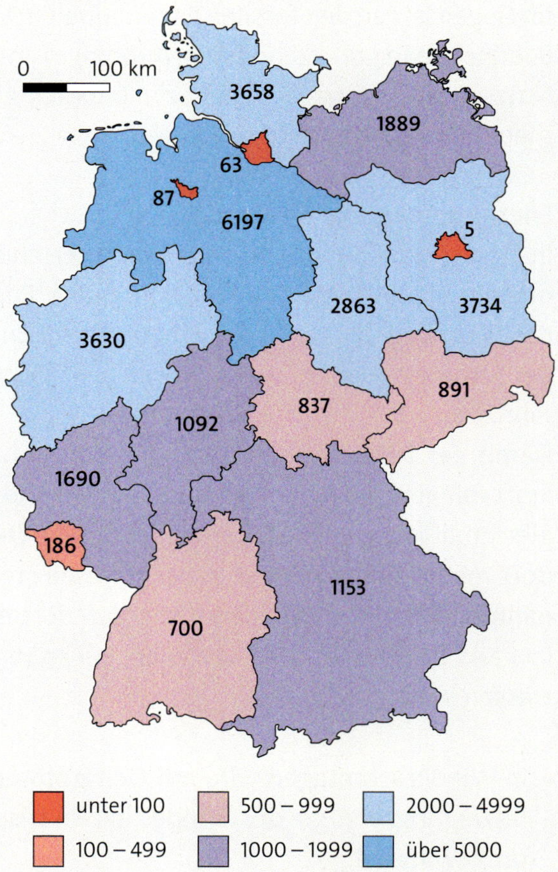

2 *Windkraftanlagen in Deutschland im Jahr 2017*
Quelle: Bundesverband Windenergie

Zusammensetzung und Bedeutung der Luft

Eigenschaften der Luft

Die Lufthülle um die Erde heißt Atmosphäre und besteht aus verschiedenen Gasen. Warme Luft erzeugt Auftrieb. Luft nimmt Raum ein, lässt sich komprimieren, übt Kraft aus und hat ein Gewicht.

Das Eigengewicht der Luftteilchen führt zum Luftdruck auf der Erde.

Bestandteile der Luft

Die Luft enthält Gase in verschiedenen Anteilen. ↗1

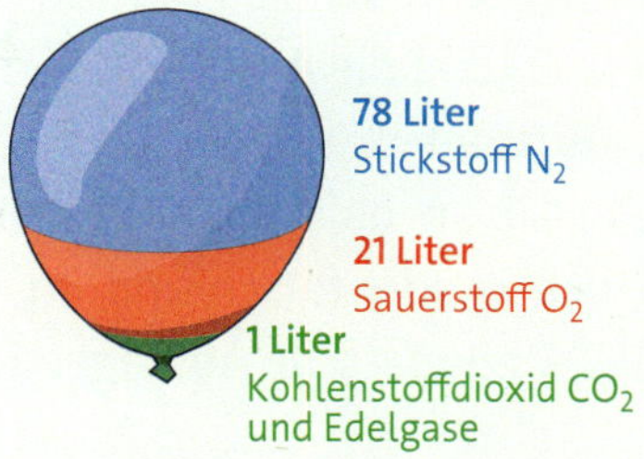

1 *Gase in 100 Litern Luft*

Verbrennung und Explosion

Ein Feuer entsteht, wenn ein Brennstoff und Sauerstoff vorhanden sind und die Entzündungstemperatur des Brennstoffs erreicht wird. ↗2

Sind Stoffe sehr fein verteilt, kann es zu Explosionen kommen. Das nutzt man im Benzinmotor.

2 *Verbrennungsdreieck*

Brände verhindern und löschen

Bei einem Brand musst du dich in Sicherheit bringen und den Brand unter der Notrufnummer 112 melden.

Brände kann man löschen, indem man die Luftzufuhr unterbricht, den Brennstoff entfernt oder ihn unter die Entzündungstemperatur abkühlt.

Schwer entflammbare Baustoffe und Brandschutztüren verhindern, dass Brände entstehen oder sich ausbreiten.

Verbrennung chemisch gesehen

Eine chemische Reaktion mit Sauerstoff heißt Oxidation. Die Verbrennung ist eine Oxidation. ↗3

Bei der Oxidation von Nichtmetallen entstehen Nichtmetalloxide, bei der Oxidation von Metallen Metalloxide.

Kohlenstoff + Sauerstoff ⟶ Kohlenstoffdioxid

$C + O_2 \longrightarrow CO_2$

3 *Verbrennung: Oxidation von Kohlenstoff*

Sauerstoff verursacht Probleme

Die stille Oxidation ist eine langsame Reaktion mit Sauerstoff bei Umgebungstemperatur. Sie kann Probleme verursachen. ↗4

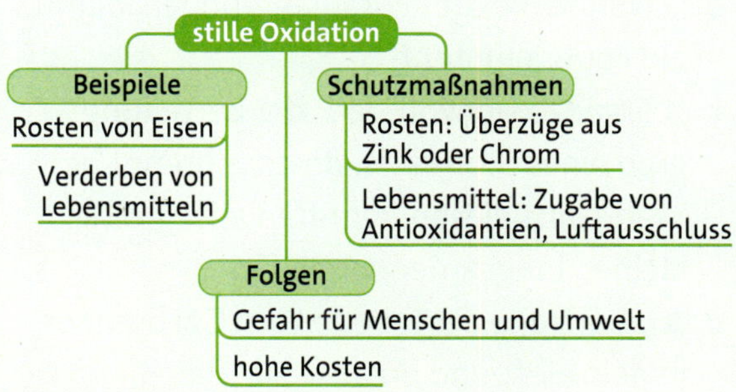

4 *Stille Oxidation und ihre Folgen*

Wind als Energiequelle

In Windkraftanlagen wandeln Generatoren die Bewegungsenergie des Windes in elektrische Energie um. Wind ist eine erneuerbare Energiequelle.

1 Eigenschaften der Luft

a □ Beschreibe die Erdatmosphäre.

b ◪ Erkläre die Aussage: Warme Luft erzeugt Auftrieb.

c □ Gib an, ob die Aussagen in der Tabelle richtig oder falsch sind. ↗1

d ◪ Stelle falsche Aussagen richtig.

A	Der Luftdruck auf Meereshöhe ist höher als der Luftdruck im Gebirge.
B	Wenn Luft komprimiert wird, vergrößert sich der Abstand zwischen den Luftteilchen.
C	Das Eigengewicht der Luft ist die Ursache für den Luftdruck.
D	Die Teilchen der Luft haben in Bodennähe einen größeren Abstand voneinander als weiter oben.

1 *Richtig oder falsch?*

2 Bestandteile der Luft

a □ Nenne den Hauptbestandteil der Luft.

b ◪ Gib die chemische Schreibweise für Kohlenstoffdioxid, Argon und Stickstoff an und zeichne sie im Teilchenmodell.

3 Verbrennung und Explosion

a □ Nenne die drei Voraussetzungen, damit ein Feuer entsteht.

b ◪ Ergänze sinnvoll: Je ... der Zerteilungsgrad eines Stoffes ist, desto ... brennt er. Wähle aus diesen Begriffen aus: größer, kleiner, langsamer, schneller.

c ◪ Übertrage die Tabelle zum Gasbrenner in dein Heft und ergänze sie. ↗2

Flammenart	Luftregler	Temperatur
leuchtend	???	???
nicht leuchtend	???	hoch
???	geöffnet	???

2 *Flammenarten beim Gasbrenner*

4 Brände verhindern und löschen

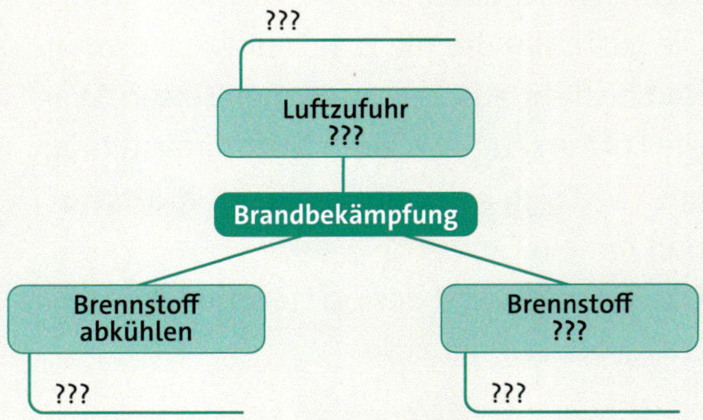

3 *Maßnahmen zum Löschen von Feuer*

a □ Gib die Notrufnummer an.

b ◪ Übertrage die Mindmap zur Brandbekämpfung in Bild 3 in dein Heft und ergänze sie. Schreibe auf die Nebenäste Beispiele für Löschmaßnahmen. ↗3

5 Verbrennung chemisch gesehen

a □ Notiere jeweils die Wortgleichung der Verbrennung von Kohlenstoff und Eisen.

b ◪ Erkläre die Begriffe Oxidation und Oxid.

c ◪ Kohlenstoff kann zu zwei verschiedenen Reaktionsprodukten verbrennen. Notiere jeweils die Wortgleichung und die Formelgleichung.

6 Sauerstoff verursacht Probleme

a □ Gib an, was man unter stiller Oxidation versteht, und nenne zwei Beispiele.

b □ Nenne drei Möglichkeiten, wie man Lebensmittel länger haltbar machen kann.

c ◪ Erläutere an einem Beispiel, wie man Eisen vor dem Rosten schützen kann.

7 Wind als Energiequelle

a □ Zeichne die Energieumwandlungskette einer Windkraftanlage.

b ◪ Erläutere den Begriff erneuerbare Energiequelle am Beispiel Windkraft.

8 Schadstoffe in der Luft

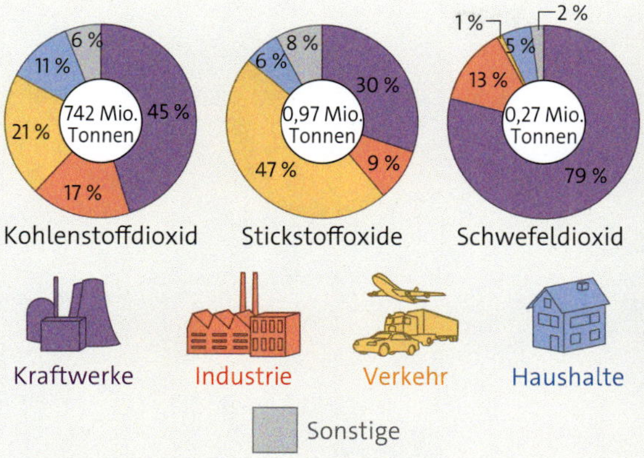

4 *Verursacher von Luftschadstoffen in Deutschland (Quelle: Umweltbundesamt)*

Die Oxide verschiedener Nichtmetalle sind Luftschadstoffe.

a ◪ Werte Bild 4 aus, indem du fünf sinnvolle Aussagen dazu formulierst. ↗4

b ◪ Erkläre, wie es zur Bildung von Schwefeldioxid kommt. Verwende Fachbegriffe.

c ◪ Beschreibe den Aufbau des SO_2-Moleküls.

d ■ Recherchiere, wie hoch der Schwefelanteil in verschiedenen Brennstoffen ist. Nenne passende Maßnahmen gegen die Luftverschmutzung mit Schwefeldioxid.

9 Chemische Reaktionen

a □ Gib an, woran du eine chemische Reaktion erkennst.

b ◪ Vergleiche das Verbrennen von Eisenwolle mit dem Verrosten eines Fahrrads.

c ■ Begründe, ob bei den folgenden Vorgängen chemische Reaktionen ablaufen:
A Eis schmilzt
B Zucker löst sich in Wasser
C Benzin verbrennt

10 Grillen mit Holzkohle

5 *Holzkohle besteht vor allem aus Kohlenstoff.*

a ◪ Erkläre, warum es sich beim Abbrennen von Holzkohle um eine chemische Reaktion handelt.

b □ Notiere die Wortgleichung dieser Reaktion.

c ◪ Skizziere den Vorgang im Teilchenmodell.

d ◪ Begründe mit Hilfe des Verbrennungsdreiecks, was dir beim Anzünden der Holzkohle helfen kann.

11 Windenergie

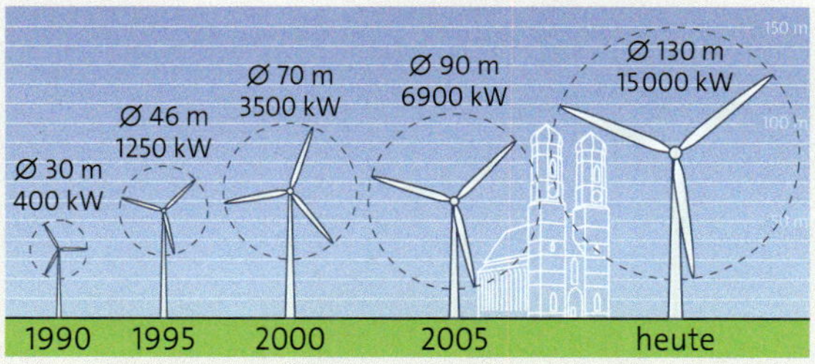

6 *Immer größer?*

a ◪ Erkläre, warum die größeren Windkraftanlagen mehr elektrische Energie liefern als kleinere. Bedenke dabei die Höhe der Anlagen und den Durchmesser des Rotors.

b ■ Es ist nicht leicht, Standorte für neue Windkraftanlagen zu finden. In jeder Gemeinde gibt es Befürworter und Gegner. Schlüpft in ihre Rollen und diskutiert in der Klasse.

Aufbau der Materie

118

Wir kennen heute **hundertachtzehn** Elemente. Davon gibt es vierundneunzig in der Natur, die anderen wurden künstlich erzeugt.
Aus ihnen bestehen Menschen, Tiere, Pflanzen, Luft, Wasser, Gebirge, Bauwerke ... einfach alles, was auf der Erde vorkommt.

0,000 000 07

Atome sind unvorstellbar klein. Das kleinste Atom ist das Wasserstoffatom. Es hat einen Durchmesser von etwa **siebzig milliardstel Millimeter**. Eine Laus ist vierzehn Millionen Mal größer.

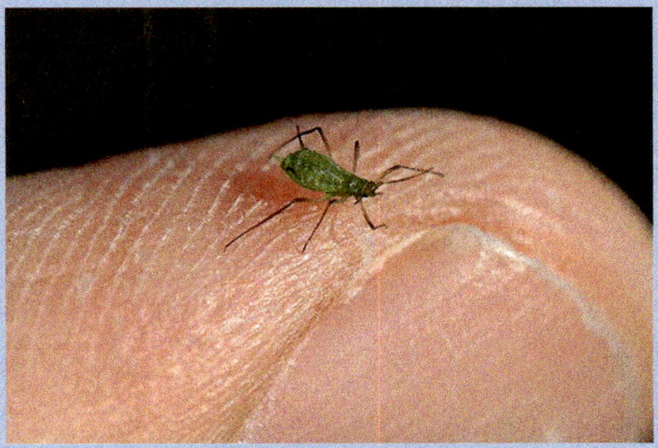

Der menschliche Körper besteht aus mehreren **Quadrilliarden** von Atomen, aber nur aus etwa vierzig verschiedenen Elementen. Am häufigsten sind Wasserstoff, Sauerstoff und Kohlenstoff.

1 000 000 000 000 000 000 000 000 000

In diesem Kapitel ...

- lernst du verschiedene Modelle kennen, die den inneren Aufbau von Atomen beschreiben.
- lernst du, wie die Elemente im Periodensystem der Elemente angeordnet sind.
- lernst du, wie du dem Periodensystem Informationen zu den Elementen entnehmen kannst.

Wie ist Materie aufgebaut?

1 Klein, kleiner, am kleinsten

Du brauchst: Holzkohle, Messer, Schneidunterlage, Mörser mit Pistill

- Versuche, die Kohle möglichst klein zu zerteilen. ↗1
- Beschreibe, was herausgekommen ist. Ist es immer noch Kohle?
- Was passiert, wenn du die Kohle noch weiter zerteilst?

1 *Holzkohle zerkleinern*

2 Elemente ordnen

- Vergleiche die Eigenschaften der Elemente. ↗2
- Finde Gemeinsamkeiten und ordne die Elemente in Gruppen.
- Vergleicht eure Ergebnisse. Hat jeder die gleichen Gruppen?

2 *Steckbriefe verschiedener Elemente*

Woraus besteht die Welt? Wie ist sie aufgebaut? Diese Fragen beschäftigen die Menschheit seit jeher. Du hast sie dir sicher auch schon gestellt.

2.1 Modelle zum Atombau

Ein Gedankenmodell

Bereits vor etwa 2500 Jahren versuchten griechische Naturphilosophen, den Aufbau der Stoffe zu verstehen. Sie stellten sich vor, dass man beim Zerteilen einer Stoffportion irgendwann ein Teilchen erhalten wird, das nicht mehr weiter teilbar ist. Der Naturphilosoph Demokrit nannte diese kleinsten Teilchen **Atome**, nach dem griechischen Wort für **unteilbar**. Er nahm an, dass es verschiedene Atome gibt, die sich in Form, Größe und Masse unterscheiden. ↗1

1 *Atommodell von Demokrit etwa 400 vor Christus*

Das Modell wird verfeinert

Der englische Naturforscher **John Dalton** entwickelte dieses Gedankenmodell im 19. Jahrhundert zu seinem **Atommodell** weiter. ↗2 Sein Modell sieht so aus:

- Atome sind massive, unteilbare kleine Kugeln.
- Atome eines Elements sind untereinander gleich.
- Atome verschiedener Elemente unterscheiden sich in ihrer Größe und Masse.
- In chemischen Reaktionen verändern sich die Atome nicht. Sie ordnen sich neu an.

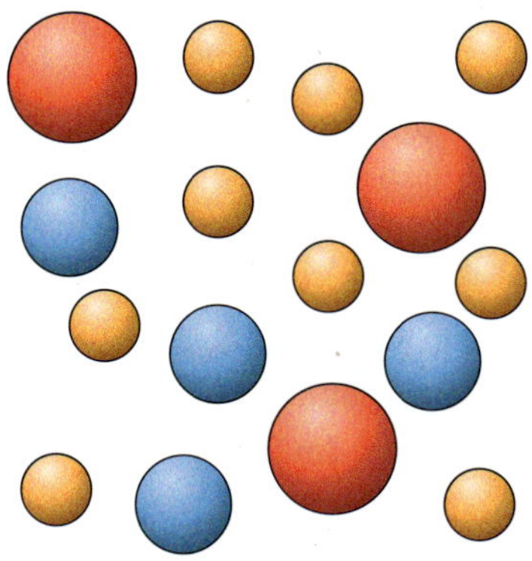

2 *Atommodell von Dalton aus dem Jahr 1808*

Die Grenzen von Modellen

Kurze Zeit später zeigten Experimente, dass Metalle den elektrischen Strom leiten. In den Atomen müssen sich also elektrische Ladungen befinden. Diese Ladungen sind mit dem Atommodell von Dalton nicht erklärbar. Es dauerte hundert Jahre, bis der englische Physiker **Ernest Rutherford** die Erklärung dafür fand.

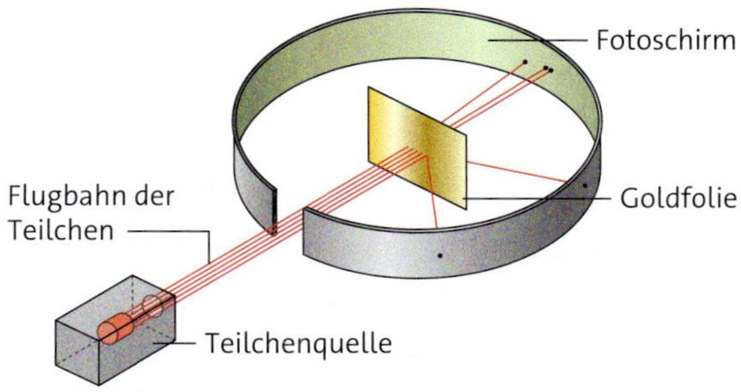

3 *Streuversuch: Versuchsaufbau*

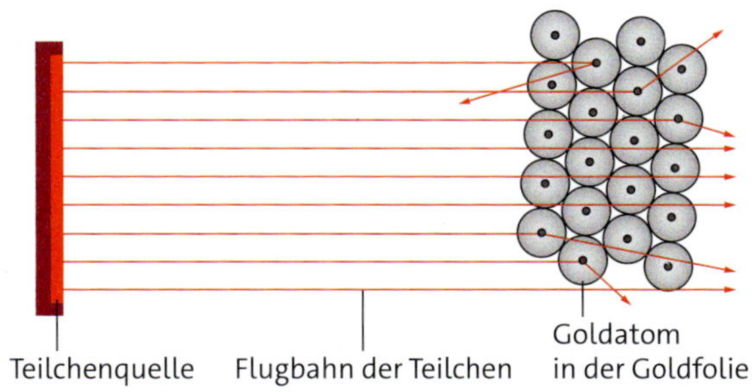

4 *Streuversuch: Deutung*

Rutherfords Versuch

Rutherford erforschte den inneren Aufbau der Atome. Für seinen **Streuversuch** verwendete er eine extrem dünne Goldfolie. Auf diese Folie schoss er einen Strahl aus positiv geladenen Teilchen, die deutlich kleiner sind als Goldatome. Beim Auftreffen auf dem Fotoschirm erzeugte jedes Teilchen einen dunklen Punkt. Rutherford beobachtete viele dunkle Punkte hinter der Goldfolie, einige seitlich und ganz wenige davor. ↗3

Rutherfords Schlussfolgerungen

- Die meisten Teilchen fliegen ungehindert durch die Goldfolie. Der größte Teil des Atoms ist demnach leer.
- Einige positiv geladene Teilchen werden abgelenkt. Weil sich gleiche Ladungen abstoßen, muss sich im Innern eines Atoms ein positiv geladener Atomkern befinden.
- Da das Atom insgesamt ungeladen ist, muss die Atomhülle negativ geladen sein. Sie enthält die Elektronen.
- Sehr wenige Teilchen werden zurückgeworfen. Der Atomkern muss also winzig und massiv sein.

Das Atommodell von Rutherford wird als **Kern-Hülle-Modell** bezeichnet. ↗4, 5

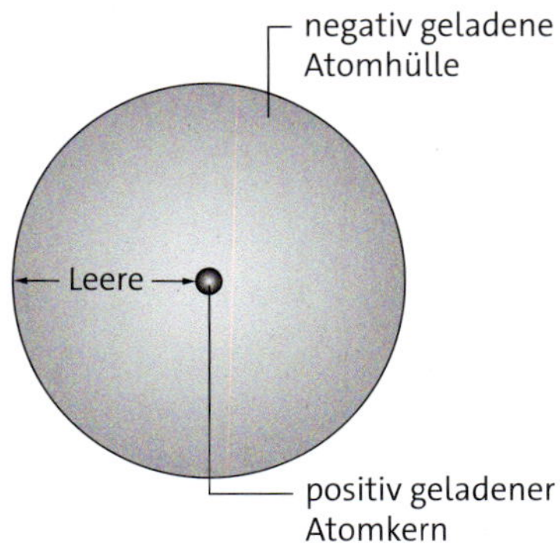

5 *Kern-Hülle-Modell von Rutherford aus dem Jahr 1911*

Größenverhältnisse im Atom

Wenn der Atomkern die Größe einer Erbse hätte, dann wäre die Atomhülle so groß wie das Fußballstadion in München. Trotzdem enthielte die Erbse fast die gesamte Masse. Atome bestehen also größtenteils aus leerem Raum. ↗6

6 *Fußballstadion in München*

- **Atommodell von John Dalton: Alle Stoffe bestehen aus unteilbaren, massiven Atomen. Atome eines Elements haben die gleiche Größe und die gleiche Masse.**
- **Kern-Hülle-Modell: Atome bestehen aus einem winzigen, massiven positiven Atomkern und einer fast leeren negativen Atomhülle.**

AUFGABEN

1 Nenne drei Atommodelle.
2 Gib an, was mit dem Atommodell von Dalton nicht erklärt werden konnte.
3 Beschreibe Rutherfords Atommodell.

Im Jahr 1991 entdeckten Wanderer im Gletschereis der Ötztaler Alpen einen Toten. Er erhielt den Namen Ötzi. Bald stellte sich heraus, dass er keine gewöhnliche Leiche war. Der Mann war vor etwa 5200 Jahren gestorben. Das Gletschereis hatte seinen Körper und seine Ausrüstung so lange erhalten. Wie konnte man Ötzis Alter bestimmen?

2.2 Bausteine der Atome

Teilchen im Atom

Rutherford erkannte, dass elektrische Ladungen beim Aufbau der Atome eine Rolle spielen. Heute wissen wir, dass der Atomkern positiv geladene **Protonen** und ungeladene **Neutronen** enthält. Sie werden auch als Kernteilchen bezeichnet. In der Atomhülle befinden sich negativ geladene **Elektronen**. Protonen, Neutronen und Elektronen nennt man **Elementarteilchen**. ↗1

Elementarteilchen	Ladung	Abkürzung
Proton	+1	p^+
Neutron	0	n
Elektron	−1	e^-

1 *Atombausteine*

Elemente im Kern-Hülle-Modell

Da Atome elektrisch neutral sind, müssen im Atom gleich viele Protonen und Elektronen sein. Das kleinste Atom ist das Wasserstoffatom. Es besteht aus einem Proton und einem Elektron. Das Heliumatom enthält zwei Protonen, zwei Elektronen und zwei Neutronen. Das Lithiumatom besitzt drei Protonen, drei Elektronen und vier Neutronen. ↗2

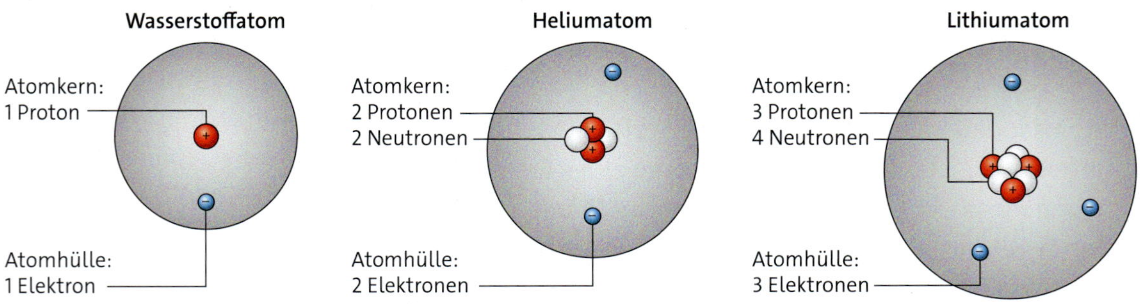

2 *Verschiedene Atome im Kern-Hülle-Modell*

Symbolschreibweise

Die Symbolschreibweise gibt an, aus welchen Elementarteilchen ein Element aufgebaut ist. Links unten neben dem **Elementsymbol** steht die Zahl der Protonen. Sie gibt gleichzeitig die Zahl der Elektronen an und wird **Ordnungszahl** genannt. ↗3

Links oben neben dem Elementsymbol steht die **Massenzahl**. Sie gibt die Zahl aller Kernteilchen an, also die Summe der Protonen und Neutronen. Die Zahl der Neutronen wird nicht extra angegeben. Man kann sie so berechnen:

Neutronenzahl = Massenzahl – Protonenzahl

Das Kohlenstoffatom hat also sechs Neutronen.

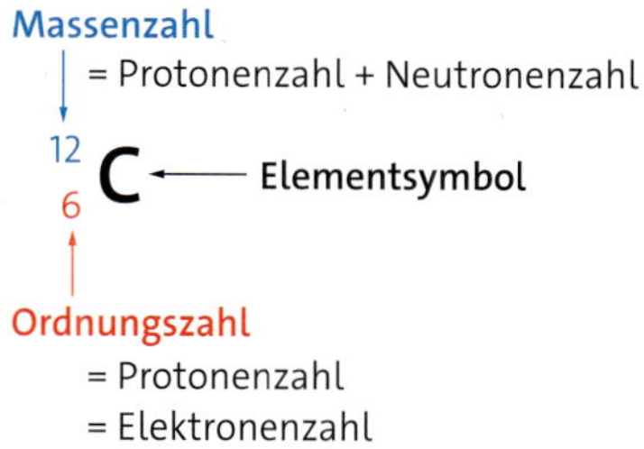

3 *Symbolschreibweise von Kohlenstoff*

Unterschiedliche Elemente und Isotope

Elemente unterscheiden sich durch die Anzahl ihrer Protonen im Kern. Der Kern des Wasserstoffatoms enthält nur ein Proton. Der Atomkern des Heliums enthält zwei Protonen, der des Lithiums drei Protonen.

Bei fast allen Elementen findet man Atome, die sich bei gleicher Protonenzahl in der Massenzahl unterscheiden. Solche Atome eines Elements nennt man **Isotope**. Die Isotope eines Elements haben eine unterschiedliche Neutronenzahl. Das Element Wasserstoff hat drei Isotope: ${}^{1}_{1}H$, ${}^{2}_{1}H$ und ${}^{3}_{1}H$. Alle Isotope des Wasserstoffs haben nur ein Proton im Kern und ein Elektron in der Hülle. ↗4

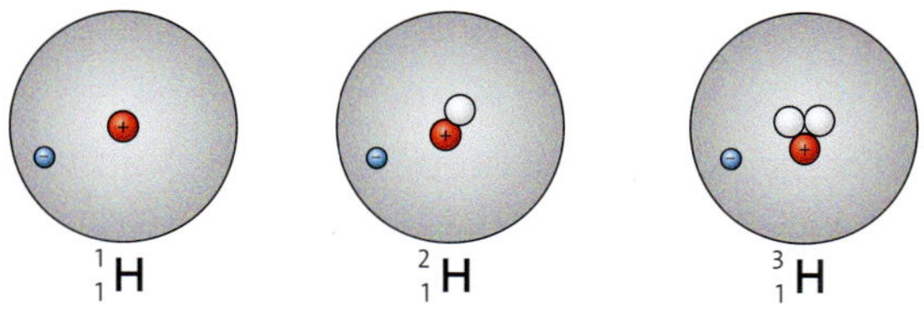

4 *Wasserstoffisotope im Kern-Hülle-Modell*

So kam man auf Ötzis Alter

Auch Kohlenstoff hat Isotope, neben ${}^{12}_{6}C$ gibt es Spuren von ${}^{13}_{6}C$ und ${}^{14}_{6}C$. Jedes Lebewesen nimmt sie täglich mit der Nahrung auf. Stirbt das Lebewesen, nimmt es kein neues ${}^{14}_{6}C$ mehr auf. ${}^{14}_{6}C$ ist radioaktiv und zerfällt allmählich in nicht radioaktive Bestandteile. Man bestimmte nun mit einem Strahlenmessgerät den ${}^{14}_{6}C$-Anteil in Ötzis Körper. Weil man weiß, in welchem Tempo ${}^{14}_{6}C$ zerfällt, konnte man berechnen, wie lange Ötzi schon tot war. So schloss man auf sein Alter. ↗5

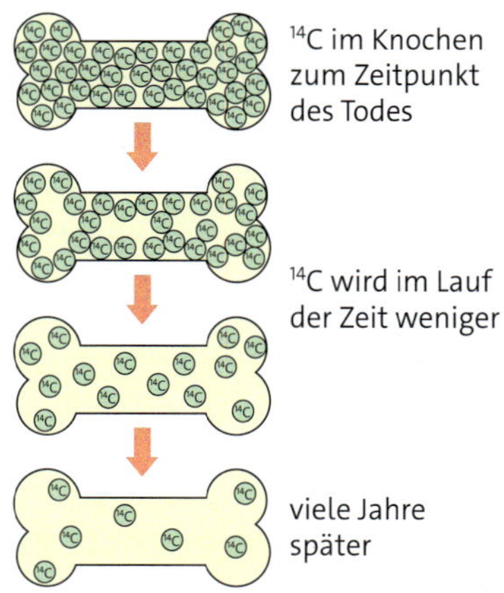

5 *Das Isotop ${}^{14}_{6}C$ wird immer weniger.*

- **Die Elementarteilchen Protonen und Neutronen befinden sich im Atomkern, die Elektronen in der Atomhülle.**
- **Die Protonenzahl legt das Element fest.**
- **Isotope sind Atome des gleichen Elements. Sie haben unterschiedlich viele Neutronen im Atomkern.**

AUFGABEN

1 Nenne die Elementarteilchen und ihre Ladung.

2 Gib an, was folgende Symbole aussagen: ${}^{14}_{7}N$, ${}^{16}_{8}O$, ${}^{20}_{10}Ne$.

3 Erläutere den Begriff Isotop an einem Beispiel.

Ein Feuerwerk ist ein großartiges Erlebnis. Der Himmel erstrahlt in einem Meer aus farbigen Lichtern. Doch wie entstehen diese Farben?

2.3 Anordnung der Elektronen

Flammenfarben

Wenn man Kochsalz-Körnchen in eine Brennerflamme bringt, färbt sich diese leuchtend gelb. Auch andere Natriumverbindungen färben die Flamme gelb. Daraus folgt: Das Natrium verursacht die gelbe Farbe. Alle Calciumverbindungen färben die Flamme rot, alle Kupferverbindungen grün. ↗1

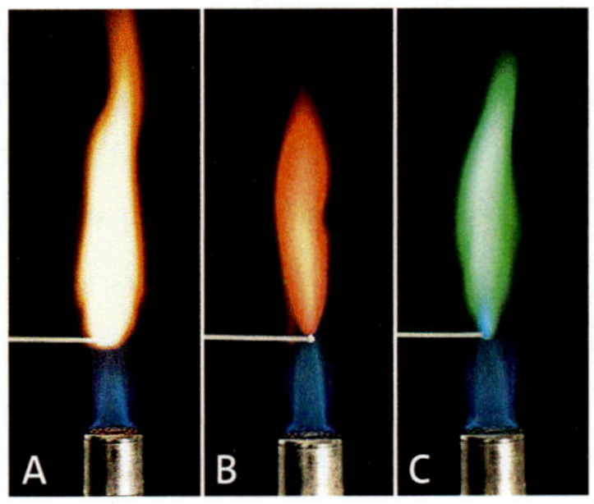

1 *Flammenfärbung: A Natriumsalz, B Calciumsalz, C Kupfersalz*

Linien im Spektrum

Zur genaueren Untersuchung dieser Erscheinung benutzt man ein **Spektroskop**. Es zerlegt Licht in seine Spektralfarben. Tageslicht zeigt im Spektroskop ein farbiges Band mit allen Spektralfarben wie beim Regenbogen.
Wenn man eine Natriumflamme durch ein Spektroskop betrachtet, sieht man eine einzelne gelbe Linie. Jedes Element hat typische Farblinien. Der Fachmann nennt das **Linienspektrum**. Er kann damit Elemente wie mit einem Fingerabdruck identifizieren. ↗2

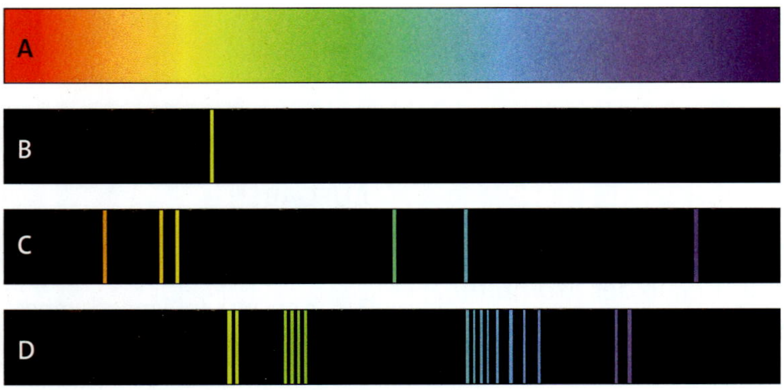

2 *Spektrum von A Tageslicht, B Natriumsalz, C Calciumsalz, D Kupfersalz*

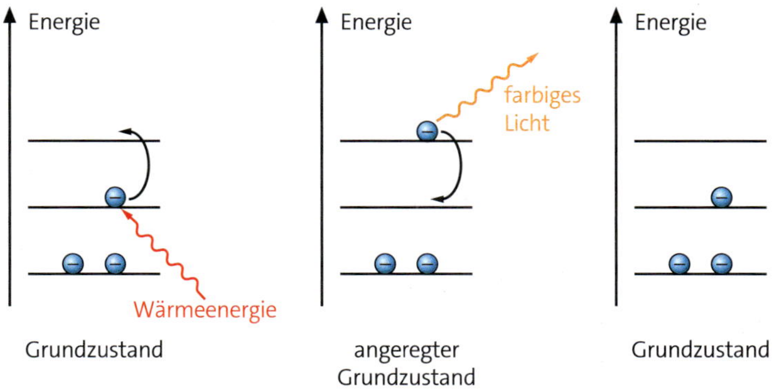

3 *Elektronen nehmen Wärmeenergie auf und geben sie als Licht ab.*

Energie der Elektronen

Die Flammenfarbe von Natrium kommt so zustande: In der Flamme nehmen die Elektronen der Natriumatome Wärmeenergie auf. Man sagt: Die Elektronen werden angeregt. Sie springen deshalb auf eine höhere **Energiestufe**. Dann fallen sie wieder zurück auf ihre ursprüngliche Energiestufe. Dabei geben sie die Energie in Form von Licht ab. ↗3

Die Farbe des Lichts entspricht einer bestimmten Energiemenge. Unterschiedliche Farben bedeuten unterschiedliche Energiemengen. So kommen die verschiedenen Farben im Feuerwerk zustande. ↗4

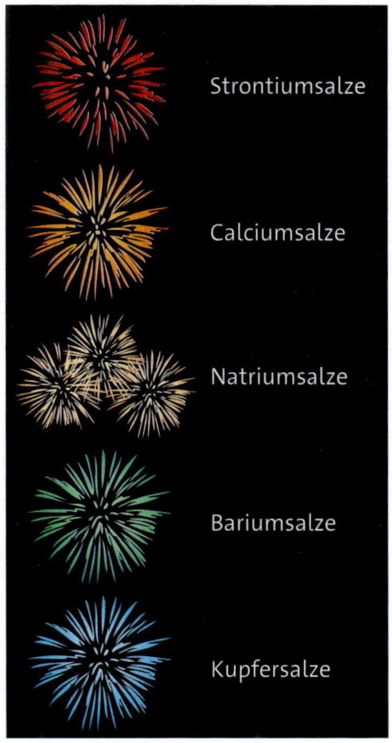

4 *Farben im Feuerwerk*

Verteilung der Elektronen auf die Energiestufen

Die Verteilung der Elektronen auf die Energiestufen lässt sich in einem Energiediagramm darstellen. Elektronen halten sich immer in möglichst niedrigen Energiestufen auf. Jede Energiestufe kann nur eine bestimmte Anzahl von Elektronen aufnehmen. ↗5

	Elektronen
1. Energiestufe	2
2. Energiestufe	8
3. Energiestufe	18
4. Energiestufe	32

5 *Energiestufen und maximale Elektronenzahl*

Das Wasserstoffatom hat ein Elektron. Dieses trägst du im Diagramm auf der 1. Energiestufe ein. ↗6A Das Heliumatom hat zwei Elektronen. Das zweite Elektron passt auch noch auf die 1. Stufe, dann ist sie besetzt. ↗6B

Das Kohlenstoffatom hat sechs Elektronen. Zwei Elektronen haben auf der 1. Energiestufe Platz, die übrigen vier besetzen die 2. Energiestufe. Auf der 2. Energiestufe haben insgesamt acht Elektronen Platz. ↗6C

Das Natriumatom hat elf Elektronen: zwei auf der 1. Energiestufe, acht Elektronen auf der 2. Energiestufe. Das letzte Elektron befindet sich in der 3. Energiestufe. ↗6D

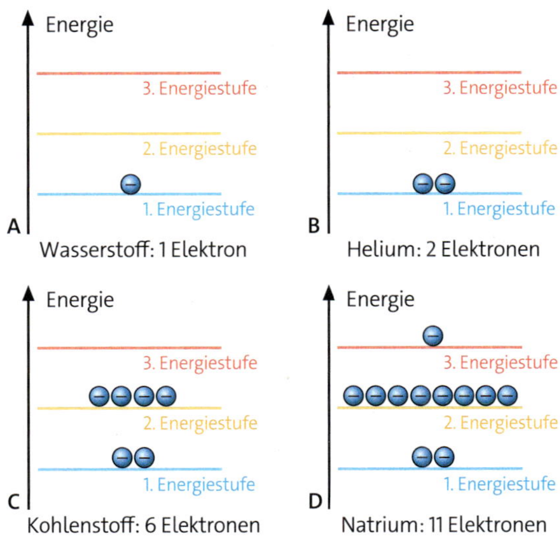

6 *Energiestufenmodelle verschiedener Elemente*

Das Schalenmodell

Den Bereich, in dem sich die Elektronen einer Energiestufe aufhalten, kannst du dir als Schale vorstellen. Die Schalen liegen wie die Schichten einer Zwiebel rund um den Atomkern. Sie werden mit den Buchstaben K, L, M, N ... bezeichnet. ↗7

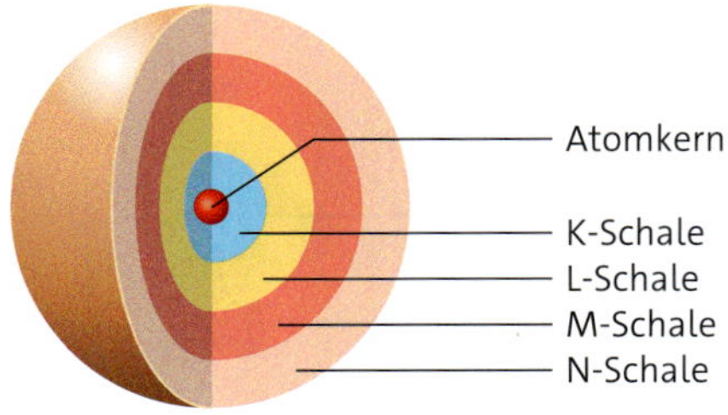

7 *Schalenmodell der Atomhülle*

Energiestufen und Schalen

Die 1. Energiestufe entspricht der innersten Schale, also der K-Schale. Hier haben die Elektronen am wenigsten Energie. Je weiter die Schale vom Kern weg ist, desto höher ist ihre Energie. ↗8

Beim Natriumatom verteilen sich die elf Elektronen auf die ersten drei Energiestufen und entsprechend auf die K-, L- und M-Schale. ↗9

	Schale	Elektronen
1. Energiestufe	K	2
2. Energiestufe	L	8
3. Energiestufe	M	18
4. Energiestufe	N	32

8 *Energiestufen, Schalen und maximale Elektronenzahl*

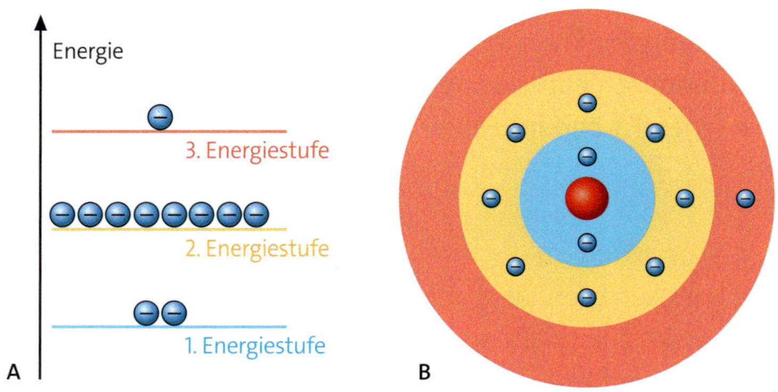

9 *Natriumatom: A Energiestufenmodell und B Schalenmodell*

Besondere Elektronen

Die jeweils höchste Energiestufe entspricht der äußersten Schale. Sie ist mit maximal acht Elektronen besetzt. Man nennt diese Elektronen **Außenelektronen**. Die Zahl der Außenelektronen bestimmt das chemische Verhalten eines Atoms.

- **Energiestufenmodell: Die Elektronen nehmen in der Atomhülle bestimmte Energiestufen ein.**
- **Jede Energiestufe kann eine bestimmte Anzahl von Elektronen aufnehmen.**
- **Schalenmodell: Die Energiestufen kann man sich wie Schalen vorstellen, die den Atomkern umgeben.**
- **Elektronen der höchsten Energiestufe werden Außenelektronen genannt. Es sind maximal acht.**

AUFGABEN

1 Eine Flamme leuchtet gelb. Gib an, um welches Element es sich handelt.

2 Beschreibe, wie die Flammenfärbung entsteht. Verwende die Begriffe: Elektron, Energiestufe, Licht, Wärmeenergie.

3 Gib an, wie viele Elektronen die 1. Energiestufe aufnehmen kann.

4 Zeichne das Energiestufenmodell des Sauerstoffatoms mit acht Elektronen.

Flammenfärbung

Welche Elemente sind enthalten?

Material: Gasbrenner, Spatel, 5 Magnesiastäbchen, 5 Uhrgläser, falls vorhanden Spektroskop, Kochsalz, Gips, Hirschhornsalz, Pottasche, Kupfersulfat, feuerfeste Unterlage

Durchführung:
- Gib mit dem Spatel ein paar Kristalle des Salzes auf ein Uhrglas.
- Glühe die Spitze des Magnesiastäbchens in der rauschenden Brennerflamme aus.
- Tauche die glühende Spitze in eine Stoffprobe und halte die Spitze mit den Kristallen in die rauschende Brennerflamme. ↗1
- Betrachte die Flamme, wenn möglich auch durch das Spektroskop.
- Untersuche die nächste Probe. Reinige vorher den Spatel, verwende ein neues Uhrglas und ein neues Magnesiastäbchen.

Auswertung:
- Fertige ein Versuchsprotokoll an. Notiere darin deine Beobachtungen in einer Tabelle. ↗2
- Vergleiche deine Beobachtungen mit Bild 3 und ergänze deine Tabelle. ↗3

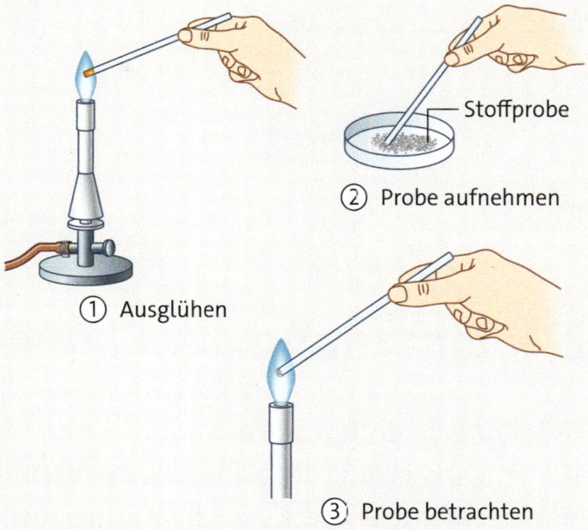

1 *Flammenprobe durchführen*

Stoff	Farbe/ Beobachtung	Element
Kochsalz	???	???
Gips	???	???
Hirschhornsalz	???	???
Pottasche	???	???
Kupfersulfat	???	???

2 *Tabelle zur Flammenfärbung*

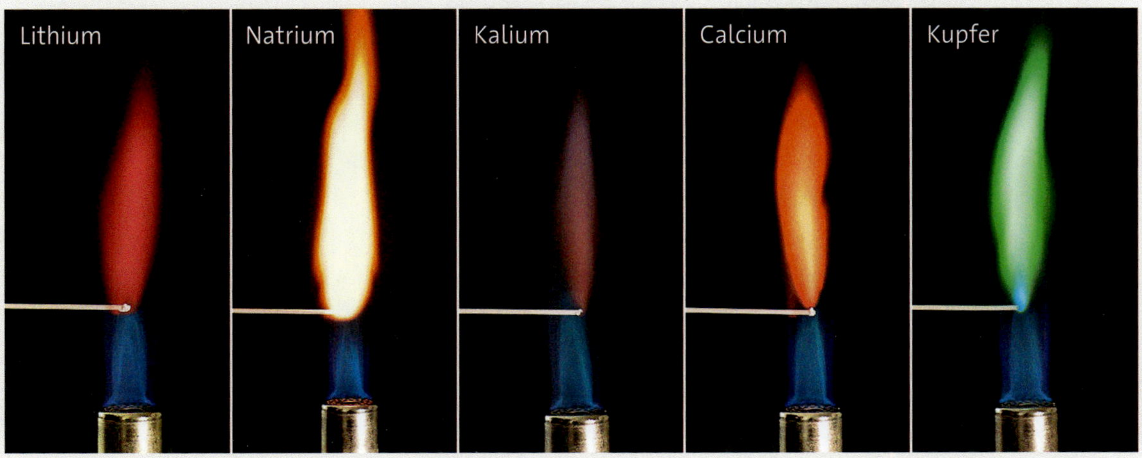

3 *Elemente und ihre Färbung in der Brennerflamme*

Ist der abgebildete Schmuck aus dem Metall Gold oder aus Kunststoff?
Wie kannst du das herausfinden?

2.4 Einteilung der Elemente

Einteilung in Stoffgruppen

Mit der Entwicklung der Naturwissenschaften wurden immer mehr Elemente entdeckt. Bei ihrer Untersuchung stellten die Naturforscher fest, dass es Gemeinsamkeiten und Unterschiede gibt. Nach ihren Eigenschaften teilte man die Elemente in Metalle und Nichtmetalle ein.

Metalle erkennt man an den Metalleigenschaften: Sie glänzen und sind sehr gute Wärmeleiter. Außerdem sind sie gut verformbar und gute Leiter für elektrischen Strom. Metalle sind wichtige Werkstoffe. Viele Gegenstände, die du aus dem Alltag kennst, bestehen aus Metallen, zum Beispiel aus Aluminium oder Zinn.

Nichtmetalle sind sehr viel unterschiedlicher als Metalle. Gemeinsam haben sie, dass sie den elektrischen Strom nicht leiten. Kohlenstoff und Schwefel sind feste Nichtmetalle. Viele Nichtmetalle sind Gase, zum Beispiel Wasserstoff, Sauerstoff, Stickstoff und die Edelgase. ↗1 und Seite 21

1 *Verschiedene Metalle und Nichtmetalle*

Natrium – sehr reaktionsfreudig

Das Element Natrium ist ein silbrig glänzendes, wachsweiches Metall. Da es sehr stark mit der Luftfeuchtigkeit reagiert, muss es unter Luftabschluss aufbewahrt werden.

Weil Natrium so leicht mit anderen Stoffen reagiert, kommt es in der Natur nur in Verbindungen vor. Die bekannteste Natriumverbindung ist Natriumchlorid, du kennst es als Kochsalz. Auch Backpulver, Brausetabletten und Zahnpasta enthalten Natriumverbindungen. In Rohrreinigern findet sich ein stark ätzendes Natriumsalz, das Rückstände im Rohr löst. ↗2

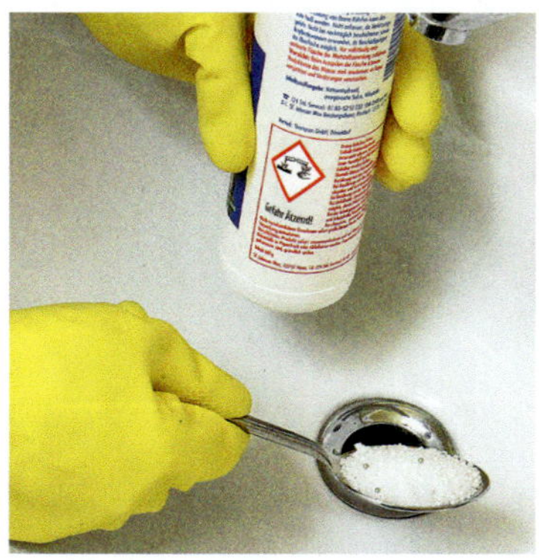

2 *Rohrreiniger enthalten Natriumsalze.*

Aluminium – ein vielseitiger Werkstoff

Aluminium ist ein silbrig-weißes Leichtmetall. Es ist das dritthäufigste Element der Erdkruste. In der Natur kommt es nur als Verbindung vor. Seine Gewinnung ist extrem energieaufwendig, daher ist Aluminiumrecycling sehr wichtig.
Aluminium ist witterungsbeständig, leicht und dennoch stabil. Darum wird es als Baumaterial, als Werkstoff im Fahrzeugbau und im Flugzeugbau verwendet. ↗3 Es ist außerdem als Verpackungsmaterial zu finden. Joghurtdeckel bestehen oft aus Aluminium, viele Getränkekartons enthalten eine dünne Aluminiumschicht. Fast in jeder Küche findet man Alufolie.
Aluminiumverbindungen werden in Kosmetikprodukten wie Deodorants verwendet. Aluminium wird vom Körper aufgenommen. Eine zu hohe Konzentration kann zu ernsthaften Erkrankungen führen.

3 *Autokarosserie aus Aluminium*

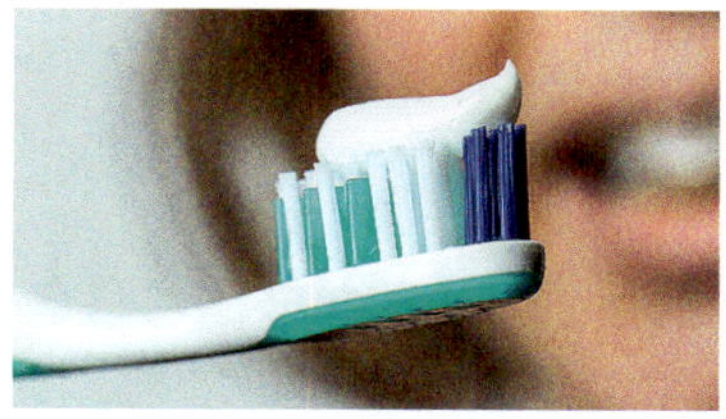

4 *Zahnpasta enthält Fluorverbindungen.*

Fluor und Chlor – giftige Gase

Die Gase Fluor und Chlor sind sehr **reaktionsfreudige** Elemente. Sie kommen daher in der Natur nur in Verbindungen vor.
Das Element Fluor ist extrem giftig. In Verbindungen ist es ein wertvolles Spurenelement. Es stärkt den Zahnschmelz und wirkt gegen Karies. Deshalb verwenden viele fluoriertes Speisesalz und Zahnpasta mit Fluor. ↗4 Die Antihaftbeschichtung von Pfannen besteht aus Fluorverbindungen. Anoraks und Schuhe werden durch sie wasserabweisend und haltbarer.
Das Element Chlor ist ein sehr giftiges, grünliches Gas. Chlor desinfiziert Trinkwasser und Schwimmbadwasser. Man verwendet es in Putzmitteln oder zum Bleichen. ↗5 Die Chlorverbindung Kochsalz ist in geringen Mengen ungiftig.

5 *Schwimmbadwasser ist gechlort.*

Edelgase – besondere Nichtmetalle

Die Edelgase gehen in der Natur keine Verbindungen mit anderen Elementen ein. Sie sind besonders **reaktionsträge**. Mit dem leichten Gas Helium füllt man Luftballons oder Luftschiffe. Neon, Argon, Krypton und Xenon werden in Leuchtmitteln verwendet. ↗6 Radon ist radioaktiv.

6 *Edelgase leuchten in verschiedenen Farben.*

- **Elemente werden nach ihren Eigenschaften in Metalle und Nichtmetalle eingeteilt.**
- **Metalle sind glänzend, verformbar, gute Wärmeleiter und gute Leiter für elektrischen Strom.**
- **Nichtmetalle leiten den elektrischen Strom nicht.**
- **Edelgase sind besonders reaktionsträge Nichtmetalle.**

AUFGABEN

1 Gib an, wie man die Elemente einteilen kann. Nenne je zwei Beispiele.
2 Zähle die Metalleigenschaften auf.
3 Nenne die Edelgase und gib zwei Verwendungsmöglichkeiten an.

Beim Kartenspiel Solitaire ordnet man Spielkarten nach bestimmten Reihenfolgen oder Mustern. Auch die chemischen Elemente lassen sich ordnen – zum Periodensystem der Elemente.

2.5 Das Periodensystem der Elemente

Ordnung nach der Atommasse

Mitte des 19. Jahrhunderts konnte man die Atommassen der Elemente bestimmen. Nun ordnete man die Elemente danach. Das kleinste und leichteste Atom ist das Wasserstoffatom mit der Atommasse 1. Dann folgen Helium, Lithium, Beryllium und so weiter. ↗1

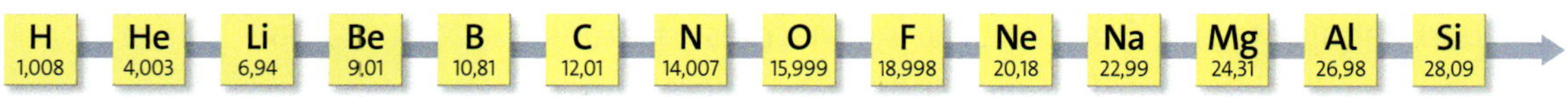

1 *Zunächst wurden die Elemente nach steigender Atommasse angeordnet.*

Einteilung nach Eigenschaften

Schließlich fand man heraus, dass immer mehrere Elemente ähnliche chemische Eigenschaften besitzen. Diese Eigenschaften wiederholen sich in regelmäßigen – man sagt dazu auch periodischen – Abständen. Schreibt man die Elemente mit ähnlichen Eigenschaften untereinander, so erhält man Spalten. ↗2 Die Spalten mit den römischen Ziffern I bis VIII nennt man **Hauptgruppen**. In der VIII. Hauptgruppe stehen beispielsweise die Edelgase, die alle ähnliche Eigenschaften haben. Das gilt immer: Elemente einer Hauptgruppe haben ähnliche Eigenschaften. Die waagrechten Zeilen heißen **Perioden**. Sie werden mit den arabischen Ziffern 1 bis 7 beschriftet. Elemente einer Periode haben ganz unterschiedliche Eigenschaften. Die gesamte Anordnung bezeichnet man als **Periodensystem der Elemente** oder kurz PSE. ↗3

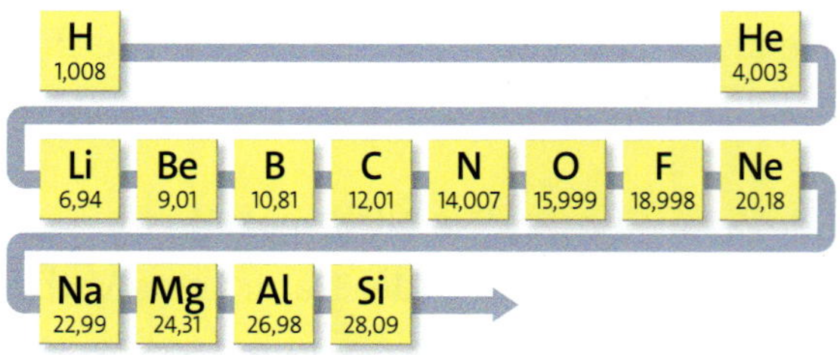

2 *Dann wurden Elemente mit ähnlichen Eigenschaften untereinander geschrieben.*

Periode	I. Hauptgruppe	II. Hauptgruppe	III. Hauptgruppe	IV. Hauptgruppe	V. Hauptgruppe	VI. Hauptgruppe	VII. Hauptgruppe	VIII. Hauptgruppe
1	$^{1}_{1}$H Wasserstoff							$^{4}_{2}$He Helium
2	$^{7}_{3}$Li Lithium	$^{9}_{4}$Be Beryllium	$^{11}_{5}$B Bor	$^{12}_{6}$C Kohlenstoff	$^{14}_{7}$N Stickstoff	$^{16}_{8}$O Sauerstoff	$^{19}_{9}$F Fluor	$^{20}_{10}$Ne Neon
3	$^{23}_{11}$Na Natrium	$^{24}_{12}$Mg Magnesium	$^{27}_{13}$Al Aluminium	$^{28}_{14}$Si Silicium	$^{31}_{15}$P Phosphor	$^{32}_{16}$S Schwefel	$^{35}_{17}$Cl Chlor	$^{40}_{18}$Ar Argon
4	$^{39}_{19}$K Kalium	$^{40}_{20}$Ca Calcium	$^{69}_{31}$Ga Gallium	$^{74}_{32}$Ge Germanium	$^{75}_{33}$As Arsen	$^{80}_{34}$Se Selen	$^{79}_{35}$Br Brom	$^{84}_{36}$Kr Krypton
5	$^{85}_{37}$Rb Rubidium	$^{88}_{38}$Sr Strontium	$^{115}_{49}$In Indium	$^{120}_{50}$Sn Zinn	$^{121}_{51}$Sb Antimon	$^{130}_{52}$Te Tellur	$^{127}_{53}$I Iod	$^{132}_{54}$Xe Xenon
6	$^{133}_{55}$Cs Caesium	$^{138}_{56}$Ba Barium	$^{205}_{81}$Tl Thallium	$^{208}_{82}$Pb Blei	$^{209}_{83}$Bi Bismut	$^{(209)}_{84}$Po Polonium	$^{(210)}_{85}$At Astat	$^{(222)}_{86}$Rn Radon

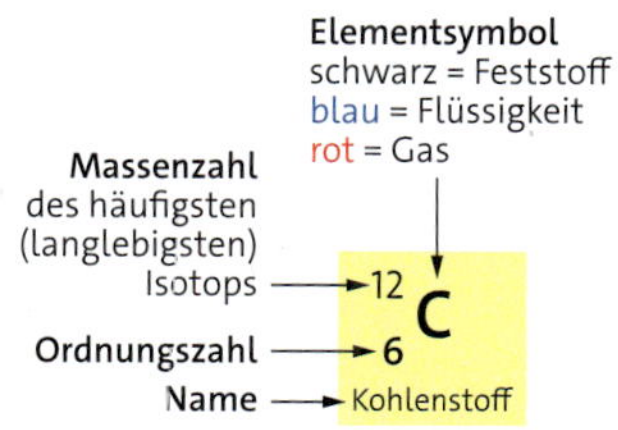

Metall

Halbmetall

Nichtmetall

3 *Periodensystem der Elemente mit den acht Hauptgruppen*

Protonenzahl und Ordnungszahl

Die Ordnung nach der Atommasse ist gleichzeitig auch eine Ordnung nach der **Protonenzahl**: Diese nimmt von Element zu Element um 1 zu. Daher nennt man die Protonenzahl auch **Ordnungszahl**. Wasserstoff hat mit einem Proton die Ordnungszahl 1, Helium mit zwei Protonen die Ordnungszahl 2. Ab der 4. Periode gibt es zwischen der II. und der III. Hauptgruppe Sprünge bei der Ordnungszahl. Hier verbergen sich in den sogenannten Nebengruppen weitere Elemente. Sie sind alle Metalle, zum Beispiel Eisen, Kupfer oder Gold.

Informationen aus dem Periodensystem ablesen

Im PSE werden die Elemente in der Symbolschreibweise notiert. Du kannst die Anzahl der Elementarteilchen und die Massenzahl eines Elements entnehmen. Denke dir eine schräge Linie von links oben nach rechts unten durch das Periodensystem. Links von dieser Diagonalen stehen die Metalle, rechts die Nichtmetalle. Auch die Aggregatzustände der Elemente bei Normalbedingungen werden im PSE oft angegeben. ↗3

- **Im Periodensystem der Elemente PSE sind alle bekannten Elemente nach ihrer Protonenzahl angeordnet.**
- **Die Zeilen nennt man Perioden.**
- **Die Spalten I bis VIII heißen Hauptgruppen.**
- **Die Elemente in einer Hauptgruppe haben ähnliche chemische Eigenschaften.**

AUFGABEN

1 Gib den Namen der Spalten und Zeilen im PSE an.

2 Gib an, welche Information hinter den Buchstaben im PSE steckt.

3 Notiere die Protonenzahl, die Massenzahl und das Elementsymbol von Stickstoff, Natrium und Argon.

Je genauer man einen Romanesco-Kohl betrachtet, desto mehr kann man staunen und Regelmäßigkeiten entdecken. Welche Regelmäßigkeiten entdeckst du? Ähnlich ist es mit dem Periodensystem der Elemente. Findest du auch hier Regelmäßigkeiten?

2.6 Das Periodensystem genauer betrachtet

Perioden und Schalen

Wenn man die Elektronenhülle der Elemente des Periodensystems vergleicht, stellt man fest: Alle Elemente, die im Periodensystem waagrecht nebeneinander in einer Periode stehen, weisen die gleiche Anzahl an Schalen auf. Natrium, Magnesium und Aluminium stehen nebeneinander in der 3. Periode und haben drei Schalen. ↗1

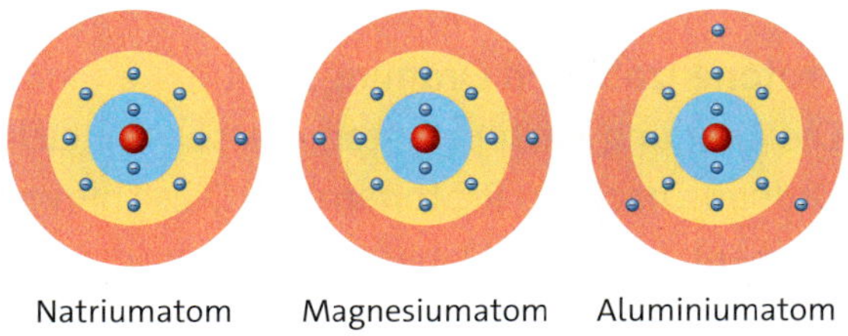

1 *Elemente der 3. Periode im Schalenmodell*

Du kannst darum direkt aus dem Periodensystem die Anzahl der Schalen eines Elements ablesen. Elemente der 1. Periode haben eine Schale, Elemente der 2. Periode haben zwei Schalen, die der 3. Periode drei Schalen und so weiter. Mit jeder Periode kommt also eine weitere Schale dazu. ↗3

Hauptgruppen und Außenelektronen

Auch Elemente, die untereinander in einer Gruppe stehen, haben eine Gemeinsamkeit. Sie besitzen gleich viele Elektronen in der äußersten Schale. Wasserstoff, Lithium und Natrium sind Elemente der I. Hauptgruppe. Sie haben jeweils ein Außenelektron. ↗2

Du kannst darum direkt aus dem Periodensystem die Anzahl der Außenelektronen eines Elements ablesen. Elemente der I. Hauptgruppe haben ein Außenelektron, Elemente der II. Hauptgruppe haben zwei Außenelektronen, die der III. Hauptgruppe drei und so weiter. Die römische Ziffer gibt also die Zahl der Außenelektronen an. Elemente einer Hauptgruppe unterscheiden sich aber in der Anzahl ihrer Schalen. ↗3

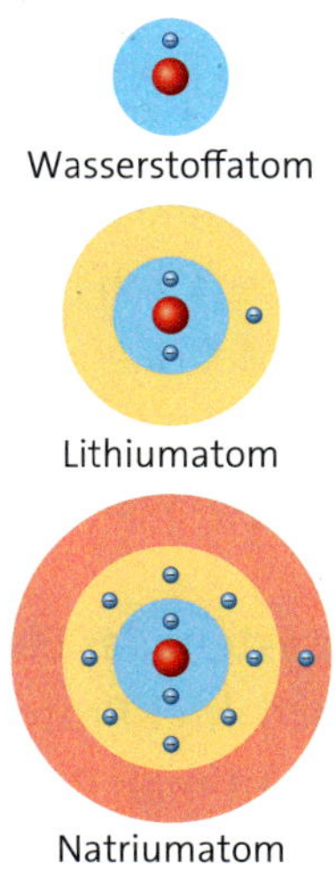

2 *Elemente der I. Hauptgruppe im Schalenmodell*

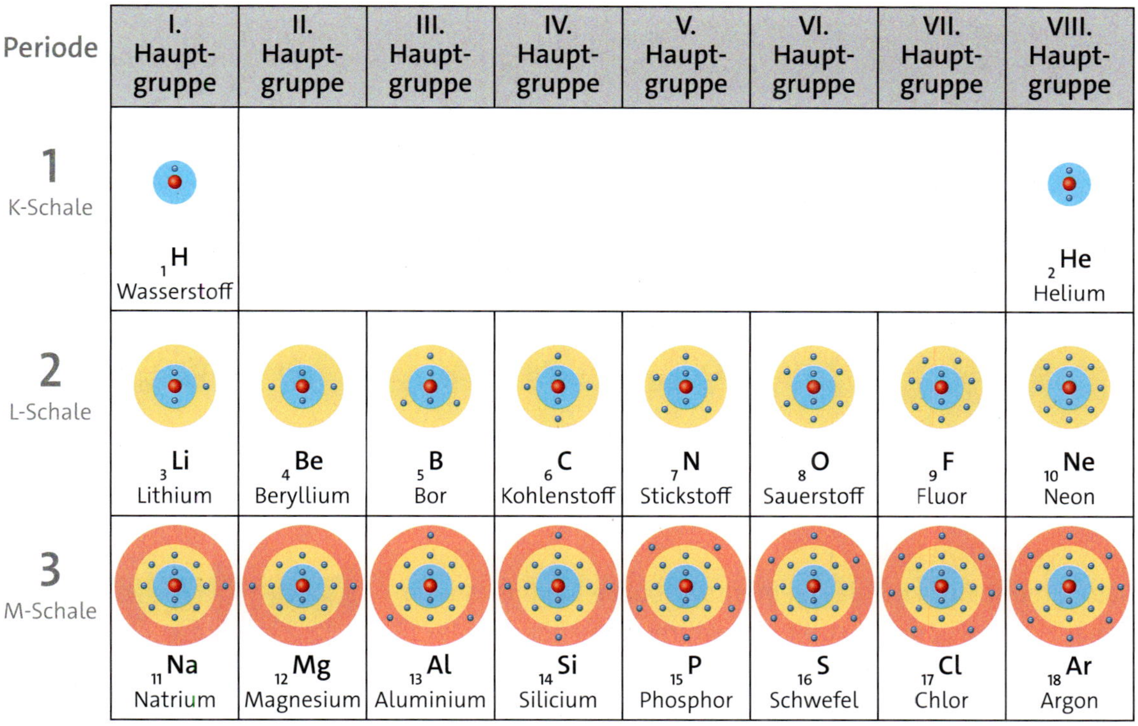

3 *Elemente der ersten drei Perioden im Schalenmodell*

Träge Edelgase

Edelgase verhalten sich völlig anders als die übrigen chemischen Elemente: Sie sind reaktionsträge und verbinden sich kaum mit anderen Elementen. Darum stellt sich die Frage: Was macht die Edelgase so besonders?
Wenn du die Außenelektronen der Edelgase zählst, so stellst du fest: Alle Edelgase haben acht Außenelektronen. Damit ist ihre Außenschale voll besetzt. Eine Ausnahme bildet Helium. Da die erste Schale nur zwei Elektronen aufnehmen kann, ist sie bereits mit zwei Außenelektronen voll besetzt. ↗4

Edelgas	Außenelektronen
Helium	2
Neon	8
Argon	8
Krypton	8
Xenon	8
Radon	8

4 *Edelgase: Außenelektronen*

Oktettregel

Aus der Reaktionsträgheit der Edelgase kann man schließen, dass Atome mit einer voll besetzten Außenschale besonders stabil sind. Acht Elektronen in der Außenschale nennt man ein **Elektronenoktett**. Atome verbinden sich, um dieses stabile Elektronenoktett zu erreichen. Das nennt man **Oktettregel**.

- **Die Periodennummer gibt die Anzahl der Schalen an.**
- **Die Hauptgruppennummer gibt die Anzahl der Außenelektronen an.**
- **Oktettregel: Atome verbinden sich, um eine stabile, voll besetzte Außenschale zu erreichen.**

AUFGABEN

1 Gib an, was Elemente einer Hauptgruppe gemeinsam haben.

2 Erkläre den Begriff Oktettregel.

3 Kalium steht in der I. Hauptgruppe direkt unter Natrium. Zeichne das Schalenmodell des Kaliumatoms mit 19 Elektronen.

Periode	I. Hauptgruppe	II. Hauptgruppe	III. Nebengruppe	IV. Nebengruppe	V. Nebengruppe	VI. Nebengruppe	VII. Nebengruppe	VIII. Nebengruppe	VIII. Nebengruppe	VIII. Nebengruppe	I. Nebengruppe	II. Nebengruppe	III. Hauptgruppe
4	$^{39}_{19}$K Kalium	$^{40}_{20}$Ca Calcium	$^{45}_{21}$Sc Scandium	$^{48}_{22}$Ti Titan	$^{51}_{23}$V Vanadium	$^{52}_{24}$Cr Chrom	$^{55}_{25}$Mn Mangan	$^{56}_{26}$Fe Eisen	$^{59}_{27}$Co Cobalt	$^{58}_{28}$Ni Nickel	$^{63}_{29}$Cu Kupfer	$^{64}_{30}$Zn Zink	$^{69}_{31}$Ga Gallium
5	$^{85}_{37}$Rb Rubidium	$^{88}_{38}$Sr Strontium	$^{89}_{39}$Y Yttri.ım	$^{90}_{40}$Zr Zirconium	$^{93}_{41}$Nb Niob	$^{98}_{42}$Mo Molybdän	$^{(98)}_{43}$Tc Technetium	$^{102}_{44}$Ru Ruthenium	$^{103}_{45}$Rh Rhodium	$^{106}_{46}$Pd Palladium	$^{107}_{47}$Ag Silber	$^{114}_{48}$Cd Cadmium	$^{115}_{49}$In Indium
6	$^{133}_{55}$Cs Rubidium	$^{138}_{56}$Ba Strontium	* 57–71	$^{180}_{72}$Hf Hafnium	$^{181}_{73}$Ta Tantal	$^{184}_{74}$W Wolfram	$^{187}_{75}$Re Rhenium	$^{192}_{76}$Os Osmium	$^{193}_{77}$Ir Iridium	$^{195}_{78}$Pt Platin	$^{197}_{79}$Au Gold	$^{202}_{80}$Hg Quecksilber	$^{205}_{81}$Tl Thallium

5 *Ausschnitt aus dem Periodensystem der Elemente: Nebengruppenelemente sind hellblau unterlegt.*

Viele weitere Metalle

Das Element **Eisen** hat das Elementsymbol Fe. Du findest es in keiner Hauptgruppe. Es steht mit zahlreichen anderen Metallen in den **Nebengruppen** des PSE. ↗5

Maschinen, Fahrzeuge und viele Alltagsgegenstände sind aus Stahl. ↗6 Stahl besteht hauptsächlich aus Eisen. Zusätzlich enthält Stahl kleine Mengen an Vanadium, Chrom oder Nickel. Diese Metalle findest du ebenfalls in den Nebengruppen.

6 *Eisen und Stahl werden recycelt.*

Edelmetalle – Kupfer, Silber, Gold

Für besondere Zwecke werden Stromkabel aus **Silber** verwendet. Gewöhnliche Kabel haben einen Kern aus **Kupfer**. Dachrinnen und Wasserleitungsrohre sind ebenfalls häufig aus Kupfer. Das Edelmeta.l **Gold** wird für Schmuck, als Wertanlage und beim Zahnersatz verwendet. Es ist auch für die Herstellung von Computerch'ps nötig. ↗7

7 *Goldkontakte auf einem Computerchip*

Quecksilber – die Ausnahme

Das Schwermetall Quecksilber ist das einzige bei Raumtemperatur flüssige Metall. Das Metall wurde lange Zeit in Fieberthermometern verwendet. In Batterien und Energiesparlampen kommen Quecksilberverbindungen zum Einsatz. Weil Quecksilber giftig ist, wird es immer weniger eingesetzt.

Titan – leicht und stabil

Titan ist extrem fest und dennoch sehr leicht. Im Gemisch mit Eisen wird Titanstahl zum Beispiel im Schiffsbau eingesetzt. Als Material für Schrauben, Knochenersatz und künstliche Gelenke ist Titan in der modernen Medizin unverzichtbar. Schmuck aus Titan schillert in allen Regenbogenfarben. ↗8

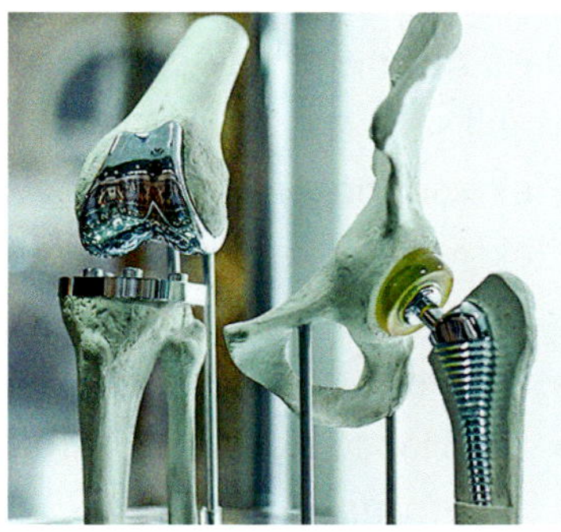

8 *Kniegelenk und Hüftgelenk aus Titan*

Arbeiten mit dem Periodensystem

Periode	I. Hauptgruppe	II. Hauptgruppe	III. Hauptgruppe	IV. Hauptgruppe	V. Hauptgruppe	VI. Hauptgruppe	VII. Hauptgruppe	VIII. Hauptgruppe
1	$^{1}_{1}\mathrm{H}$ Wasserstoff							$^{4}_{2}\mathrm{He}$ Helium
2	$^{7}_{3}\mathrm{Li}$ Lithium	$^{9}_{4}\mathrm{Be}$ Beryllium	$^{11}_{5}\mathrm{B}$ Bor	$^{12}_{6}\mathrm{C}$ Kohlenstoff	$^{14}_{7}\mathrm{N}$ Stickstoff	$^{16}_{8}\mathrm{O}$ Sauerstoff	$^{19}_{9}\mathrm{F}$ Fluor	$^{20}_{10}\mathrm{Ne}$ Neon
3	$^{23}_{11}\mathrm{Na}$ Natrium	$^{24}_{12}\mathrm{Mg}$ Magnesium	$^{27}_{13}\mathrm{Al}$ Aluminium	$^{28}_{14}\mathrm{Si}$ Silicium	$^{31}_{15}\mathrm{P}$ Phosphor	$^{32}_{16}\mathrm{S}$ Schwefel	$^{35}_{17}\mathrm{Cl}$ Chlor	$^{40}_{18}\mathrm{Ar}$ Argon
4	$^{39}_{19}\mathrm{K}$ Kalium	$^{40}_{20}\mathrm{Ca}$ Calcium	$^{69}_{31}\mathrm{Ga}$ Gallium	$^{74}_{32}\mathrm{Ge}$ Germanium	$^{75}_{33}\mathrm{As}$ Arsen	$^{80}_{34}\mathrm{Se}$ Selen	$^{79}_{35}\mathrm{Br}$ Brom	$^{84}_{36}\mathrm{Kr}$ Krypton
5	$^{85}_{37}\mathrm{Rb}$ Rubidium	$^{88}_{38}\mathrm{Sr}$ Strontium	$^{115}_{49}\mathrm{In}$ Indium	$^{120}_{50}\mathrm{Sn}$ Zinn	$^{121}_{51}\mathrm{Sb}$ Antimon	$^{130}_{52}\mathrm{Te}$ Tellur	$^{127}_{53}\mathrm{I}$ Iod	$^{132}_{54}\mathrm{Xe}$ Xenon
6	$^{133}_{55}\mathrm{Cs}$ Caesium	$^{138}_{56}\mathrm{Ba}$ Barium	$^{205}_{81}\mathrm{Tl}$ Thallium	$^{208}_{82}\mathrm{Pb}$ Blei	$^{209}_{83}\mathrm{Bi}$ Bismut	$^{(209)}_{84}\mathrm{Po}$ Polonium	$^{(210)}_{85}\mathrm{At}$ Astat	$^{(222)}_{86}\mathrm{Rn}$ Radon

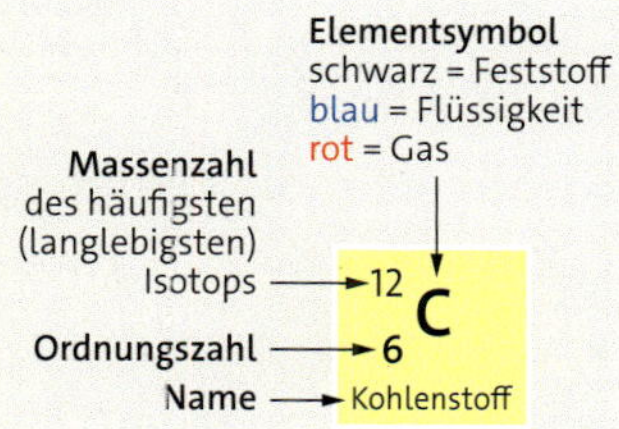

Metall

Halbmetall

Nichtmetall

1 *Periodensystem der Elemente: Hauptgruppen*

Das Periodensystem der Elemente, kurz PSE, enthält viele Informationen. ↗1

- Spalten: Hauptgruppen I bis VIII: Elemente einer Hauptgruppe haben ähnliche Eigenschaften.
- Zeilen: Perioden 1 bis 7

Du kannst

- Elementnamen und die zugehörigen Elementsymbole ablesen,
- oft den Aggregatzustand ablesen,
- die Anzahl der Außenelektronen ablesen,
- die Anzahl der Elektronen und Protonen ablesen,
- die Anzahl der Neutronen berechnen. ↗2

Neutronenzahl = Massenzahl − Protonenzahl

Neutronenzahl F = Massenzahl F − Protonenzahl F

Neutronenzahl F = 19 − 9 = 10

2 *Neutronenzahl von Fluor berechnen*

Aufgaben

Beantworte die Fragen mit Hilfe des PSE. ↗1

1 Wie viele Protonen haben O, H, He, Cl, Na?

2 Wie viele Elektronen haben Be, F, Ne, K?

3 Welche Elemente verbergen sich hinter H, N, O, P, Se und Pb?

4 Wie viele Neutronen haben Sauerstoff, Chlor, Helium und Argon?

5 In welcher Hauptgruppe stehen Antimon, Zinn, Magnesium, Germanium, Blei?

6 Notiere alle Informationen zu Brom.

7 Welche Elemente sind das?
V. Hauptgruppe / 6. Periode
II. Hauptgruppe / 3. Periode
VII. Hauptgruppe / 5. Periode

8 Wie viele Außenelektronen haben Si, S, Kr?

9 Zeichne das Energiestufenmodell von Li, Mg, P, S.

10 Was haben alle Elemente der II. Hauptgruppe gemeinsam?

11 Nenne alle Elemente mit acht Außenelektronen und ihren Oberbegriff.

Spielen und Üben mit dem Periodensystem

1 Elemente-Quartett

Material: 2 weiße Bastelkartons DIN A4, Lineal, Schere, Stifte in verschiedenen Farben, Periodensystem, Internetzugang

Vorbereitung:
- Schneidet die beiden Kartons in je 16 Karten.
- Wählt 8 Elemente aus. Gestaltet im Kunstunterricht zu jedem Element 4 verschiedene Karten A bis D. ↗1
- Recherchiert die dazu nötigen Informationen im Internet, zum Beispiel: Entdeckung des Elements, Häufigkeit auf der Erde, Eigenschaften, Protonenzahl ...

Spielanleitung: Spielt mit den Karten Quartett. Gewonnen hat, wer zuerst die meisten Quartette ablegen kann.

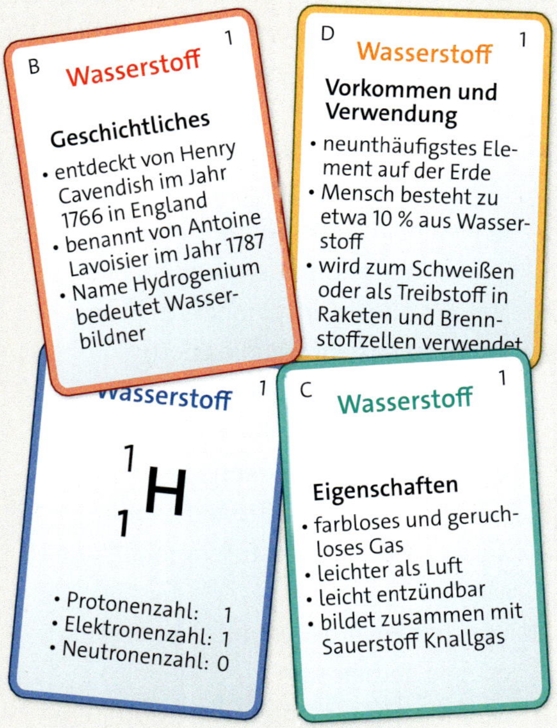

1 Beispiele für Quartettkarten

2 Schalenmodelle legen

Material: Papier, Zirkel, Lineal, 3 Würfel, 18 gleiche Murmeln, Spielsteine oder Erbsen, Periodensystem

Vorbereitung:
- Zeichne für das Spielfeld vier Kreise um den gleichen Mittelpunkt:
  Radius 1: 2 cm; Radius 2: 3 cm;
  Radius 3: 5 cm; Radius 4: 7 cm. ↗2
- Der innerste Kreis stellt den Atomkern dar. Beschrifte ihn mit Kern. Die äußeren Kreise sind die verschiedenen Schalen – du kannst sie beschriften.

Spielanleitung:
- Zwei Spieler treten gegeneinander an.
- Einer der Spieler wirft die drei Würfel. Dann wird die Augenzahl zusammengezählt. Jedes Auge steht für ein Elektron.
- Beide Spieler legen so viele Steine in die Schalen, wie dort beim Element Elektronen vorhanden sind. ↗2
- Wenn alle Steine liegen, darf der Spieler das Element nennen, dessen Schalenmodell er gelegt hat. Wer zuerst richtig gelegt und das Element richtig genannt hat, erhält einen Punkt.

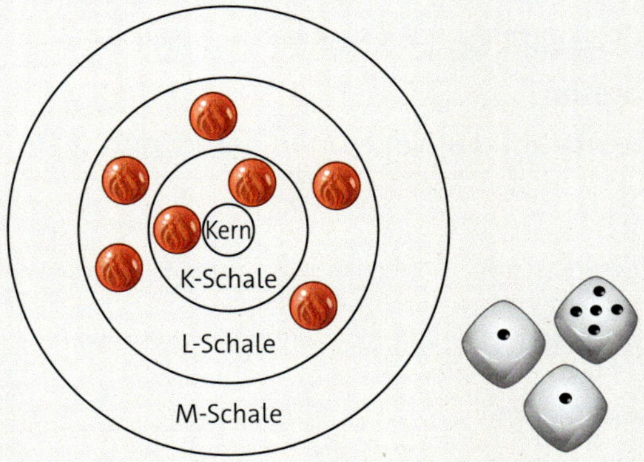

2 Beispiel: Augenzahl 7 = Element Stickstoff

Aufbau der Materie

Modelle zum Atombau

Demokrit: Alle Stoffe bestehen aus unteilbaren, festen Teilchen, den Atomen.
Dalton: Alle Stoffe bestehen aus massiven Atomen. Atome eines Elements haben die gleiche Größe und die gleiche Masse.
Rutherford: Atome bestehen aus der negativ geladenen Atomhülle und dem positiv geladenen Atomkern, der den größten Teil der Masse enthält (Kern-Hülle-Modell).

Bausteine der Atome

Die Elementarteilchen Protonen und Neutronen befinden sich im Atomkern, die Elektronen in der Atomhülle. Die Protonenzahl legt das Element fest. Isotope sind Atome des gleichen Elements mit unterschiedlicher Neutronenanzahl. ↗1

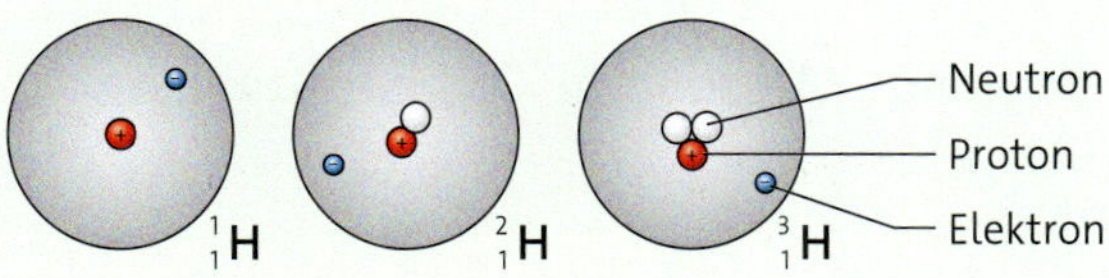

1 *Wasserstoffisotope im Kern-Hülle-Modell*

Anordnung der Elektronen

Energiestufenmodell: Die Elektronen nehmen in der Atomhülle bestimmte Energiestufen ein. Jede Energiestufe kann eine bestimmte Anzahl von Elektronen aufnehmen.
Schalenmodell: Die Energiestufen kann man sich wie Schalen vorstellen, die den Atomkern umgeben. Elektronen der höchsten Energiestufe werden Außenelektronen genannt. Es sind maximal acht. ↗2

2 *Elektronenverteilung beim Kohlenstoffatom*

Einteilung der Elemente

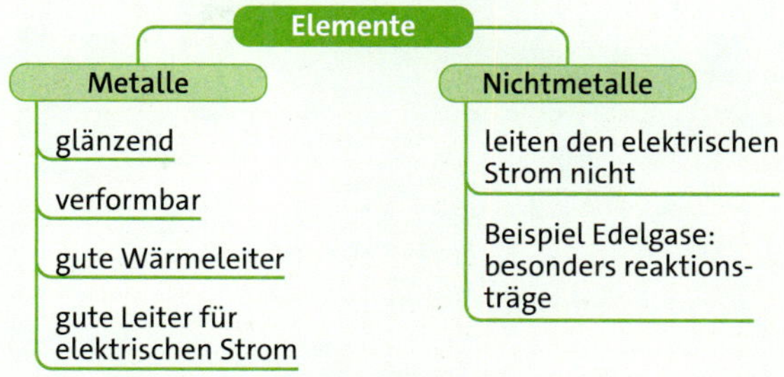

3 *Einteilung der Elemente nach Eigenschaften*

Das Periodensystem der Elemente

Im Periodensystem der Elemente PSE sind alle bekannten Elemente nach ihrer Protonenzahl angeordnet. Die Zeilen nennt man Perioden. Die Spalten I bis VIII heißen Hauptgruppen. Die Elemente in einer Hauptgruppe haben ähnliche chemische Eigenschaften. ↗3

Perioden	Hauptgruppen I.	II.	III.	IV.	V.	VI.	VII.	VIII.
1	1 H							2 He
2	3 Li	4 Be	5 B	6 C	7 N	8 O	9 F	10 Ne
3	11 Na	12 Mg	13 Al	14 Si	15 P	16 S	17 Cl	18 Ar
4	19 K	20 Ca	31 Ga	32 Ge	33 As	34 Se	35 Br	36 Kr
5	37 Rb	38 Sr	49 In	50 Sn	51 Sb	52 Te	53 I	54 Xe
6	55 Cs	56 Ba	81 Tl	82 Pb	83 Bi	84 Po	85 At	86 Rn

Metalle Halbmetalle Nichtmetalle

4 *Periodensystem der Elemente (Hauptgruppen)*

Das Periodensystem genauer betrachtet

Die Periodennummer gibt die Anzahl Schalen an. Die Hauptgruppennummer gibt die Anzahl der Außenelektronen an.
Oktettregel: Atome verbinden sich, um eine voll besetzte Außenschale zu erreichen. Diese ist besonders stabil.

1 Modelle zum Atombau

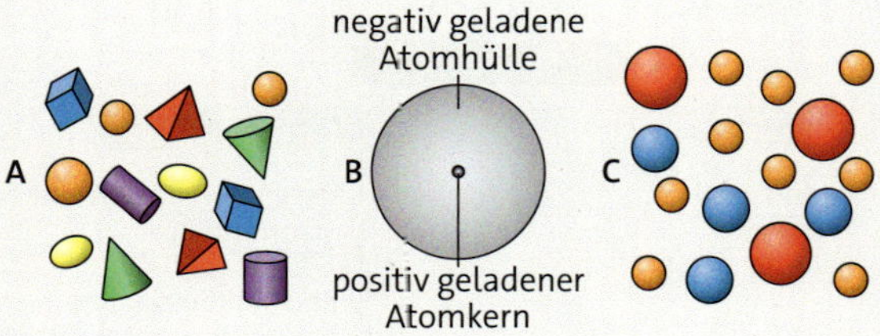

1 *Verschiedene Atommodelle*

a □ Ordne den Buchstaben A bis C die Atommodelle zu: Atommodell von Demokrit, Atommodell von Dalton, Kern-Hülle-Modell von Rutherford. ↗1

b ◪ Vergleiche das Atommodell von Demokrit und das von Dalton.

2 Bausteine der Atome

a □ Nenne die Teilchen, aus denen ein Atom aufgebaut ist, und gib ihre Ladung an.

b □ Formuliere die Regel aus dem Wortsalat: Protonen gleich der ist Elektronen Anzahl in der immer Anzahl einem Atom die der.

c ◪ Erkläre den Begriff Isotop mit den Wörtern: Element, Elektron, Neutron, Proton.

d ◪ Übertrage die Tabelle in dein Heft und fülle die Lücken: ↗2

Element	Ordnungszahl	Massenzahl	Neutronenzahl
Li	3	7	???
O	???	16	8
Na	11	???	12

2 *Tabelle zu Aufgabe 2*

3 Anordnung der Elektronen

a □ Eine Feuerwerksrakete leuchtet gelb. Gib an, welches Element dabei verbrennt.

b □ Ergänze: Auf die 2. Energiestufe passen ... Elektronen.

c ◪ Zeichne das Energiestufenmodell von Bor.

4 Einteilung der Elemente

a □ Gib an, woran du ein Metall erkennst.

b □ Erstelle eine Tabelle wie in Bild 3 und ordne mit Hilfe des Periodensystems folgende Elemente ein: Xenon, Stickstoff, Arsen, Blei, Kalium, Iod, Astat, Sauerstoff, Helium, Silicium. ↗3

Metalle	Nichtmetalle	Edelgase
???	???	???
...	...	...

3 *Tabelle zu Aufgabe 4*

5 Das Periodensystem der Elemente

a □ Ergänze: Die Spalten im Periodensystem heißen ..., die Zeilen heißen ...

b ◪ Notiere die Ordnungszahl, Massenzahl und den Namen von: Se, B, S, Sn, Pb, I.

c □ Ordne den Buchstaben A bis D folgende Begriffe zu: Elementname, Elementsymbol, Massenzahl, Ordnungszahl. ↗4

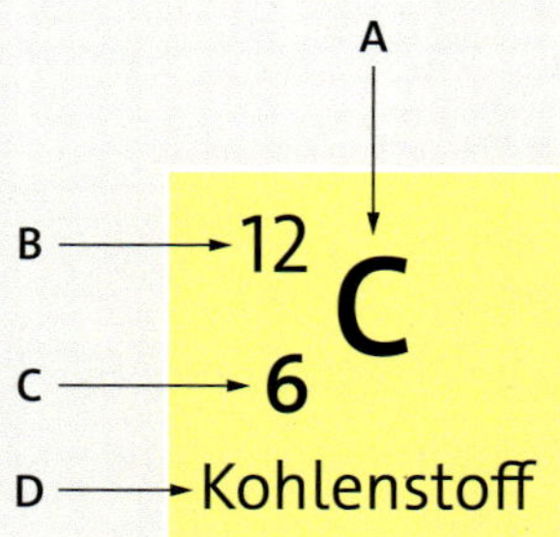

4 *Angaben im PSE*

6 Das Periodensystem genauer betrachtet

a □ Gib die Gemeinsamkeit der Elemente einer Periode an.

b □ Gib die Gemeinsamkeit der Elemente einer Hauptgruppe an.

c ◪ Zeichne das Energiestufenmodell von Kohlenstoff.

d ■ Zeichne das Energiestufenmodell und das Schalenmodell des Elements mit der Massenzahl 23. Benenne das Element.

7 Atommodelle und Atombau

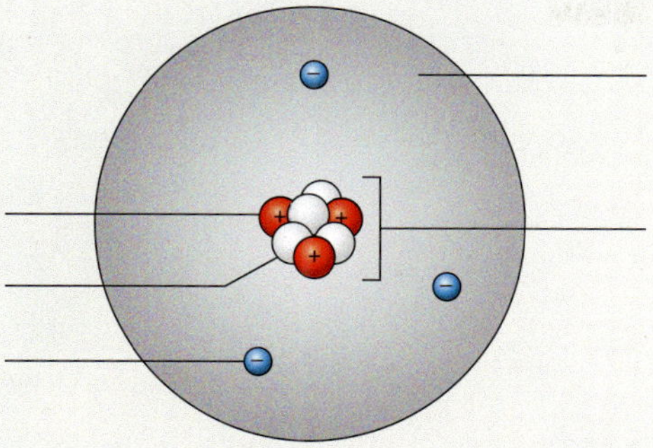

5 *Um welches Element handelt es sich?*

Übertrage die Zeichnung in dein Heft. ↗5

a □ Beschrifte die Bestandteile des Atoms. Notiere den Namen des Elements und seine Symbolschreibweise.

b ◪ Ein Isotop dieses Elements hat die Massenzahl 8. Zeichne das Atom mit allen Kernteilchen und notiere es in der Symbolschreibweise.

c ◪ Zeichne für a und b das Energiestufenmodell.

d ■ Beurteile die Aussage: Das Atommodell von Dalton ist falsch.

8 Welches Element bin ich?

Bestimme mit Hilfe des Periodensystems das gesuchte Element.

a □ Ich stehe in der V. Hauptgruppe und der 3. Periode.

b □ Ich habe 4 Elektronen.

c □ Meine Massenzahl ist 40.

d ◪ Ich stehe in der I. Hauptgruppe und bin kein Metall.

e ◪ Ich habe 46 Neutronen und stehe in der VI. Hauptgruppe.

f ◪ Ich bin das schwerste Edelgas.

g ◪ Ich bin ein Edelgas und habe 3 voll besetzte Energiestufen.

h ◪ Ich habe 3 Schalen und 6 Außenelektronen.

9 Wer ist der Dieb?

Am Tatort findet sich weißes Pulver. Der Einbrecher muss es verloren haben – vielleicht staubte es bei der Flucht aus seiner Kleidung. Es gibt drei Verdächtige:

A Bruno Borstig – er arbeitet im Salzbergwerk.

B Sepp Huber – er verdient sein Geld in einer Mühle.

C Fritz Müller – er arbeitet in einer Fabrik, die Gips (ein Calciumsalz) erzeugt.

a □ Gib an, mit welchem Pulver jeder Verdächtige in Verbindung gebracht werden kann.

b ◪ Überlege dir ein Verfahren, um das Pulver zu identifizieren. Beschreibe dein Vorgehen.

c ■ Beschreibe die möglichen Ergebnisse bei der Überprüfung des Pulvers. Wer war jeweils der Täter?

10 Streuversuch von Rutherford

Rutherford entwickelte aus den Ergebnissen des Streuversuchs das Kern-Hülle-Modell.

a □ Beschreibe den Versuchsaufbau von Rutherford mit Hilfe von Bild 6. ↗6

b ◪ Erläutere, welche Schlussfolgerungen Rutherford aus seinen Beobachtungen zog.

c ■ Welche Beobachtung hätte Rutherford gemacht, wenn Atome massive und dicht aneinanderliegende Kugeln wären? Begründe deine Antwort.

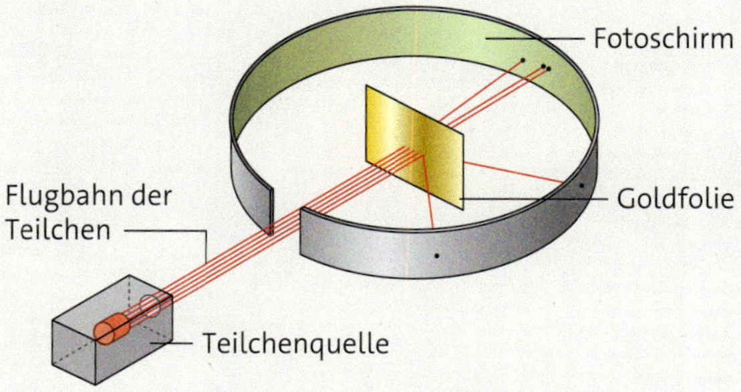

6 *Aufbau des Streuversuchs von Rutherford*

3

Wirbeltiere

6

Steppengiraffen werden bis zu **sechs Meter** groß. Mit ihrem langen Hals könnten sie durch ein Fenster im zweiten Stock sehen.

175

Riesenschildkröten gehören zu den langlebigsten Tieren auf der Erde. Die Schildkröte Harriet starb nach etwa **einhundertfünfundsiebzig Jahren** Lebenszeit in einem australischen Zoo.

200 000

Kein anderer Vogel verbringt so viel Zeit in der Luft wie der Mauersegler. Er legt pro Jahr etwa **zweihunderttausend Kilometer** zurück. Das entspricht einer fünffachen Erdumrundung.

In diesem Kapitel ...

- lernst du verschiedene Wirbeltierklassen und ihre besonderen Merkmale kennen.
- ordnest du heimische Wirbeltiere den Wirbeltierklassen zu.
- lernst du, wie sich die Tiere an Land, im Wasser und in der Luft fortbewegen.
- lernst du, wie sich Tiere an Land und im Wasser fortpflanzen.
- vergleichst du, wie sich verschiedene Wirbeltiere fortbewegen und fortpflanzen.

Wer lebt denn hier?

Tiere zuordnen

1 *Verschiedene Wirbeltiere: A Feldmaus, B Smaragdeidechse, C Waldkauz, D Brachse, E Kreuzkröte*

Du brauchst: Computer, Internet, Bestimmungsbücher

- Ordne den Tieren in Bild 1 die Merkmale aus Bild 2 zu. Recherchiere in Zweifelsfällen im Internet oder im Bestimmungsbuch. ↗1, 2
- Ordne die Tiere den verschiedenen Wirbeltierklassen zu: Säugetiere, Amphibien, Vögel, Fische, Reptilien.
- Ordne den Tieren einen Lebensraum aus Bild 3 zu. ↗3
- Notiere alle Ergebnisse in einer Tabelle.

- schleimige Haut mit Schuppen
- feuchte, nackte Haut
- Haut mit Federn
- Haut mit Fell oder Haaren
- trockene Haut mit Hornschuppen
- Flossen
- schwimmen
- springen oder schwimmen
- schlängeln oder kriechen
- laufen, klettern oder springen
- fliegen
- atmen durch Kiemen
- Schnabel
- legen Eier
- säugen ihre Jungen mit Milch

2 *Merkmale von Tieren*

3 *Verschiedene Lebensräume*

Die Unterwasserwelt übt auf den Menschen eine besondere Faszination aus. Die Stille und das besondere Licht sind für uns ungewohnt. Scheinbar mühelos gleiten Fische durch das Wasser und bringen uns zum Staunen.

3.1 Merkmale der Fische

Lebensraum

Fische haben sich vor etwa 450 Millionen Jahren entwickelt. Zahlreiche Seen, Teiche und Fließgewässer bieten Karpfen, Forellen und vielen anderen Fischarten einen Lebensraum. Sie zählen zu den **Süßwasserfischen**. Die Meere werden von **Salzwasserfischen** besiedelt. ↗1

1 *Der Kabeljau ist ein Salzwasserfisch.*

Körperbau

Das gesamte Leben der Fische spielt sich im Wasser ab. Ihr Körper ist an die Lebensbedingungen unter Wasser angepasst. Fische besitzen einen **spindelförmigen**, mit **Schuppen** bedeckten Körper. Die Schuppen sind mit einer dünnen Schleimschicht überzogen.

Der Körper ist in Kopf, Rumpf und Schwanz gegliedert. Fische besitzen ein Skelett mit einer **Wirbelsäule** und gehören deshalb zu den **Wirbeltieren**. ↗2 An Bauch, Brust, Rücken und Schwanz der Fische befinden sich **Flossen**. Mit Hilfe von **Kiemen** können sie unter Wasser atmen.

2 *Skelett eines Fisches*

Körpertemperatur und Sinnesorgane

Fische können ihre Körpertemperatur nicht selbst regulieren. Diese ist von der Umgebungstemperatur abhängig. In kaltem Wasser ist die Körpertemperatur niedrig, in warmem Wasser höher. Solche Tiere heißen **wechselwarme** Tiere.

Fische haben keine verstellbare Augenlinse für verschiedene Entfernungen. Das Hauptsinnesorgan der Fische ist das **Seitenlinienorgan**. Mit ihm können sie Erschütterungen, Strömungen, Hindernisse und Töne wahrnehmen. ↗3

3 *Seitenansicht eines Kaulbarschs mit Seitenlinienorgan*

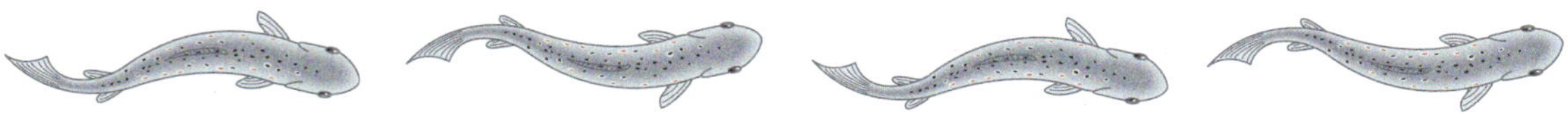

4 *Schwimmender Fisch*

* Fortbewegung

Fische bewegen sich durch Schlängeln des gesamten Körpers vorwärts. ↗4 Der Hauptantrieb ist die Schwanzflosse. Mit Bauchflossen und Brustflossen können sie bremsen, steuern und rückwärtsschwimmen. Der spindelförmige Körper bietet dem Wasser wenig Widerstand. Daher können sich Fische unter Wasser schnell fortbewegen. Durch die Schleimschicht auf den Schuppen gleiten Fische noch leichter durch das Wasser. Mit der **Schwimmblase** kann der Fisch den Wasserdruck in verschiedenen Tiefen ausgleichen und dadurch schweben.

* Fortpflanzung

Die Weibchen der meisten Fische legen mehrere Millionen Eier ins Wasser ab. Wir nennen Fischeier auch **Laich**. Oft wird dieser Laich an Steine, Pflanzen oder Wurzeln geklebt. Anschließend gibt das Männchen seinen Samen darüber. Das nennt man **äußere Befruchtung**. In den befruchteten Eiern wachsen die Larven heran. Nach dem Schlüpfen ernähren sie sich von ihren Dottersäcken. ↗5

Bei manchen Haien und Rochen findet eine **innere Befruchtung** statt. Die Fischlarven reifen im Körper der Mutter heran und werden ohne Eihülle geboren. Solche Tiere nennt man **lebend gebärend**.

Brutpflege

Die meisten Fische kümmern sich nicht um ihren Nachwuchs. Viele Eier und Larven werden daher von Räubern gefressen. Nur ein kleiner Teil wächst zu erwachsenen Fischen heran. Einige Fische betreiben **Brutpflege**. Das Stichlings-Männchen baut ein Nest, das es verteidigt. Manche Buntbarsche nehmen die Eier oder Jungfische schützend in ihr Maul. ↗6

- **Fische sind wechselwarme Wirbeltiere, die an das Leben im Wasser angepasst sind.**
- **Fische bewegen sich im Wasser schwimmend mit Hilfe ihrer Flossen fort.**
- **Die meisten Fische legen Eier, die außerhalb des Körpers befruchtet werden.**

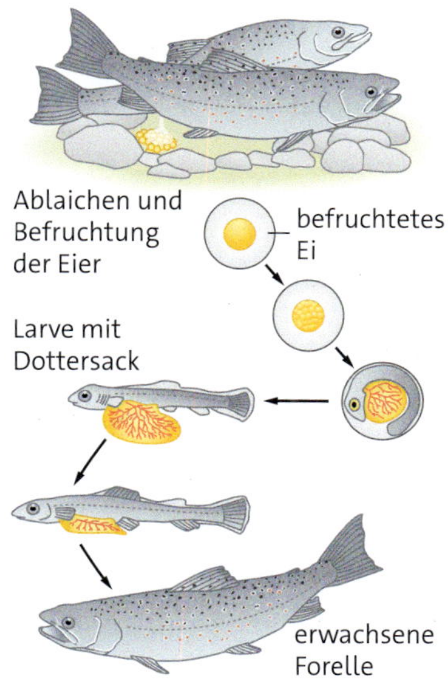

5 *Fortpflanzung und Entwicklung*

6 *Der Victoria-Buntbarsch ist ein Maulbrüter.*

AUFGABEN

1 Nenne fünf Körpermerkmale von Fischen.

2 Erkläre den Begriff wechselwarm.

3 Beschreibe, wie sich Fische fortbewegen oder fortpflanzen.

Du musst schon genau hinschauen, damit du Frösche auf Seerosenblättern erkennen kannst. Hier auf dem Bild sind sie ganz nah. Wo kannst du sie in der Natur finden? Wie fühlt sich ein Frosch wohl an?

3.2 Merkmale der Amphibien

Lebensraum

Frösche können im Wasser und an Land leben. Diese Tiere werden **Lurche** oder **Amphibien** genannt. Die griechische Bezeichnung „amphibios" bedeutet „in beiden lebend". Die Entwicklung von Amphibien findet vollständig im Wasser statt. Erst als erwachsene Tiere können sie das Wasser verlassen.

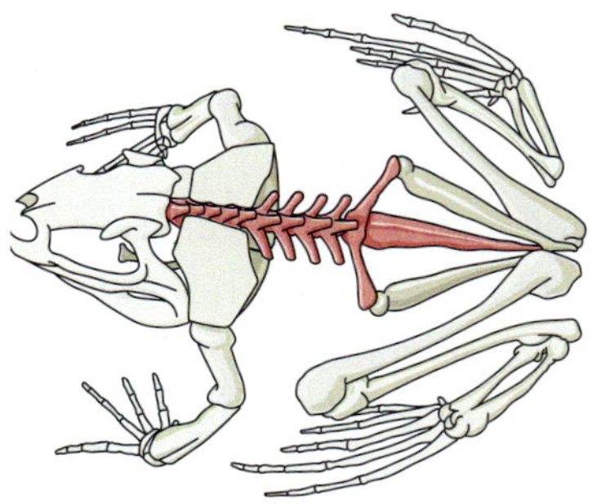

1 *Skelett eines Froschs*

Körperbau

Amphibien haben ein Skelett mit einer **Wirbelsäule** und gehören deshalb zu den **Wirbeltieren**. Sie werden nach ihrer Gestalt in **Froschlurche** und **Schwanzlurche** unterteilt. Frösche, Kröten und Unken gehören zu den Froschlurchen. Sie haben einen gedrungenen Körperbau mit breitem Maul und hervorstehenden Augen, aber keinen Schwanz. ↗1 Molche und Salamander sind Schwanzlurche. Sie haben einen länglichen Körperbau mit langem Schwanz. ↗2

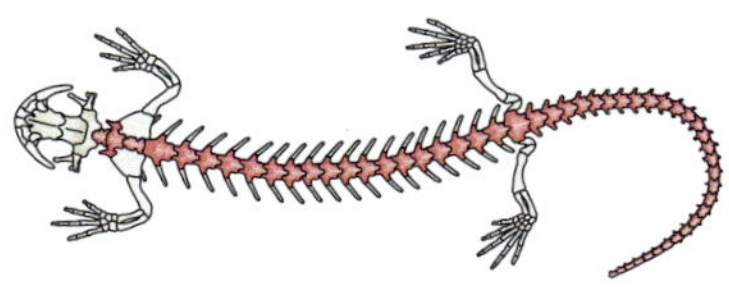

2 *Skelett eines Salamanders*

Atmung und Körpertemperatur

Amphibien atmen über Lungen und zusätzlich auch über die Haut. Diese ist sehr dünn, oft von einer Schleimschicht bedeckt und gut durchblutet. So können sie Sauerstoff aus dem Wasser über die Haut aufnehmen. Dafür muss diese immer feucht sein. Amphibien brauchen daher eine feuchte Umgebung. ↗3

Die Körpertemperatur der Amphibien ändert sich mit der Umgebungstemperatur, sie sind **wechselwarme** Tiere.

Die meisten Amphibien verbringen den Winter in frostfreien Erdhöhlen, unter morschem Holz oder Laub. Atmung und Herzschlag verlangsamen sich, die Tiere fallen in eine **Kältestarre**.

3 *Erdkröte im Schlamm*

4 *Schwimmender Frosch*

5 *Springender Frosch*

* Fortbewegung

Froschlurche besitzen kurze Vorderbeine und lange, muskulöse Hinterbeine. Mit ihnen können sie auf dem Land weit springen und im Wasser sehr schnell schwimmen. ↗4, 5 Dabei sind auch die Schwimmhäute zwischen den Zehen sehr nützlich. Die Beine der Schwanzlurche sind etwa gleich lang und werden diagonal bewegt. So entsteht an Land und im Wasser eine kriechende Vorwärtsbewegung.

* Fortpflanzung

Im Frühjahr wandern die Frösche zu den Gewässern ihrer Geburt. Dort legt das Weibchen eine Vielzahl gallertartiger **Eier** als **Laich** in das Wasser. Das Männchen sitzt auf dem Rücken des Weibchens und gibt seine Spermien hinzu. Kurz nach dieser **äußeren Befruchtung** beginnt die Entwicklung der Larven. Diese werden **Kaulquappen** genannt. Sie besitzen einen Ruderschwanz und Kiemen zum Atmen unter Wasser. Nach einigen Wochen sind die Hinterbeine voll entwickelt und etwas später kannst du auch die Vorderbeine erkennen. Nun bilden sich der Schwanz und die Kiemen zurück, gleichzeitig entwickeln sich Lungen. Diese Veränderung der Gestalt heißt **Metamorphose**. Die Jungfrösche können jetzt auch an Land leben. ↗6

Bei Salamandern dagegen werden die Eier im Körper des Weibchens befruchtet, die Larven entwickeln sich dort. Sie werden erst ins Wasser abgesetzt, wenn sie einen Ruderschwanz haben. Schwanzlurche sind **lebend gebärend**.

6 *Fortpflanzung und Entwicklung eines Froschlurchs*

- **Amphibien sind wechselwarme Wirbeltiere, die an das Leben an Land und im Wasser angepasst sind.**
- **Es gibt Froschlurche und Schwanzlurche.**
- **Amphibien können im Wasser schwimmen und an Land springen oder sich kriechend fortbewegen.**
- **Die meisten Amphibien legen Eier, die außerhalb des Körpers befruchtet werden.**
- **Die Entwicklung von der Larve zum erwachsenen Froschlurch heißt Metamorphose.**

AUFGABEN

1. Nenne die beiden verschiedenen Amphibiengruppen.
2. Gib an, wie Amphibien atmen.
3. Beschreibe die Fortbewegung von Froschlurch und Schwanzlurch.
4. Beschreibe die Entwicklungsstadien eines Froschs.

Einheimische Fische – Erkennst du mich?

Lerne einheimische Fische kennen. Die Beschreibung passt nur jeweils zu einem der beiden abgebildeten Fische.

Die richtigen Buchstaben ergeben einen weiteren Fisch. Du findest die Lösung auf Seite 156.

Ich bin eine **Bachforelle** und bevorzuge sauberes Fließgewässer mit einem Untergrund aus Kies. Mein Körper ist schlank und lang gezogen. Ich habe einen weißen Bauch und einen dunklen Rücken. Du kannst mich gut an den dunklen und manchmal roten Punkten auf dem Rücken erkennen.

Die zwei Rückenflossen sind mein Markenzeichen. Ich bin ein **Flussbarsch** und werde etwa 20 Zentimeter lang. Meine Bauchflossen sind rötlich gefärbt. Seitlich an meinem graugrünen Körper sind senkrechte dunkle Streifen zu sehen. Ich lebe gerne in Ufernähe und am Boden von Flüssen.

Ich lebe räuberisch in vielen Süßgewässern. Fische und Krebse müssen sich vor meinem langen Maul und den vielen Zähnen in Acht nehmen. Mein Körper ist etwa 100 Zentimeter lang, grünlich und wie eine Walze geformt. Rücken und Afterflosse sitzen weit hinten am Körper. Ich bin ein **Hecht**.

Ich bin ein **Karpfen** und lebe in Seen, Teichen und Flüssen. Ich werde etwa 30 bis 40 Zentimeter lang und habe eine leicht gedrungene Körperform mit hohem Rücken. Ich bin bräunlich gefärbt und werde am Bauch heller. Zum Fressen stülpe ich mein Maul nach vorn. An meinem Maul befinden sich zwei Bartfäden.

Kennübung der Amphibien

Ein Bestimmungsschlüssel zeigt dir den Weg zum richtigen Namen. An Weggabelungen werden unterschiedliche Merkmale beschrieben. Entscheide, welche Merkmale das Lebewesen besitzt. Gehe auf diesem Weg bis zur nächsten Gabelung weiter. Entscheide dort erneut. ↗1

So gehst du vor:
- Unterscheide zunächst, ob es sich um einen Lurch mit oder ohne Schwanz handelt.
- Betrachte die Haut, den Bauch, die Beine und eventuell den Schwanz sorgfältig.
- Folge dem betreffenden Pfeil jeweils bis zum nächsten Entscheidungspunkt. ↗2

Beispiel:
- Lurch hat einen Schwanz → Schwanzlurch
- Schwanz ist rund → Salamander
- Haut ist schwarz-gelb gefleckt → Feuersalamander

1 *Feuersalamander*

2 *Bestimmungsschlüssel für Amphibien*

Aufgabe

Bestimme die Amphibien in den Bildern A bis C mit Hilfe des Bestimmungsschlüssels.

Der Anblick einer Schlange jagt vielen Menschen Angst ein. Andere sind fasziniert von ihnen und halten sich Schlangen oder andere Reptilien als Haustiere. Diese Ringelnatter ist eine heimische Schlange und steht unter strengem Naturschutz, da sie vom Aussterben bedroht ist.

3.3 Merkmale der Reptilien

Lebensraum

Reptilien haben sich vor über 300 Millionen Jahren entwickelt. Sie sind sehr gut an das Leben auf dem Land angepasst. Ihr Name stammt vom lateinischen Begriff „reptilis" und bedeutet „kriechend". Deshalb findest du auch oft die Bezeichnung Kriechtiere für diese Wirbeltierklasse. Zu den Reptilien gehören Eidechsen, Schlangen, Krokodile und Schildkröten. ↗1

1 *Die Europäische Sumpfschildkröte ist die einzige in Deutschland heimische Schildkrötenart.*

Körperbau

Reptilien besitzen ein Skelett mit einer **Wirbelsäule** und gehören deshalb zu den **Wirbeltieren**. ↗2 Sie haben einen schlanken Körperbau und einen Schwanz. Reptilien atmen durch Lungen. Ihre Beine sitzen seitlich am Körper, die Zehen sind mit Krallen besetzt.

Schlangen sind eine Besonderheit unter den Reptilien. Sie zeigen alle Merkmale dieser Wirbeltierklasse, besitzen aber keine Beine.

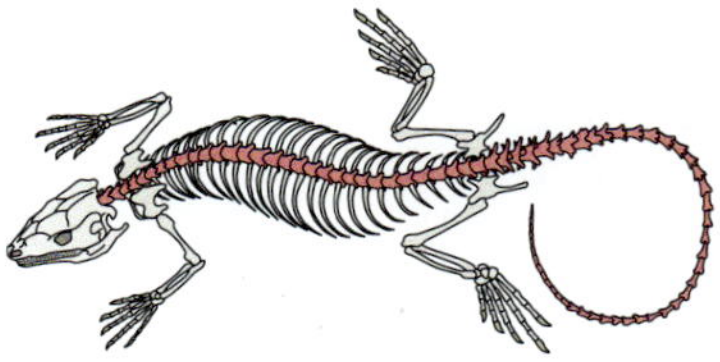

2 *Skelett einer Eidechse*

Körpertemperatur und Haut

Die Körpertemperatur der Reptilien ist von der Umgebungstemperatur abhängig. In der Sonne erwärmt sich ihr Körper. Zum Abkühlen suchen Reptilien schattige Plätze auf. So regeln sie ihre Körpertemperatur. Reptilien sind **wechselwarme** Tiere. Ihre trockene Haut ist dicht mit **Hornschuppen** besetzt und bietet den Reptilien einen guten Verdunstungsschutz. Da die Haut nicht mitwächst, müssen Reptilien diese regelmäßig abstreifen. ↗3 Bei Schildkröten sind die Schuppen zu einem Panzer umgebildet. Ihr Panzer wächst mit.

3 *Eidechse bei der Häutung*

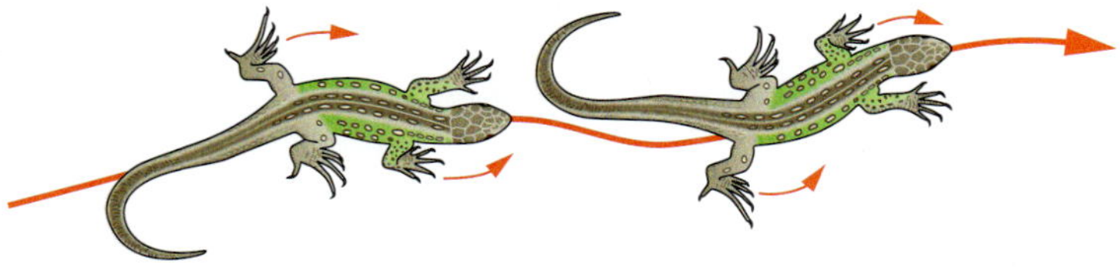

4 *Fortbewegung einer Eidechse*

∗ Fortbewegung

Eidechsen bewegen beim Laufen das linke Vorderbein zusammen mit dem rechten Hinterbein und umgekehrt. Dadurch krümmt sich der Körper nach rechts und nach links, es entsteht eine schlängelnd kriechende Bewegung. ↗4
Schlangen besitzen eine sehr bewegliche Wirbelsäule. Sie krümmen den Körper wechselseitig und berühren nur mit den Außenseiten den Boden. Dabei drücken sie sich mit ihren kräftigen Muskeln vom Untergrund ab. Man sagt, sie schlängeln.

∗ Fortpflanzung

Bei Reptilien findet die Befruchtung der Eizellen durch die Spermien im Körper des Weibchens statt. Das nennt man **innere Befruchtung**. Die **Eier** von Reptilien besitzen eine pergamentartige Hülle oder eine feste, kalkhaltige Schale. Sie werden in Nester, Mulden oder Gruben gelegt. Die Sonne erwärmt das Gelege, dadurch werden die Eier ausgebrütet. Daher kommen Reptilien vor allem in warmen Gegenden der Erde vor. ↗5
Blindschleiche, Kreuzotter und Waldeidechse sind **lebend gebärend**. Die Eireifung findet im Körper des Weibchens statt, deshalb können sie auch in kühleren Gegenden leben. ↗6

Giftige Schlangen

In Deutschland leben nur zwei giftige Schlangenarten: Kreuzotter und Aspisviper. ↗7, 8 Ihr Gift wirkt lähmend und ist nur für Senioren und Kinder lebensgefährlich. Schlangen greifen den Menschen nicht an, sondern beißen nur, wenn sie sich bedroht fühlen. Vermeide daher hektische Bewegungen und ziehe dich langsam zurück. Fasse Schlangen nie an! Bewahre bei einem Biss Ruhe und wähle den Notruf 112.

- **Reptilien sind wechselwarme Tiere, die an das Leben an Land angepasst sind.**
- **Reptilien bewegen sich schlängelnd kriechend oder kriechend fort.**
- **Die meisten Reptilien legen Eier, die innerhalb des Körpers befruchtet wurden.**

5 *Schlüpfende Zauneidechse*

6 *Blindschleiche mit Jungtieren*

7 *Kreuzotter*

8 *Aspisviper*

AUFGABEN

1 Nenne verschiedene Reptilien.
2 Beschreibe die Fortbewegung der Eidechsen.
3 Begründe, weshalb Reptilien vor allem in warmen Gegenden der Erde leben.

Majestätisch zieht ein Greifvogel seine Kreise am Himmel. Vogelkundler erkennen den König der Lüfte – den Seeadler. Der Traum vom Fliegen begeistert auch viele Menschen, aber wir schaffen es nicht aus eigener Kraft.

3.4 Merkmale der Vögel

Lebensraum und Körpertemperatur

Vögel haben eine gleichbleibende Körpertemperatur, sie sind **gleichwarme** Tiere. Daher können sie in allen Klimazonen leben. Pinguine gibt es in der Antarktis, Kolibris leben im Regenwald und Adler findest du im Hochgebirge. Während der Mauersegler fast sein ganzes Leben in der Luft verbringt, ist der Strauß ein flugunfähiger Laufvogel. Auch am und im Wasser findest du viele Vogelarten, zum Beispiel den Eisvogel.

Körperbau

Vögel gehören zu den **Wirbeltieren.** ↗1 Sie besitzen einen Schnabel ohne Zähne und ein Federkleid. Ihre Vordergliedmaßen sind zu Flügeln umgebildet. Der Körper der Vögel ist **spindelförmig** und an das Leben in der Luft angepasst. Ihr Skelett ist besonders leicht gebaut. Die Knochen sind innen hohl und haben dünne Wände. ↗2 Eine weitere Besonderheit sind die vielen **Luftsäcke**, die gut im Vogelkörper verteilt sind. ↗3 Diese Ausstülpungen der Lunge unterstützen die Atmung und Kühlung des Vogels bei Anstrengung. Durch diese **Leichtbauweise** ist beispielsweise eine Kohlmeise nur halb so schwer wie eine Feldmaus mit ähnlicher Körperlänge.

Unterschiedliche Federn

Der Körper der Vögel ist mit unterschiedlichen Federn bedeckt. Die kräftigen **Schwungfedern** an den Flügeln dienen zum Fliegen, die **Schwanzfedern** zum Steuern und Bremsen. Kleinere **Deckfedern** schützen vor Nässe und Wind. Zwischen **Daunenfedern** bildet sich ein wärmendes Luftpolster.

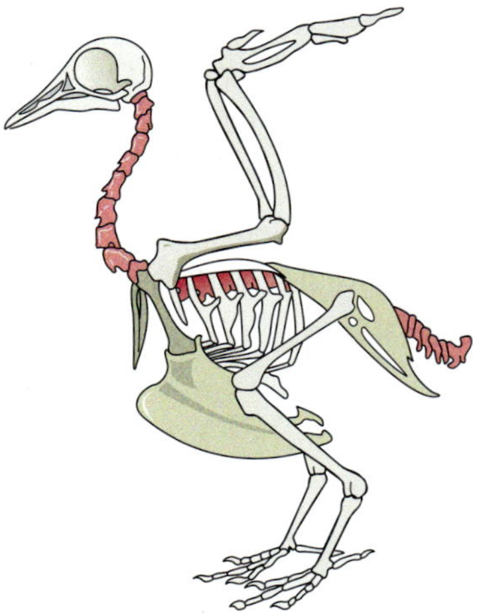

1 *Skelett eines Vogels*

2 *Röhrenknochen eines Vogels*

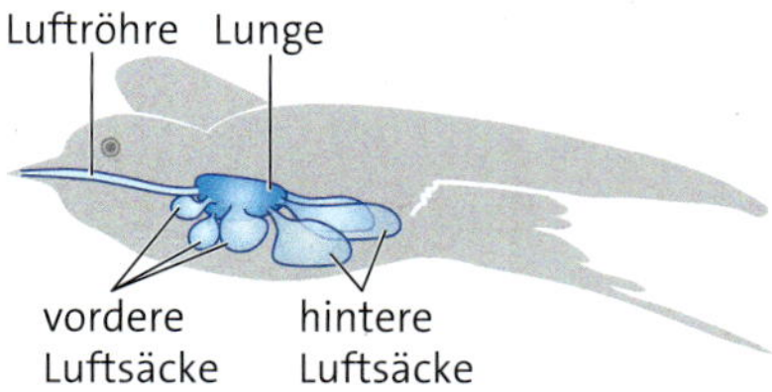

3 *Luftsäcke*

4 *Vogel beim Ruderflug*

* Fortbewegung

Die meisten Vögel können fliegen. Die häufigste Flugart ist der **Ruderflug**. Er ist durch kräftiges, gleichmäßiges Schlagen mit den Flügeln gekennzeichnet. ↗4 Beim **Rüttelflug** führen Vögel besonders rasche, kurze Flügelschläge aus. So können sie bremsen oder sogar in der Luft stehen bleiben.

Im **Gleitflug** schweben Vögel mit weit ausgebreiteten Flügeln scheinbar mühelos am Himmel und sinken durch die Erdanziehungskraft langsam nach unten. Aufsteigende Warmluft nutzen Vögel, um ohne Flügelbewegung im sogenannten **Segelflug** lange Zeit zu segeln.

Die **Federn** an den Flügeln bilden Tragflächen. Strömt Luft über die nach oben gewölbten Flügel, fließt die Luft schneller über die Oberseite als über die Unterseite. Dadurch entsteht eine Auftriebskraft. ↗5

Durch den spindelförmigen Körper entstehen beim Fliegen keine Luftwirbel. Es bildet sich daher nur wenig Luftwiderstand.

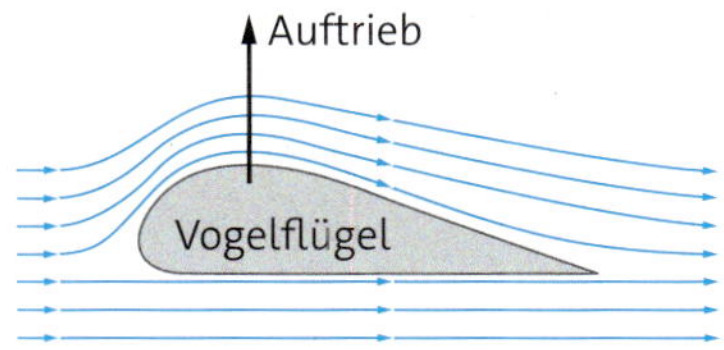

5 *Auftrieb beim Fliegen*

* Fortpflanzung

Vögel pflanzen sich an Land fort. Die **Befruchtung** findet **im Körper** des Weibchens statt. Die **Eier** besitzen eine feste Kalkschale. Vögel legen ihre Eier in Nester, die sie in Astlöchern, Felsnischen, Sträuchern oder im hohen Gras bauen. Die Jungtiere brauchen Wärme, um sich zu entwickeln. Deshalb setzen sich die Vögel auf die Eier und wärmen sie. Das nennt man **brüten**. Es klappt sogar in Eis und Schnee. ↗6

Amselküken werden nach dem Schlüpfen von den Eltern gefüttert und gewärmt. Sie sind **Nesthocker**. Entenküken verlassen kurze Zeit nach dem Schlüpfen das Nest und suchen selbst nach Nahrung. Sie sind **Nestflüchter**.

6 *Brütende Königspinguine*

- **Vögel sind gleichwarme Wirbeltiere.**
- **Der Körperbau der Vögel ist an das Fliegen angepasst. Sie besitzen Flügel und verschiedene Federn, leichte Knochen und Luftsäcke.**
- **Vögel legen Eier und brüten sie aus. Die Eier werden im Körper des Weibchens befruchtet.**

AUFGABEN

1 Beschreibe, wie Vögel an das Fliegen angepasst sind.

2 Nenne verschiedene Federarten und erkläre, wie sie dem Vogel nützen.

3 Erkläre, warum sich Pinguine in der Antarktis fortpflanzen können.

Geheimnisse der Vögel

1 Aufbau eines Hühnereies

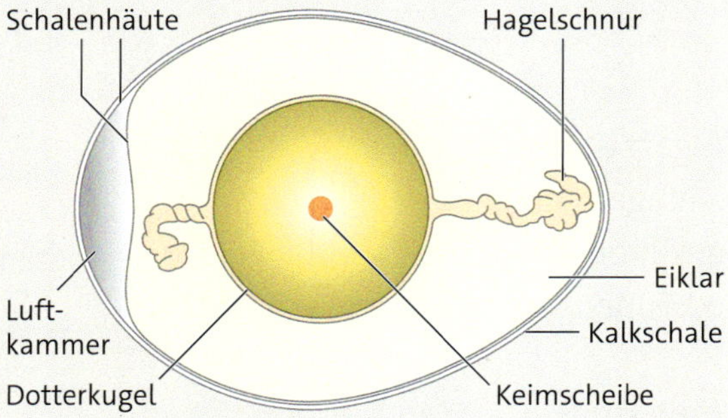

1 *Querschnitt durch ein Hühnerei*

Material: hart gekochtes Hühnerei, rohes Hühnerei, Pinzette, Schere, Lupe, Brotmesser, Unterlage, Teller, Schreibmaterial

Durchführung gekochtes Ei:
- Schneide das ungeschälte Ei der Länge nach in zwei Hälften.
- Beschreibe die Bestandteile, die du siehst.
- Untersuche vorsichtig mit Hilfe der Schere und der Pinzette die Hüllen des Eies. Betrachte die Einzelheiten, wenn nötig durch eine Lupe.
- Fertige eine genaue Zeichnung einer Eihälfte an.

Durchführung rohes Ei:
- Schlage das rohe Ei vorsichtig über dem Teller auf. Überlege, warum das Eigelb nicht zerfließt.
- Versuche, das Eigelb mit der Pinzette zu greifen.

Auswertung: Vergleiche deine Zeichnung mit Bild 1 und beschrifte deine Zeichnung. ↗1

2 Geheimnis der Eierschale

2 *Hühnerei im Glas*

Material: Becherglas, rohes Hühnerei, heißes Wasser, Lupe, Löffel, Papiertuch, Schreibmaterial

Durchführung:
- Betrachte die Eierschale mit der Lupe.
- Lege das Ei vorsichtig in das Becherglas und übergieße es mit dem heißen Wasser. ↗2

Achtung beim Umgang mit heißem Wasser!

- Notiere deine Beobachtungen.
- Beschreibe, welche Seite des Eies nach oben zeigt.

Auswertung: Suche den Grund für deine Beobachtungen. Beachte auch Bild 1 und 3. ↗1, 3
Überlege den Nutzen für den Vogelembryo.

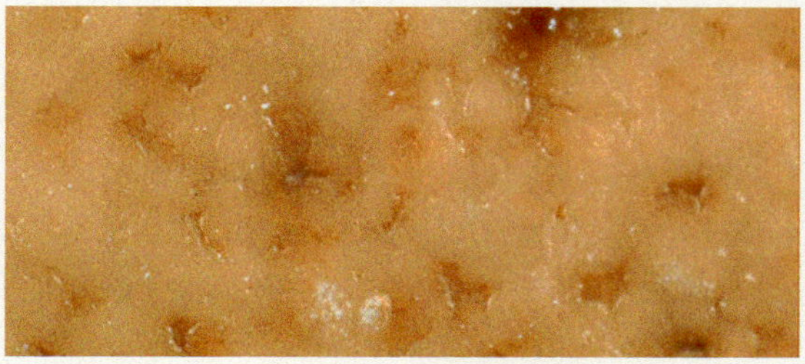

3 *Vergrößerte Aufnahme der Schale eines braunen Hühnereies (Größe 0,5 x 1 mm)*

3 Der Auftrieb

Material: Blatt Papier (DIN A4)

Durchführung:
- Halte ein DIN-A4-Blatt mit der schmalen Seite auf Gesichtshöhe.
- Blase gleichmäßig über die Oberseite des Blattes und beobachte, was passiert. ↗4

Auswertung: Erkläre, was deine Beobachtung mit dem Vogelflug zu tun hat.

4 *Versuch zum Auftrieb*

4 Vogelfedern untersuchen

Material: gut erhaltene Schwungfedern (z. B. von Gänsen, Tauben, Hühnern oder Möwen), Lupe, Papierkügelchen, Schreibmaterial

Durchführung:
- Halte die Feder mit ausgestrecktem Arm. Führe eine zügige Achterbewegung mit der Feder vor deinem Körper durch.
- Wiederhole die Bewegung ohne Feder und beschreibe den Unterschied.
- Versuche, das Papierkügelchen wegzupusten, während du die Feder davorhältst.

Auswertung: Schließe aus deinen Beobachtungen auf eine Eigenschaft von Vogelfedern. Überlege, wie diese dem Vogel nützt.

Durchführung: Gib einen Tropfen Wasser auf die geschlossene Federfläche und beobachte, was passiert.

Auswertung: Schließe aus deinen Beobachtungen auf eine weitere Eigenschaft von Vogelfedern. Überlege, wie diese dem Vogel nützt.

Durchführung:
- Fertige eine genaue Zeichnung an und beschrifte sie mit Hilfe von Bild 5. ↗5
- Zupfe vorsichtig die geschlossene Federfläche auseinander. Betrachte die Details zwischen den Federästen genauer und beschreibe deine Beobachtung.
- Streiche vom Kiel zur Spitze der Feder und beschreibe, was du jetzt beobachtest.

Auswertung:
- Begründe, warum sich die Federfläche nicht so einfach auseinanderziehen lässt.
- Erkläre, weshalb Vögel ihre Federn durch den Schnabel ziehen.

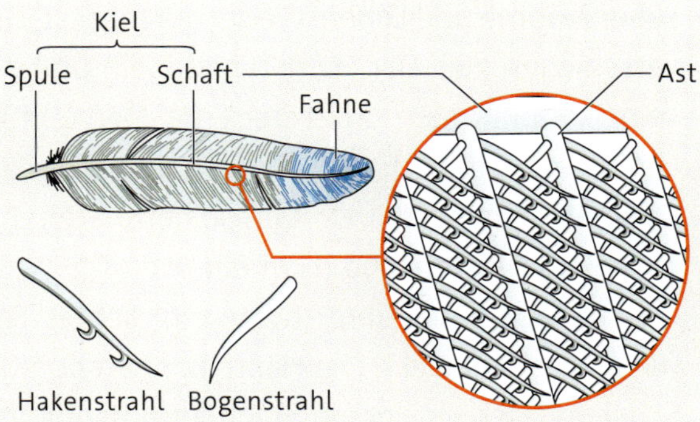

5 *Aufbau einer Schwungfeder*

Unterschiedlicher können Katze und Igel nicht sein. Die Katze als Haustier mit flauschigem Fell und der Igel mit Stacheln als Gartenbewohner. Was haben sie gemeinsam?

3.5 Merkmale der Säugetiere

Lebensraum und Körpertemperatur

Säugetiere sind in vielen Gebieten der Erde verbreitet. Sie leben auf oder unter der Erde, im Wasser und auch in der Luft. Egal ob das Klima um sie herum kalt oder warm ist – ihre Körpertemperatur bleibt immer gleich. Sie sind **gleichwarme** Lebewesen. Auch wir Menschen sind Säugetiere.

Zur Aufrechterhaltung ihrer Körpertemperatur brauchen Säugetiere viel Energie. Diese bekommen sie durch die Nahrung. Manche Säugetiere finden im Winter nicht genügend Nahrung und fallen in Winterschlaf. In dieser Zeit zehren sie von ihrer Fettschicht. Ihre Körpertemperatur sinkt, dadurch sparen sie Energie.

Körperbau

Alle Säugetiere besitzen eine **Wirbelsäule** und gehören somit zu den **Wirbeltieren.** ↗1 Ihr Körper ist in **Kopf**, **Rumpf** und **Schwanz** gegliedert. Sie haben zwei Paar **Gliedmaßen**.

Der Körperbau der Säugetiere ist an ihre unterschiedlichen Lebensräume und Lebensweisen angepasst. Deshalb sehen sie verschieden aus. Der Hamster ist klein und wendig und baut seine Wohnhöhlen unter der Erde. Der Affe kann mit seinen Gliedmaßen greifen und klettern und ist so an das Leben auf Bäumen angepasst. ↗2 Mit seinem breiten Fuß sinkt das Kamel im Wüstensand nicht ein. ↗3

Die meisten Säugetiere tragen ein dichtes Fell. Ihre Haut ist mit **Haaren** bedeckt. Die Haare können borstig sein wie beim Schwein oder sie sind zu Stacheln umgebildet wie beim Igel. Alle Säugetiere atmen durch **Lungen**.

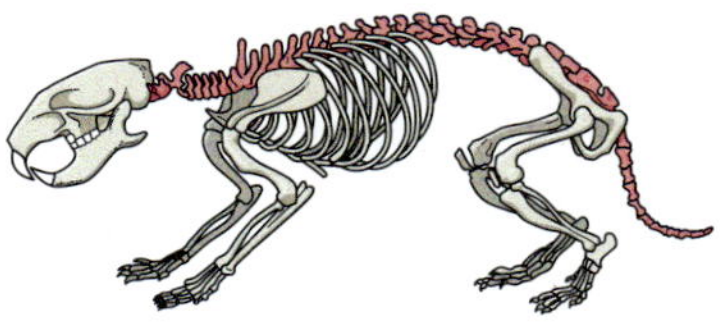

1 *Skelett eines Hamsters*

2 *Zwei Orang-Utans*

3 *Kamelfüße im Wüstensand*

4 *Ein Jagdhund*

5 *Ein Blauwal*

6 *Eine Fledermaus*

∗ Fortbewegung

Die meisten Säugetiere haben vier Beine. Diese setzen unterhalb des Rumpfs an, daher können Säugetiere wie Hund, Katze oder Pferd schnell und ausdauernd laufen. ↗4
Doch nicht immer dienen die Gliedmaßen der Säugetiere zum Laufen. Mit ihnen können sie auch schwimmen, fliegen, klettern, kriechen oder springen. Das größte Säugetier ist der Blauwal, seine Gliedmaßen sind zu Flossen umgebildet. ↗5 Die Fledermaus ist das einzige flugfähige Säugetier. Ihre Vordergliedmaßen sind zu Flügeln umgebildet. ↗6 Der Maulwurf lebt unter der Erde. Er besitzt kräftige Vorderfüße mit festen Krallen zum Graben unterirdischer Gänge. ↗7

7 *Ein Maulwurf*

∗ Fortpflanzung

Bei den Säugetieren werden Eizellen vom Männchen im Körper des Weibchens befruchtet. Die Jungtiere werden ohne Eihülle geboren. Säugetiere sind **lebend gebärend**.
Weibliche Säugetiere haben **Zitzen** am Bauch, an denen die Jungtiere mit Muttermilch gesäugt werden. Diese besondere Ernährung der Jungtiere gibt den Säugetieren ihren Namen. Manche Jungtiere kommen blind und oft nackt zur Welt. Sie bleiben nach der Geburt noch mehrere Tage bis Wochen im Nest und werden von der Mutter versorgt. Daher werden sie **Nesthocker** genannt. Beispiele dafür sind Kaninchen und Mäuse. ↗8 Junge Pferde und Kühe können dagegen schon kurz nach der Geburt laufen und ihren Eltern folgen. Sie heißen **Nestflüchter**. ↗9

8 *Kaninchen sind Nesthocker.*

9 *Pferde sind Nestflüchter.*

- **Säugetiere sind gleichwarme Wirbeltiere.**
- **Sie besiedeln alle Lebensräume und bewegen sich auf unterschiedliche Art fort.**
- **Bei Säugetieren findet eine innere Befruchtung statt. Die Jungen entwickeln sich im Körper des Weibchens und werden nach der Geburt mit Muttermilch gesäugt.**

AUFGABEN

1 Nenne fünf Merkmale von Säugetieren.
2 Erkläre das unterschiedliche Aussehen der Vordergliedmaßen von Blauwal und Fledermaus.
3 Erkläre die Begriffe Nesthocker und Nestflüchter.
4 Begründe, warum der Mensch ein Säugetier ist.

Dieser Frosch ist etwas ganz Besonderes, denn er ist bislang das kleinste bekannte Wirbeltier der Welt. Wissenschaftler haben ihn im Tropenwald in Papua-Neuguinea gefunden. Der Minifrosch ist nur sieben bis acht Millimeter lang. Andere Wirbeltiere dagegen sind riesig. Erinnerst du dich?

3.6 Wirbeltiere im Vergleich

Gemeinsame Merkmale

Wirbeltiere besiedeln alle Lebensräume unserer Erde. Sie leben im Wasser, an Land und in der Luft sowie in allen Klimazonen. Obwohl diese Tiere sehr unterschiedlich aussehen, haben sie dennoch eine entscheidende Gemeinsamkeit: die **Wirbelsäule**. Deshalb werden sie zu den Wirbeltieren gezählt. Wir unterscheiden fünf **Wirbeltierklassen**: Fische, Amphibien, Reptilien, Vögel und Säugetiere. ↗1

Besondere Merkmale

Alle Wirbeltiere besitzen ein **Innenskelett**, das den Körper stützt. Am vorderen Körperende befindet sich ein knöcherner Schädel. Daran schließt sich die Wirbelsäule an, sie besteht aus einzelnen Wirbeln. Der Körper ist gegliedert in Kopf, Rumpf, Schwanz und zwei Paar Gliedmaßen oder Flossen. Bei manchen Wirbeltieren wie Fröschen, Affen oder Menschen fehlt der Schwanz.

Alle Wirbeltiere besitzen einen **geschlossenen Blutkreislauf**. Sein Hauptbestandteil ist das Herz, das gleichmäßig Blut durch die Gefäße pumpt.

Fische, Amphibien und Reptilien sind **wechselwarm**, Vögel und Säugetiere sind **gleichwarm**.

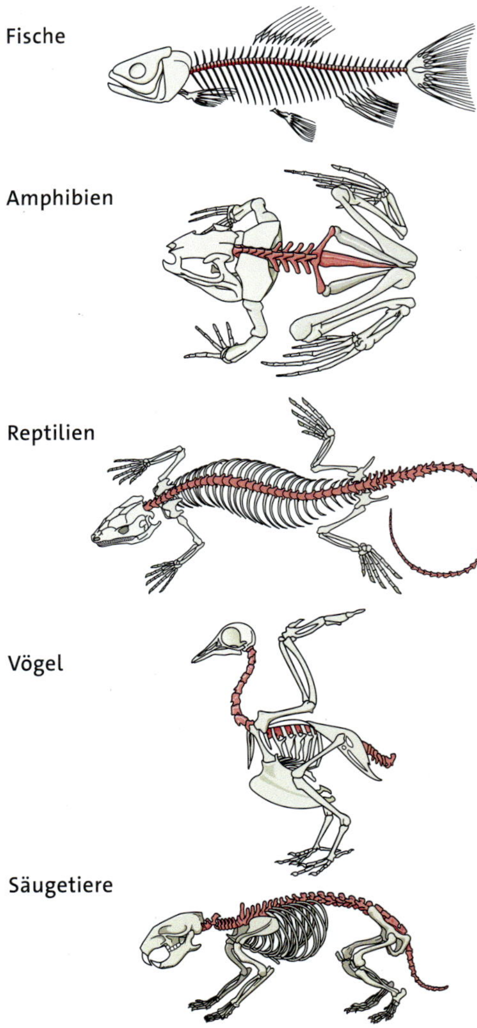

1 *Skelette der fünf Wirbeltierklassen*

* Fortbewegung

Der Bau der Gliedmaßen bestimmt die Fortbewegungsart. Flossen ermöglichen das Schwimmen, Flügel das Fliegen, Beine das Laufen. Bei den Schwanzlurchen und den Reptilien sind die Beine seitlich am Körper angesetzt. Darum können sie nur kriechen oder schlängeln. ↗2 Froschlurche können springen. Die Beine der Säugetiere setzen dagegen an der Unterseite des Rumpfs an. Dadurch können viele Säugetiere gut laufen.

2 *Eidechse*

* Fortpflanzung

Bei Fischen und Amphibien findet die Befruchtung meist außerhalb des Körpers statt. ↗3 Im Wasser entwickeln sich zunächst Larven, die sich von den erwachsenen Tieren unterscheiden. Bei Reptilien, Vögeln und Säugetieren werden die Eizellen im Körperinnern befruchtet. Vögel brüten ihre Eier durch Körperwärme selbst aus. Bei den meisten Reptilien werden die Eier durch die Wärme der Sonne ausgebrütet. Säugetiere sind **lebend gebärend**, die Jungen entwickeln sich in der Gebärmutter und werden nach der Geburt mit Muttermilch gesäugt.

3 *Larve einer Regenbogenforelle*

Gemeinsamkeit: Zentralnervensystem

Das Zentralnervensystem der Wirbeltiere besteht aus dem Rückenmark und dem Gehirn. ↗4

Das **Gehirn** liegt geschützt in der Schädelhöhle. Das **Rückenmark** wird von den Wirbeln der Wirbelsäule umschlossen. Der gesamte Körper ist von sehr vielen **Nervenzellen** durchzogen. Reize aus der Umwelt werden über die Sinnesorgane aufgenommen. Über Nervenzellen werden die Informationen an das Gehirn weitergeleitet. Im Gehirn findet die Wahrnehmung statt. Hier werden Reaktionen auf Umweltreize geplant. Die Befehle werden dann über andere Nervenzellen an Muskeln und Organe geleitet.

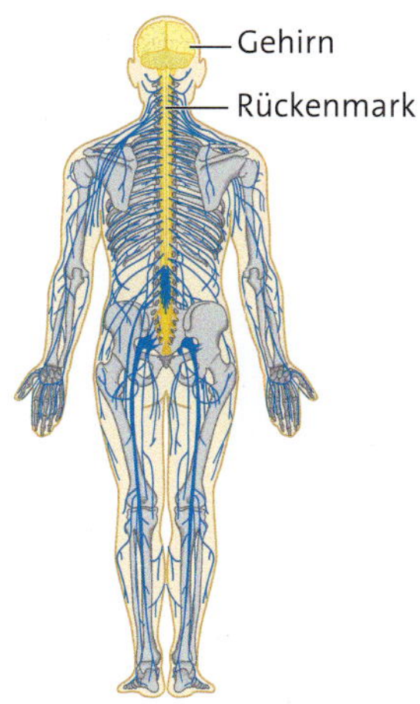

4 *Das Nervensystem des Menschen*

- **Es gibt fünf Wirbeltierklassen: Fische, Amphibien, Reptilien, Vögel und Säugetiere.**
- **Alle Wirbeltiere haben ein Innenskelett mit Wirbelsäule und einen geschlossenen Blutkreislauf.**
- **Ihr Körper ist meist in Kopf, Rumpf, Schwanz und zwei Paar Gliedmaßen gegliedert.**
- **Wirbeltiere unterscheiden sich in ihrer Körpertemperatur, der Art der Fortbewegung und der Fortpflanzung.**
- **Alle Wirbeltiere haben ein Zentralnervensystem. Es besteht aus Gehirn, Rückenmark und vielen Nervenzellen.**

AUFGABEN

1 Nenne drei Gemeinsamkeiten aller Wirbeltiere.

2 Zähle die fünf Wirbeltierklassen auf und finde je zwei Beispiele.

3 Beschreibe das Zentralnervensystem.

Ratespiel: Welches Säugetier ist das?

1 *Haustiere*

2 *Tiere im Zoo*

3 *Tiere im Wald*

Material: Computer mit Internetzugang, Fachbücher

Durchführung:

- In der Klasse treten zwei oder mehr Gruppen in einem Wissenswettstreit gegeneinander an. Jede Gruppe startet mit 10 Punkten.
- Wählt in eurer Gruppe ein Säugetier aus einem zuvor vereinbarten Lebensraum aus. , 2, 3
- Recherchiert im Internet oder in Fachbüchern das Aussehen und die Lebensgewohnheiten des betreffenden Tiers.
- Stellt zehn wichtige Informationen in knappen Sätzen zusammen. Beginnt ganz allgemein und werdet immer konkreter. ↗4
- Gebt die Informationen nun einzeln an eure Mitschüler weiter. Beginnt damit, wo das Tier lebt.
- Eure Mitschüler sollen herausfinden, um welches Tier es sich handelt. Nach jeder Information wird der Rategruppe ein Punkt abgezogen, wenn sie das Tier nicht erraten hat.

Beispiel:
- Das Tier lebt auf einem Bauernhof.
- Es hat ein graues Fell.
- Sein Schwanz gleicht einem Pinsel.
- Es hat lange Ohren.
- Gras, Obst, Gemüse und andere Pflanzen gehören zu seiner Nahrung.
- Das Tier ist oft sehr eigenwillig.
- Es steht auf Hufen.
- Das Tier kann einen Wagen ziehen.
- Es ist kleiner als ein Pferd.
- Der Schrei des Tiers klingt wie: Iiii-Aaa.

4 *Ein Beispiel für die Hinweise zum Esel*

ZUSAMMENFASSUNG

Wirbeltiere

Fische	Amphibien	Reptilien	Vögel	Säugetiere
	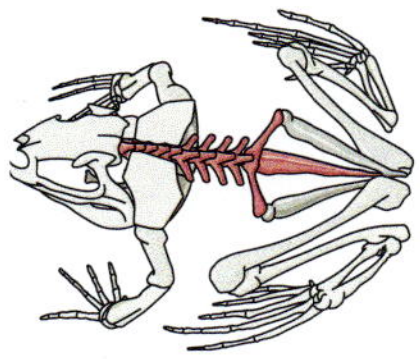	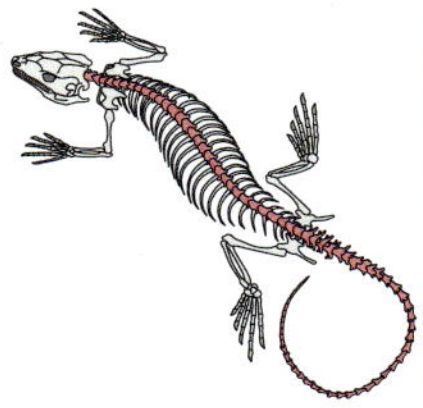	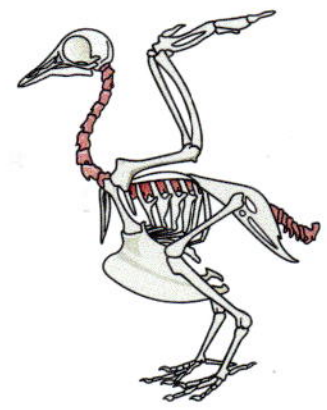	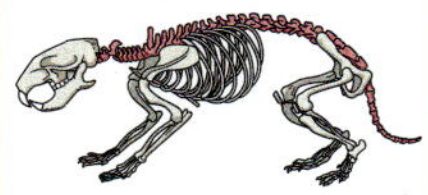
Körperbedeckung und Körpertemperatur				
Haut mit Schuppen und Schleimschicht 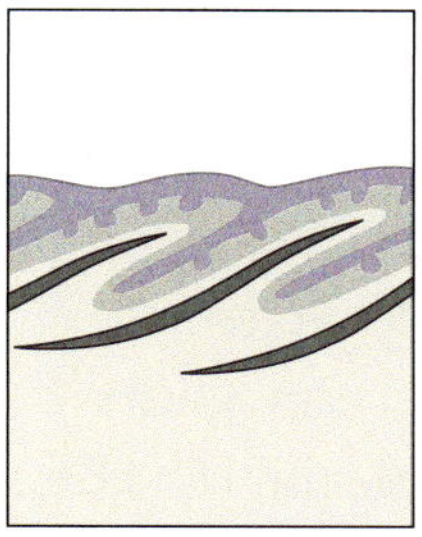 wechselwarm	feuchte Haut, oft mit Schleimschicht 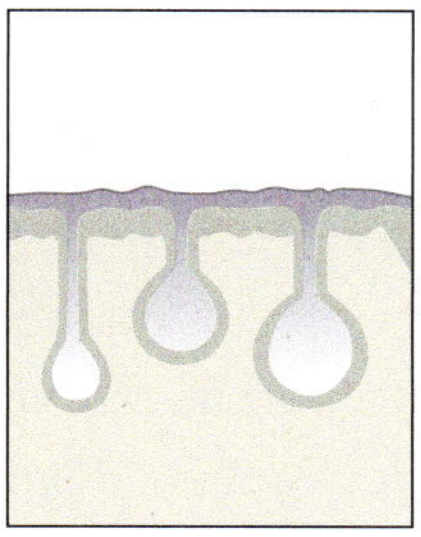 wechselwarm	trockene Haut mit Hornschuppen  wechselwarm	trockene Haut mit Federn 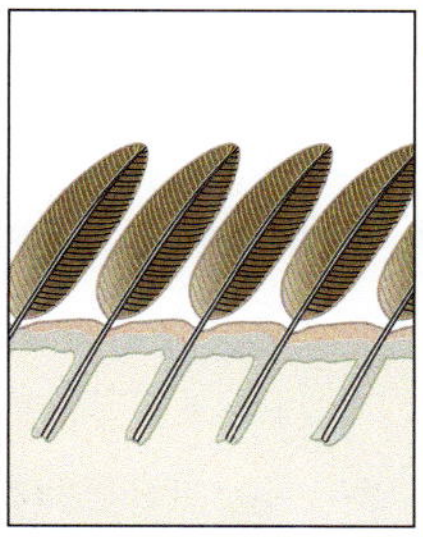 gleichwarm	trockene Haut mit Haaren 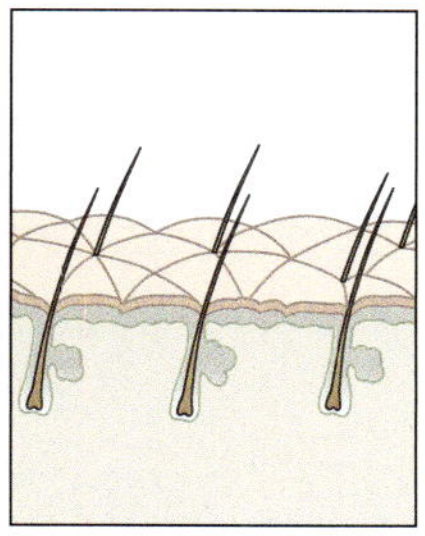 gleichwarm
Fortpflanzung und Entwicklung				
– meist äußere Befruchtung – schalenlose Eier (Laich), selten lebend gebärend – Entwicklung im Wasser	*Schwanzlurche:* – innere Befruchtung – lebend gebärend – Entwicklung im Wasser *Froschlurche:* – äußere Befruchtung – schalenlose Eier (Laich) – Metamorphose im Wasser	– innere Befruchtung – Eier mit Pergamenthülle oder Kalkschale, selten lebend gebärend – Entwicklung an Land	– innere Befruchtung – Eier mit Kalkschale – Entwicklung an Land	– innere Befruchtung – Entwicklung im Mutterleib – lebend gebärend – Jungtiere werden gesäugt
Lebensraum und Fortbewegung				
Wasser schwimmend	Wasser, Land schwimmend, springend, kriechend	Wasser, Land schlängelnd kriechend, kriechend	Luft, Wasser, Land fliegend, laufend, schwimmend	Land, Wasser, Luft laufend, kletternd, kriechend, springend, schwimmend, fliegend

AUFGABEN ZUM GRUNDWISSEN

1 Merkmale der Fische

a □ Gib an, wie der Körper der Fische gegliedert ist.

b ◪ Beschreibe, wie der Fischkörper an die Fortbewegung im Wasser angepasst ist.

c ◪ Beschreibe mit folgenden Begriffen, wie sich die Forelle fortpflanzt, und nenne den Fachbegriff für diese Art der Befruchtung: Weibchen, Männchen, Eier, Samen, Larve, Dottersack.

2 Merkmale der Amphibien

a ◪ Erkläre den Begriff wechselwarm.

b ◪ Nenne den Fachbegriff für die Entwicklung eines Teichfroschs vom Laich zum erwachsenen Tier. Beschreibe sie mit Hilfe der Bilder. ↗1

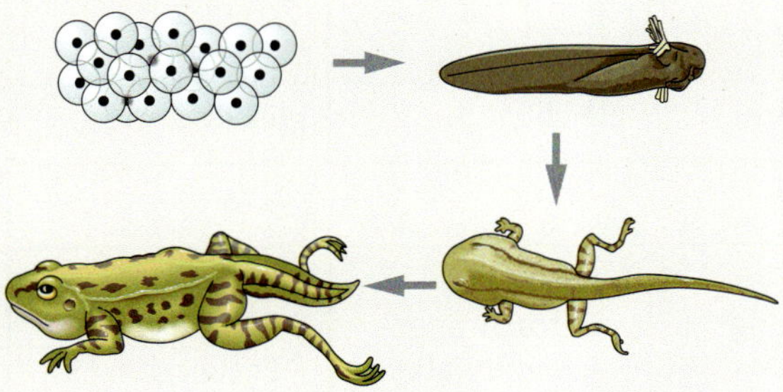

1 *Entwicklung eines Teichfroschs*

3 Merkmale der Reptilien

a □ Begründe, warum Reptilien auch „Kriechtiere" genannt werden.

b ◪ Erkläre, warum Reptilien von Zeit zu Zeit ihre Haut abstreifen. ↗2

c ◪ Erkläre den Begriff innere Befruchtung.

2 *Sich häutende Eidechse*

4 Merkmale der Vögel

3 *Leichtbauweise des Vogelkörpers*

a □ Nenne zwei Aufgaben der Federn.

b ◪ Der Körperbau der Vögel ermöglicht ihnen das Fliegen. Begründe mit Hilfe des Bildes. ↗3

c ◪ Erkläre den Unterschied zwischen „Nesthocker" und „Nestflüchter" und nenne je ein Beispiel.

5 Merkmale der Säugetiere

a □ Nenne die drei verschiedenen Lebensräume der Säugetiere und gib je ein Beispiel an.

b ◪ Erkläre den Begriff lebend gebärend.

c ◪ Erläutere, woher die Säugetiere ihren Namen haben, und verwende dabei die Begriffe Zitzen und Muttermilch.

6 Wirbeltiere im Vergleich

a □ Nenne drei Gemeinsamkeiten aller Wirbeltiere.

b □ Zähle die fünf Wirbeltierklassen auf und nenne je zwei Beispiele dazu.

c ◪ Wirbeltiere atmen über Kiemen, Haut und Lungen. Ordne den Wirbeltierklassen die Atmungsorgane zu.

7 Gemeinsamkeiten der Säugetiere

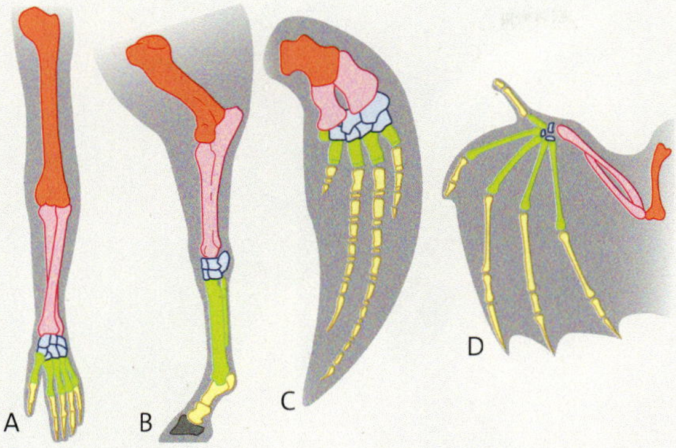

4 *Vordergliedmaßen verschiedener Lebewesen (Gleiche Knochen sind durch gleiche Farben gekennzeichnet.)*

a ◪ Ordne die Vordergliedmaßen der Säugetiere in Bild 4 zu: Wal, Fledermaus, Pferd, Mensch. ↗4

b ■ Begründe, warum die Knochen unterschiedlich ausgeprägt sind.

8 Zu welchem Wirbeltier gehört was?

a ■ Ordne jedem Bild die passende Wirbeltierklasse zu. Begründe deine Entscheidung. ↗5

5 *Körperteile verschiedener Wirbeltiere*

9 Amphibien vergleichen

	Grasfrosch	Alpensalamander
Aussehen		
Körperform	???	???
Hinterbeine	???	???
Fortbewegung	???	???
Schwanz vorhanden?	???	???
...lurch	???	???

6 *Tabelle zu Aufgabe 9*

a ◪ Übertrage die Tabelle in dein Heft. ↗6 Vergleiche den Grasfrosch mit dem Alpensalamander und trage die Merkmale in deine Tabelle ein.

10 Fortpflanzung bei Wirbeltieren

a □ Nenne die beiden Arten der Befruchtung.

b ◪ Ordne zu, was in Bild 7 zusammengehört, und gib die jeweilige Befruchtungsart an. ↗7

7 *Was gehört zusammen?*

4

Atmung des Menschen

160

Beim Niesen schießt die Luft mit einer Geschwindigkeit von **einhundertsechzig Kilometern pro Stunde** aus deiner Nase.

20 000

Über **zwanzigtausendmal** bewegt sich die Lunge jeden Tag, ein Leben lang. Zehntausend Liter Luft atmet ein Erwachsener pro Tag dabei ein und aus.

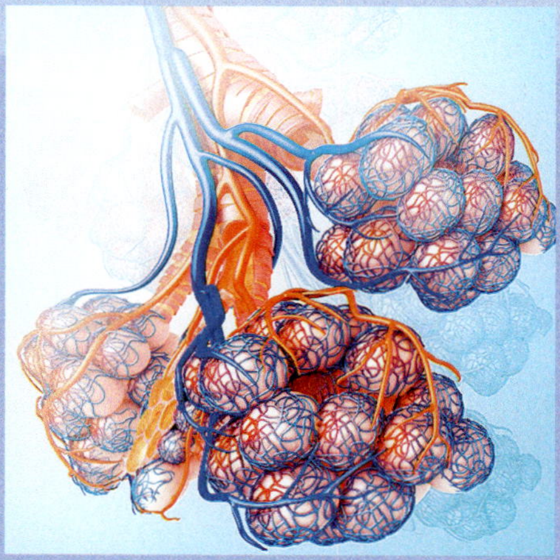

300 000 000

Ungefähr **dreihundert Millionen** Lungenbläschen befinden sich in der Lunge eines Erwachsenen. Ausgebreitet ist ihre Oberfläche etwa doppelt so groß wie ein Klassenzimmer.

In diesem Kapitel ...

- lernst du die Atmungsorgane des Menschen kennen.
- untersuchst du die Vorgänge bei der Atmung.
- untersuchst du den Aufbau der Lunge.
- lernst du, wie der Gasaustausch in der Lunge funktioniert.
- lernst du, wie in den Körperzellen Energie umgewandelt wird.

Atmung – schau genau hin!

1 Der Körper bewegt sich beim Atmen

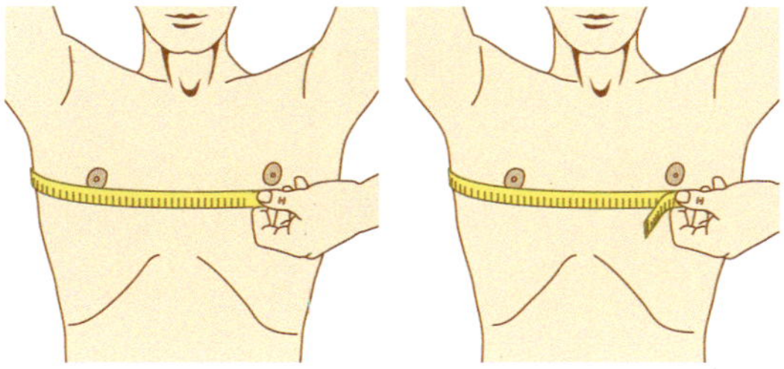

1 *Messung des Brustumfangs*

Du brauchst: Maßband

- Betrachte Bild 1. Überlege, was man mit diesem Versuch herausfinden will. ↗1
- Mach den Versuch mit einem Partner gleichen Geschlechts nach. Atme möglichst tief ein.

2 Wie fühlt sich Asthma an?

Asthma ist eine Lungenkrankheit. Du kannst versuchen, sie nachzuempfinden, indem du durch einen Strohhalm atmest. ↗2

Du brauchst: Strohhalm

- Führe den Versuch nur für eine Minute durch! Wenn du eine Lungenkrankheit hast, führe ihn nicht durch!
- Beschreibe, wie sich Asthma anfühlt.

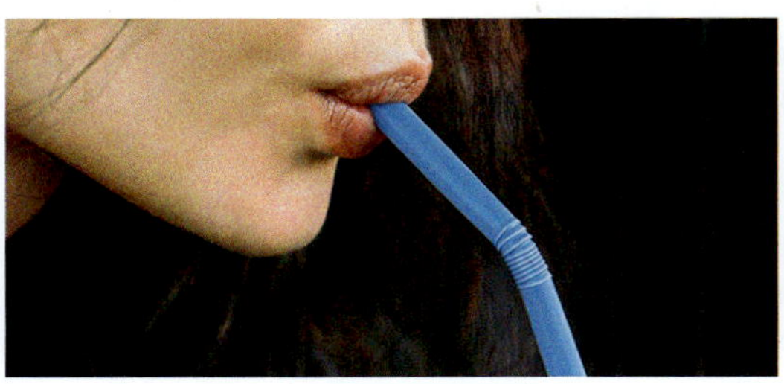

2 *Versuch zu Asthma*

3 Zähle deine Atemzüge

3 *Turnübung Hampelmann*

Du brauchst: Stoppuhr oder Stoppfunktion des Smartphones

- Führe den Versuch im Sportunterricht durch.
- Zähle deine Atemzüge pro Minute in Ruhe und notiere den Wert.
- Springe zehnmal den Hampelmann. ↗3
- Zähle nun erneut deine Atemzüge pro Minute und notiere diesen Wert.
- Vergleiche die Versuchsergebnisse.

4 Weltrekord

Der Taucher Aleix Segura stellte im Februar 2016 einen Weltrekord auf. Er hielt über 24 Minuten lang die Luft an.

Du brauchst: Uhr oder Smartphone

- Miss, wie lange du die Luft anhalten kannst. Versuche es einmal im Sitzen und einmal, während du im Klassenzimmer umhergehst.
- Übertreibe nicht! Wenn du eine Lungenkrankheit hast, führe den Versuch nicht durch!
- Beschreibe, wie du dich dabei fühlst.

Ohne zu atmen können wir Menschen nicht leben. Meist denken wir nicht darüber nach. Besonders beim Schwimmen oder Tauchen merken wir aber sehr schnell, wie wichtig es für uns ist, Luft zu holen.

4.1 Atmungsorgane

Luftwege im Überblick

Meist atmest du durch die **Nase**. Manchmal atmest du aber auch durch den **Mund** – zum Beispiel, wenn du eine verstopfte Nase hast. In beiden Fällen gelangt die Luft beim Einatmen in den **Rachenraum**, von dort weiter in die **Luftröhre** und schließlich in die **Lunge**. ↗1 Du bekommst durch die Nase nicht so viel Luft wie durch den Mund. Wenn du viel Luft benötigst, zum Beispiel beim schnellen Rennen, atmest du deshalb durch den Mund.

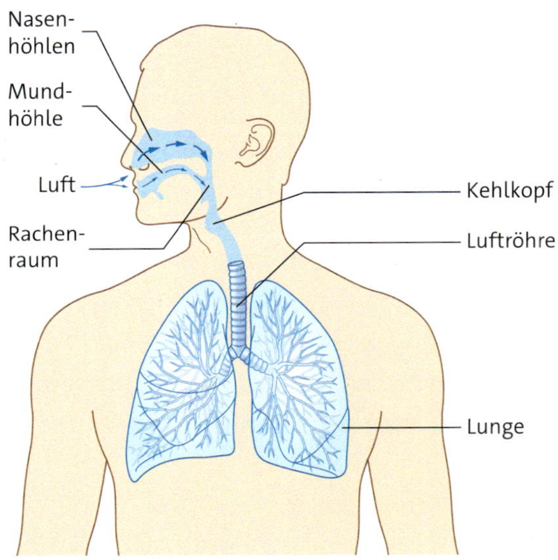

1 *Atemwege*

Die Nase

Beim Einatmen gelangt die Luft durch die Nasenlöcher zuerst in die **Nasenhöhlen**. Dort befinden sich Haare und die Nasenschleimhaut. Zusammen erwärmen, befeuchten und reinigen sie die Luft.

Der Rachenraum

Über den Rachenraum strömt die Luft am **Kehlkopf** vorbei. Wenn sie durch den Kehlkopf strömt, können die **Stimmbänder** Töne erzeugen. ↗2 Beim Schlucken verschließt der Kehlkopfdeckel die Luftröhre, sodass keine Nahrung in die Luftröhre gelangt. Nasenhöhlen, Mundhöhle, Rachenraum und Kehlkopf zählen zu den oberen Atmungsorganen.

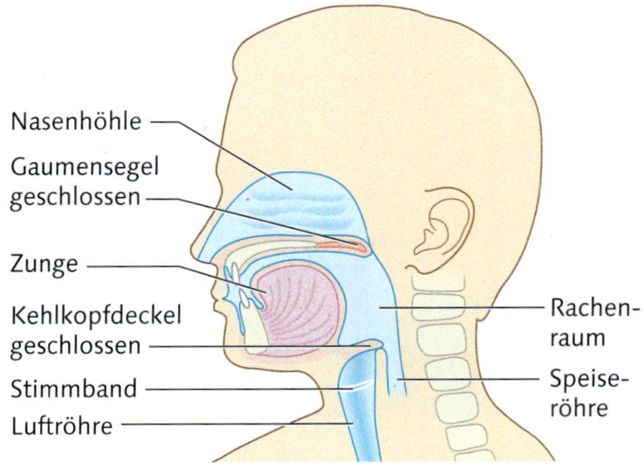

2 *Obere Atmungsorgane*

Die Luftröhre

An den Kehlkopf schließt sich die etwa zehn Zentimeter lange Luftröhre an. **Knorpelspangen** halten sie bei der Atmung offen, dadurch sieht sie aus wie ein Staubsaugerschlauch. In der Luftröhre wird die Luft mit Hilfe der Schleimhaut weiter befeuchtet und erwärmt. ↗3 Atmet man beispielsweise ätzende Dämpfe ein, ziehen sich die Muskeln zwischen den Knorpelspangen zusammen. Der Hals fühlt sich dann an „wie zugeschnürt". Falls ein Fremdkörper in die Luftröhre gelangt, fängst du an zu husten. Der Fremdkörper wird so herausgeschleudert.

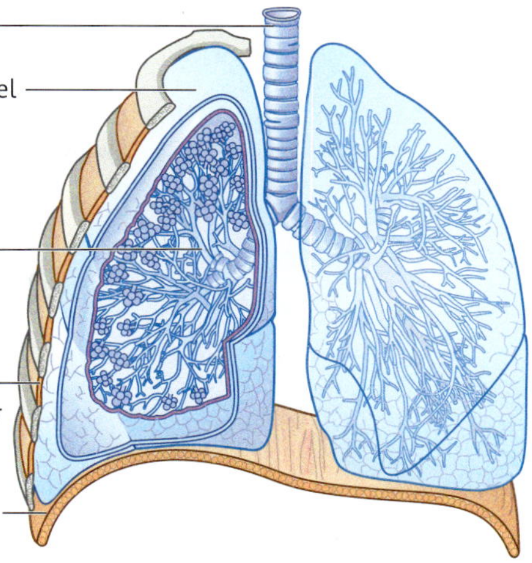

3 *Aufbau der Lunge*

Die Lunge

Am Eingang der Lunge teilt sich die Luftröhre in zwei große Äste, die **Bronchien**. Diese führen in die beiden **Lungenflügel**. Die Bronchien verzweigen sich dort immer weiter, sodass sie wie die Äste eines Baumes aussehen. ↗3 Diese kleinen Äste nennt man **Bronchiolen**. Sie enden schließlich in winzigen **Lungenbläschen**, die wie Trauben angeordnet sind. ↗4

Die **äußere Oberfläche** der Lunge beträgt etwa einen Quadratmeter. Durch die Verzweigung der Bronchien in immer kleinere Bronchiolen und die vielen Lungenbläschen wird die **innere Oberfläche** der Lunge sehr stark vergrößert. Sie ist etwa 100 m^2 groß. Dort findet der Gasaustausch statt.

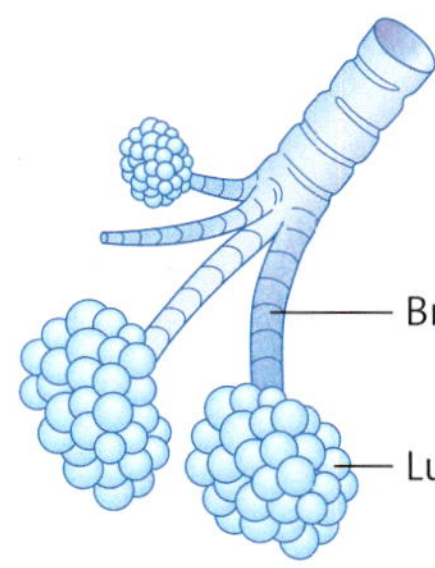

4 *Die Lungenbläschen sitzen an den Enden der Bronchiolen.*

Schutz vor Fremdkörpern

Nasenhöhlen, Luftröhre und Bronchien sind mit einer **Schleimhaut mit Flimmerhärchen** ausgekleidet. ↗5 Sie bildet eine feuchte Schleimschicht, an der Staub und Krankheitserreger kleben bleiben. Die Flimmerhärchen transportieren wie ein Fließband den Schleim mitsamt den Fremdkörpern in den Rachenraum. Dort wird der Schleim abgehustet und geschluckt.

5 *Flimmerhärchen auf der Schleimhaut*

- **Die Atemluft strömt durch Mundhöhle, Nasenhöhlen, Rachenraum, Kehlkopf und Luftröhre in die Lunge.**
- **Die Lunge besteht aus zwei Lungenflügeln. Die Bronchien verzweigen sich zu Bronchiolen, an deren Enden sich die Lungenbläschen befinden.**
- **Auf dem Weg in die Lunge wird die Atemluft erwärmt, befeuchtet und von Staub und Krankheitserregern befreit.**

AUFGABEN

1. Beschreibe den Weg der Atemluft bis zur Lunge.
2. Erläutere, wie die innere Oberfläche der Lunge so viel größer sein kann als die äußere Oberfläche.
3. Begründe, warum es besser ist, durch die Nase zu atmen als durch den Mund.

„Einatmen, ausatmen, einatmen, ausatmen" – meist konzentrierst du dich nicht auf die Atmung. Bei Entspannungsübungen sollst du das aber ganz bewusst tun …

4.2 Einatmen und ausatmen

Lebenswichtige Luft

Zum Leben brauchst du den Sauerstoff aus der Luft. Deshalb musst du einatmen. Dabei wird Luft in die Lunge gesaugt. Dein Körper erzeugt Kohlenstoffdioxid. Beim Ausatmen wird es zusammen mit der Luft aus der Lunge gedrückt. Da die Lunge kein Muskel ist, kann sie sich jedoch nicht selbst weiten und zusammenziehen.

Bauchatmung mit dem Zwerchfell

Unterhalb der Lunge befindet sich das **Zwerchfell**. Diese Muskelschicht trennt Brustraum und Bauchraum voneinander. Das Zwerchfell ist nach oben gewölbt. Wenn es sich zusammenzieht, wird es flach. Dadurch wird das Volumen des Brustkorbs größer und die Lunge wird gedehnt. Luft strömt in die Lunge: Du atmest ein. Entspannt sich das Zwerchfell, wölbt es sich nach oben. Das Volumen der Lunge wird kleiner und die Luft wird aus der Lunge gedrückt: Du atmest aus. ↗1

Diese Atmung wird auch **Zwerchfellatmung** genannt. Du kannst spüren, dass sich dein Bauch dabei bewegt. Deshalb spricht man auch von der **Bauchatmung**.

Brustatmung mit den Zwischenrippenmuskeln

Zwischen den Rippen befinden sich Muskeln. Diese heben die Rippen beim tiefen Einatmen an. Das Volumen des Brustkorbs und der Lunge wird größer, du atmest ein. Beim Ausatmen senken sich die Rippen, die Lunge wird zusammengedrückt, du atmest aus. Diese Form der Atmung wird als **Brustatmung** oder **Rippenatmung** bezeichnet. ↗2

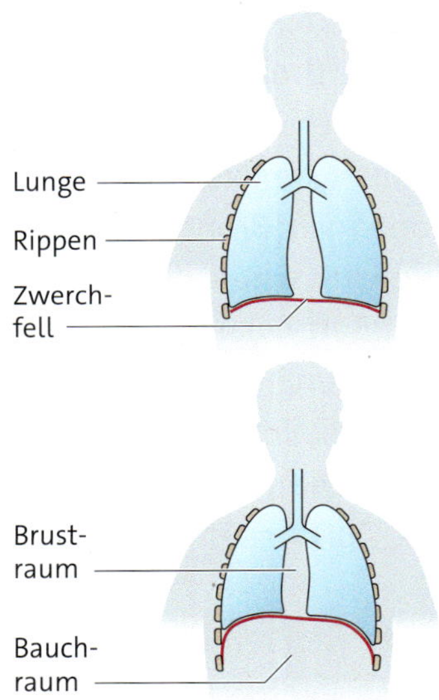

1 *Bauchatmung*

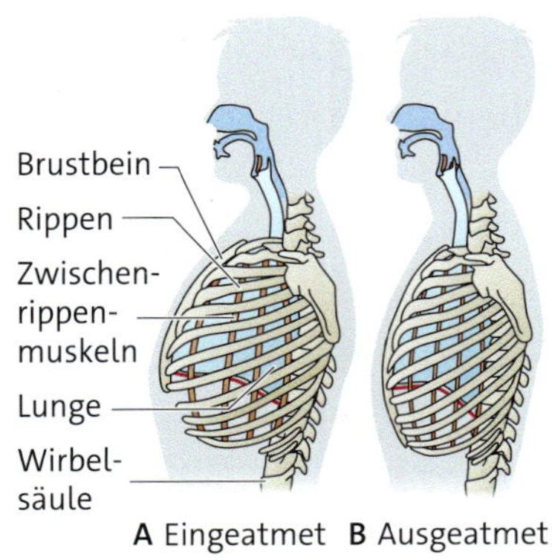

2 *Brustatmung*

Atmung ist meist unbewusst

Jeden Tag atmest du mehrere Tausend Liter Luft ein und wieder aus. Die Atembewegungen laufen größtenteils unbewusst ab. Dabei wirken Brustatmung und Bauchatmung meist zusammen. Durch Anstrengung oder einen Wechsel der Gefühle verändert sich deine Atmung. Bei Aufregung atmest du schneller. Du kannst die Atmung aber auch steuern und so besonders tief oder langsam atmen.

Einatemluft und Ausatemluft

Durch Versuche kannst du feststellen, wie sich Einatemluft und Ausatemluft unterscheiden. Wenn Raumluft in Kalkwasser strömt, dauert es lange, bis das Kalkwasser weiß und trüb wird. Leitest du aber Ausatemluft in Kalkwasser, wird es sofort trüb. Diesen Versuch kennst du schon aus Kapitel 1 (↗ Seite 28). Er zeigt, dass Ausatemluft mehr Kohlenstoffdioxid enthält als die Raumluft. ↗3

Stülpst du einen Becher mit Ausatemluft über eine brennende Kerze und einen Becher mit Luft über eine andere brennende Kerze, kannst du beobachten, dass die erste Kerze viel schneller erlischt. Das zeigt, dass die ausgeatmete Luft weniger Sauerstoff enthält. Sauerstoff und Kohlenstoffdioxid heißen daher Atemgase.

Die Rolle der Lungenbläschen

Der **Gasaustausch** erfolgt an den Lungenbläschen. Sie sind von einem Netz dünner Blutgefäße umgeben, den sogenannten **Kapillaren**. ↗4 Die Wände von Lungenbläschen und Kapillaren sind sehr dünn. Nur die kleinen Sauerstoffmoleküle und Kohlenstoffdioxidmoleküle können hindurchgelangen. Aus der Einatemluft gelangt Sauerstoff ins Blut der Kapillaren. Aus dem Blut gelangt Kohlenstoffdioxid in die Lungenbläschen und wird ausgeatmet. ↗5 Die größeren Blutbestandteile können nicht durch die Wände der Kapillaren gelangen.

- **Vergrößert sich das Volumen des Brustkorbs und der Lunge, atmest du ein.**
- **Verkleinert sich das Volumen von Brustkorb und Lunge, atmest du aus.**
- **Man unterscheidet Brustatmung und Bauchatmung.**
- **In den Lungenbläschen findet der Gasaustausch statt: Sauerstoffmoleküle gelangen ins Blut, Kohlenstoffdioxidmoleküle gelangen in die Ausatemluft.**

3 *Ausatemluft trübt Kalkwasser.*

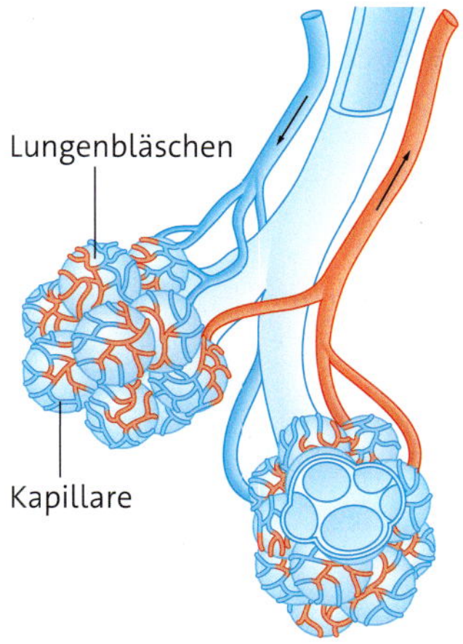

4 *Die Lungenbläschen sind von Kapillaren umgeben.*

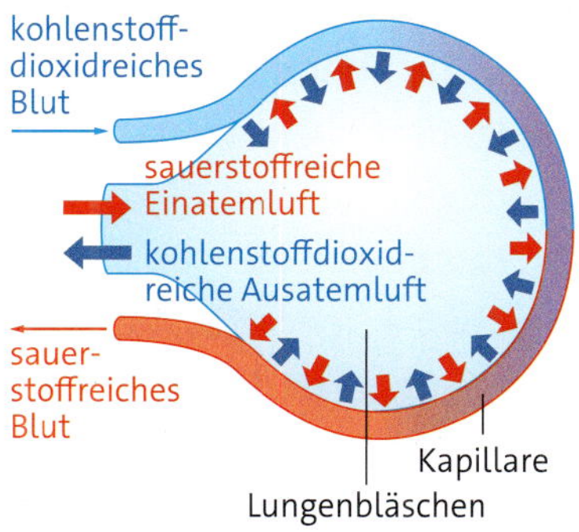

5 *In den Lungenbläschen findet der Gasaustausch statt.*

AUFGABEN

1 Beschreibe, wie Bauchatmung und Brustatmung ablaufen.

2 Erkläre, was man unter dem Gasaustausch versteht.

Versuche rund um die Atmung

1 Modell für die Bauchatmung

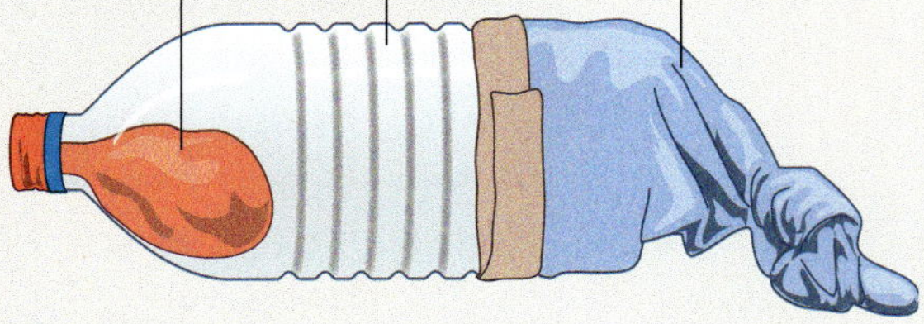

1 *Selbst gebautes Modell*

Material: stabile Plastikflasche (0,75 oder 1 Liter), scharfes Messer, Schneidebrett, Klebeband, elastischer Handschuh, Luftballon

Durchführung:
- Bastle das Modell im Technikunterricht.
- Blase den Luftballon zur Vorbereitung des Versuchs mehrfach auf und lass die Luft anschließend wieder entweichen. Lege die Plastikflasche auf eine feste Unterlage und schneide den Boden der Flasche ab. ↗1
- Umklebe die Schnittkante mit Klebeband.
- Stülpe über die große Öffnung einen Handschuh. Am besten stopfst du die Finger des Handschuhs etwas in die Flasche hinein.
- Schiebe den Luftballon dann in den Flaschenhals und befestige ihn am Rand.
- Ziehe nun den Handschuh nach unten und beobachte dabei den Luftballon.

Auswertung:
- Beschreibe deine Beobachtungen.
- Ordne den Teilen deines Modells die richtigen Atmungsorgane zu.
- Zeichne das Modell in dem Zustand ab, in dem es die Einatmung darstellt.
- Zeichne das Modell in dem Zustand ab, in dem es die Ausatmung darstellt.

2 Kohlenstoffdioxid in der Luft

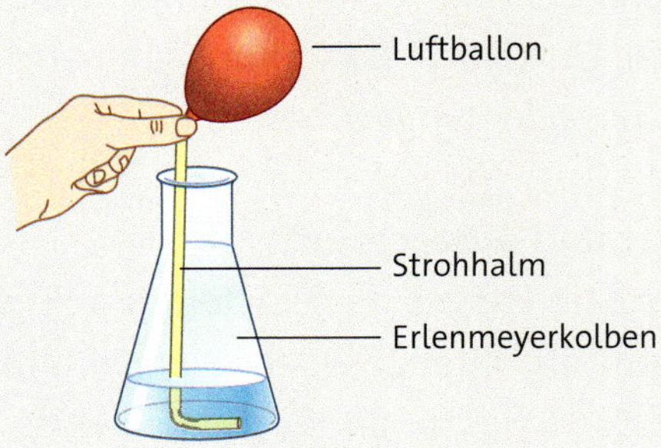

2 *Versuchsanordnung*

Material: 2 Luftballons, Luftpumpe, 2 Strohhalme oder Glasröhrchen, Kalkwasser, 2 Erlenmeyerkolben (50 ml), Schutzbrille

Durchführung:
- Fülle in die beiden Erlenmeyerkolben jeweils 1 cm hoch Kalkwasser ein.
- Blase einen Luftballon mit der Luftpumpe auf. Stecke den Strohhalm in die Öffnung des Luftballons und befestige ihn mit Klebeband.
- Lass den Inhalt des Luftballons vorsichtig in den Erlenmeyerkolben strömen. ↗2
- Wiederhole den Versuch mit deiner Ausatemluft.

Auswertung: Fertige ein Versuchsprotokoll an und formuliere eine Erkenntnis.

3 Wasser in der Ausatemluft

Material: Gefrierbeutel (1 Liter) oder Spiegel

Über die Ausatemluft verliert der Körper pro Tag bis zu 400 ml Wasser. Plane einen Versuch, der zeigt, dass die Ausatemluft Wasser enthält. Fertige ein Versuchsprotokoll an.

Experimente mit einer Schweinelunge

Eine Schweinelunge ist der Lunge des Menschen sehr ähnlich. Du kannst mit ihr mehrere Experimente durchführen.

Trage bei allen Experimenten Handschuhe! Gehe vorsichtig mit dem Skalpell um!

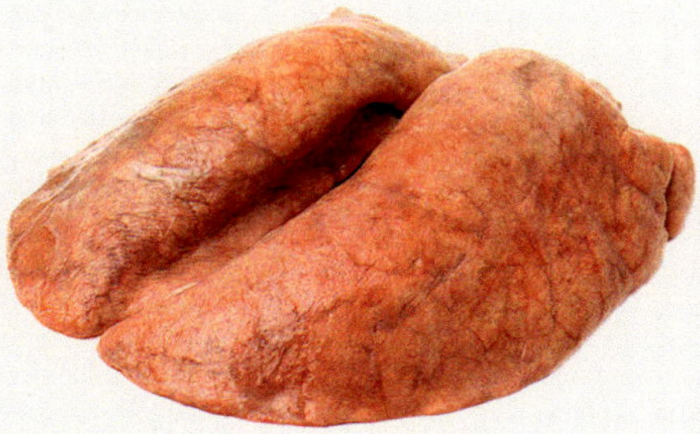

1 *Schweinelunge*

Material: Einmalhandschuhe, Skalpell, Plastikschlauch, Plastikbeutel zum Abdecken des Tischs, Schweinelunge, Lupe

1 Aufbau der Lunge

Durchführung:

- Sieh dir die Lunge genau an.
- Benenne folgende Bauteile: Luftröhre, Lungenflügel, Kehlkopf, Speiseröhre.
- Betaste Luftröhre, Speiseröhre und Lungengewebe.
- Untersuche die Oberfläche der Lunge.

Auswertung: Lege eine Tabelle an und ordne die Begriffe zu: verformbar, Knorpel tastbar, glänzend, weich, muskulös.

Luftröhre	???
Speiseröhre	muskulös
Lungengewebe	???

2 *Tabelle zu Versuch 1*

2 Wie verändert sich die Lunge?

Durchführung:

- Schiebe vorsichtig einen Plastikschlauch tief in die Luftröhre.
- Blase Luft in den Schlauch und beobachte, was geschieht.

Auswertung: Beschreibe deine Beobachtungen und verwende dabei die Begriffe Ausatmung und Einatmung.

3 Blick in die Lunge

Durchführung:

- Schneide mit dem Skalpell ein Stück von der Lunge ab.
- Schau dir den Anschnitt mit der Lupe an.
- Zeichne, was du siehst.

Auswertung: Vergleiche deine Zeichnung mit der Zeichnung eines Mitschülers. Welche Bauteile könnt ihr sicher erkennen? Beschriftet eure Zeichnungen.

4 Schwimmt Lungengewebe?

Durchführung:

- Schneide mit dem Skalpell ein Stück von der Lunge ab.
- Gib es in ein mit Wasser gefülltes Becherglas.

Auswertung: Beschreibe deine Beobachtungen und versuche, sie zu erklären. Versuch 3 kann dir dabei helfen.

„Hunger“ – regelmäßig meldet sich dein Körper und verlangt nach Nahrung. Wenn du dich viel bewegst, dann brauchst du öfter etwas zu essen. Warum wohl?

4.3 Energie für deinen Körper

Dein Körper braucht Energie

Ein Auto benötigt Energie, um fahren zu können. Viele Autos nutzen als Energielieferanten Benzin oder Diesel. In ihnen ist chemische Energie gespeichert. Bei der Verbrennung im Motor wird die chemische Energie in Bewegungsenergie umgewandelt. Ein Teil wird als Wärmeenergie frei.

Dein Körper benötigt Energie. Zellen werden repariert oder neu gebildet. Zum Aufbau der dazu nötigen Stoffe ist Energie notwendig. **Muskeln** werden mit Energie versorgt, damit sie sich zusammenziehen können. Die **Körpertemperatur** von 37 °C wird sogar bei niedrigen Außentemperaturen konstant gehalten. Dazu benötigt dein Körper Energie. Informationen werden in deinem Körper durch elektrische Signale weitergeleitet. Zum **Denken** brauchst du besonders viel Energie, weil in deinem Gehirn ständig elektrische Signale hin und her geschickt werden.

Energielieferant Traubenzucker

Diese Energie steckt in den Nahrungsmitteln. ↗1

Wie viel Energie darin jeweils enthalten ist, erfährst du aus den Nährwerttabellen auf Nahrungsmittelverpackungen. Der Energiegehalt wird in Kilojoule oder Kilokalorien angegeben, abgekürzt kJ oder kcal. ↗2

Die Nährstoffe der Nahrungsmittel werden in den Verdauungsorganen in ihre Grundbausteine zerlegt. Kohlenhydrate sind sehr energiereich. Sie werden zu **Traubenzucker** abgebaut. Dieser gelangt ins Blut und wird darin zu allen Zellen des Körpers transportiert, wo er als Brennstoff dient.

1 *Nahrung liefert Energie*

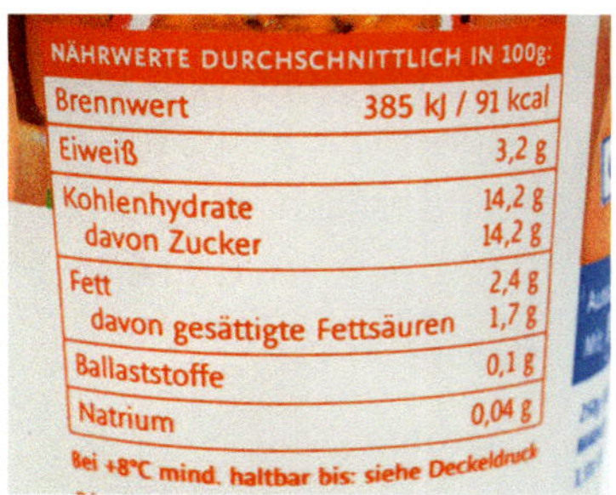

2 *Nährwerttabelle auf einem Joghurtbecher*

Traubenzucker wird abgebaut

Der chemische Name für Traubenzucker ist Glucose. Oft findest du diesen Ausdruck auf der Zutatenliste von Lebensmitteln. Der Traubenzucker gelangt sofort ins Blut, wird aber auch schnell wieder abgebaut. Dann bekommt man wieder Hunger.

Traubenzucker wird in den Körperzellen über mehrere Schritte zu Kohlenstoffdioxid und Wasser abgebaut. Dazu benötigt die Zelle Sauerstoff. Der Sauerstoff stammt aus der Atemluft. Er gelangt über die Lungenbläschen ins Blut. Das Blut transportiert ihn zu allen Körperzellen.

Wenn Sauerstoff mit anderen Stoffen reagiert, nennt man das **Oxidation** (↗Seite 28). Die Oxidation von Traubenzucker liefert deinem Körper Energie. Diese Energie wird in den Zellen gespeichert.

Traubenzucker + Sauerstoff → Wasser + Kohlenstoffdioxid + Energie

Zellatmung

Bei der Oxidation von Traubenzucker entsteht in der Zelle Kohlenstoffdioxid, das in das Blut abgegeben wird.

Der Gasaustausch von Sauerstoff und Kohlenstoffdioxid in den Zellen ähnelt den Vorgängen in den Lungenbläschen. Auch hier wird Sauerstoff aufgenommen und Kohlenstoffdioxid abgegeben. Deshalb wird die Oxidation von Traubenzucker in den Körperzellen als **Zellatmung** bezeichnet. ↗3 Die Zellatmung wird auch innere Atmung genannt – zur Unterscheidung von der äußeren Atmung, bei der in der Lunge ein Gasaustausch mit der Umgebung stattfindet.

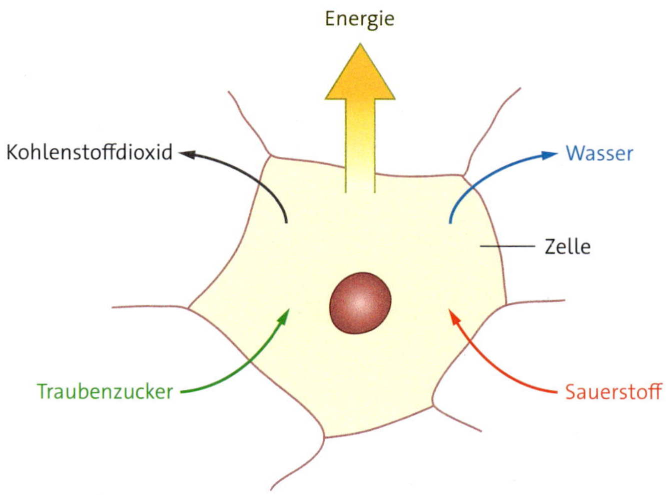

3 *Zellatmung im Schema*

- **Aus Traubenzucker und Sauerstoff entstehen in den Körperzellen Wasser und Kohlenstoffdioxid. Dieser Vorgang heißt Zellatmung.**
- **Die Zellatmung liefert dem Körper Energie für alle Lebensvorgänge.**

AUFGABEN

1 Nenne drei Beispiele, wofür dein Körper Energie benötigt.

2 Notiere die Wortgleichung für die Zellatmung.

3 Erläutere, wie dein Körper die nötige Energie bereitstellt. Verwende folgende Begriffe: Nahrungsmittel, Traubenzucker, Zellatmung.

Recherchieren

Mit Hilfe von Suchmaschinen kann man Informationen im Internet finden. Suchmaschinen für Kinder führen nur auf sichere, leicht lesbare Seiten. Suchmaschinen für Erwachsene leiten dich oft zu Lexikonseiten. Die Artikel dort sind meist schwer zu verstehen. Du musst selbst entscheiden, welchen Informationen du trauen kannst. Seiten vom Bundesgesundheitsamt, der Verbraucherbildung oder von Universitäten kannst du immer trauen. Wenig vertrauenswürdig sind Seiten, bei denen jeder auf Fragen antworten kann.
Ihr könnt die folgenden Recherche-Aufträge im Informatik-Unterricht durchführen.

1 Rauchen – Gift für die Atmung

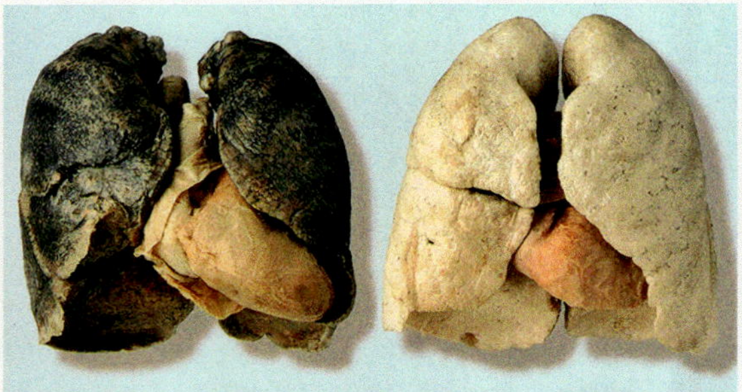

1 *Lunge eines Rauchers und eines Nichtrauchers*

Durchführung:
- Rufe eine Suchmaschine im Internet auf.
- Gib dort „Gefahren des Rauchens" ein.

Auswertung:
- Notiere die Gefahren des Rauchens, die du in den Ergebnissen deiner Suche findest.
- Entwirf einen eigenen Warnhinweis für Zigarettenschachteln.
- Dreht im Deutschunterricht ein Video zum Thema „Ich sag NEIN zur Zigarette".

2 Feinstaub – eine Recherche

2 *Autos produzieren Feinstaub.*

Durchführung:
- Arbeitet in Dreiergruppen.
- Jeder gibt einen der folgenden Begriffe in eine geeignete Suchmaschine ein: Verursacher von Feinstaub, Feinstaubplakette, Umweltschutzzone.
- Gestaltet aus euren Suchergebnissen eine digitale Präsentation oder ein Plakat.

Auswertung: Stellt eure Ergebnisse der Klasse vor. Gebt euch gegenseitig Feedback. Erwähnt dabei, was gut gelungen ist, und gebt Tipps zur Verbesserung.

3 Hausmittel gegen Erkältung

Durchführung:
- Recherchiert im Internet über Hausmittel gegen Schnupfen und Husten.
- Fragt in einer Arztpraxis oder Apotheke nach der Wirksamkeit dieser Hausmittel.

Auswertung: Gestaltet einen Ratgeber mit Hausmitteln, die von Fachleuten als wirksam beurteilt werden.

ZUSAMMENFASSUNG

Atmung des Menschen

Atmungsorgane

Die Atemluft strömt durch Mundhöhle, Nasenhöhlen, Rachenraum, Kehlkopf und Luftröhre in die Lunge. Die Lunge besteht aus zwei Lungenflügeln. Die Bronchien verzweigen sich zu Bronchiolen, an deren Enden sich die Lungenbläschen befinden. ↗1

Auf dem Weg in die Lunge wird die Atemluft erwärmt, befeuchtet und von Staub und Krankheitserregern befreit.

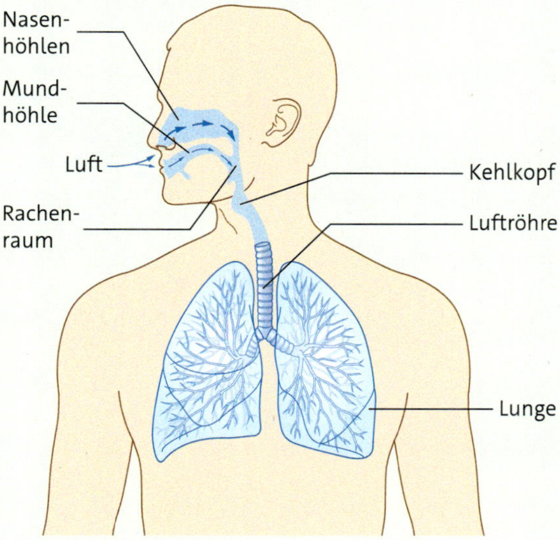

1 *Atemwege*

Einatmen und Ausatmen

Vergrößert sich das Volumen des Brustkorbs und der Lunge, atmest du ein. Verkleinert sich das Volumen von Brustkorb und Lunge, atmest du aus.

Bei der Zwerchfellatmung hebt und senkt sich das Zwerchfell und verändert so das Volumen von Brustkorb und Lunge. Bei der Rippenatmung heben und senken sich die Rippen und verändern so das Lungenvolumen.

In den Lungenbläschen findet der Gasaustausch statt: Sauerstoffmoleküle gelangen aus der Einatemluft ins Blut, Kohlenstoffdioxidmoleküle gelangen aus dem Blut in die Ausatemluft. ↗2

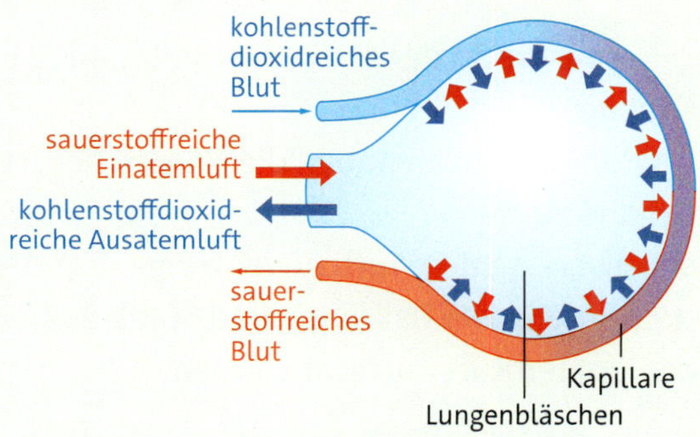

2 *Gasaustausch in einem Lungenbläschen*

Energie für deinen Körper

Glucose und Sauerstoff werden im Blut zu den Körperzellen transportiert. Daraus entstehen in den Körperzellen Wasser und Kohlenstoffdioxid. Dieser Vorgang heißt Zellatmung. Die Zellatmung liefert dem Körper Energie für alle Lebensvorgänge. ↗3, 4

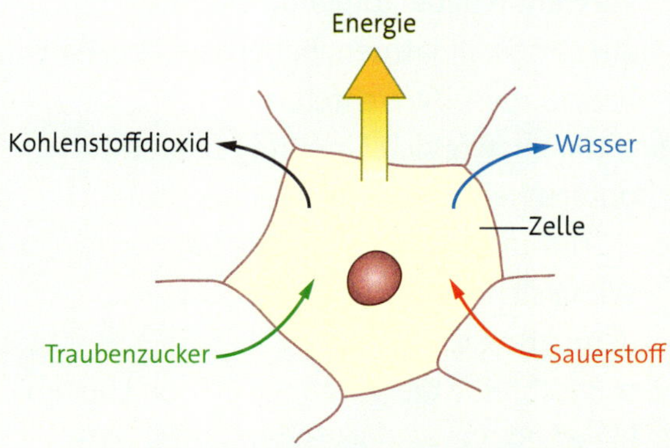

3 *Die Zellatmung liefert Energie für den Körper.*

Glucose + Sauerstoff → Wasser + Kohlenstoffdioxid + Energie

4 *Wortgleichung der Zellatmung*

1 Atmungsorgane

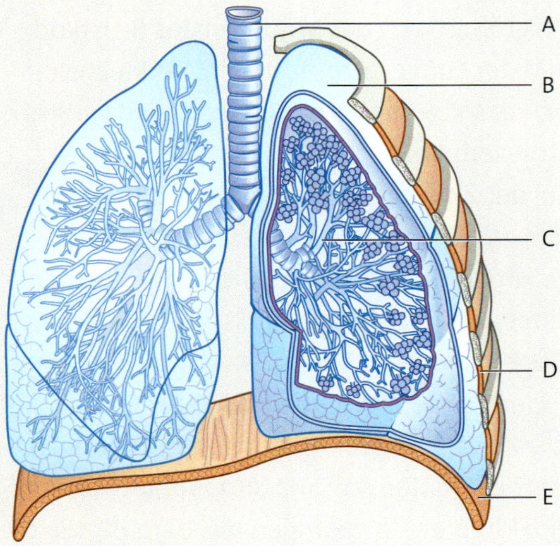

1 *Atemwege*

a □ Nenne die an der Atmung beteiligten Organe.

b □ Ordne den Buchstaben die Namen der Organe zu. ↗1

c ◪ Beschreibe den Aufbau der Lunge.

d ◪ Erläutere, wie Bakterien und Staub aus der Einatemluft entfernt werden.

2 Einatmen und Ausatmen

a □ Beschreibe, wie du ein- und ausatmest. Verwende dabei folgende Begriffe: ausatmen, einatmen, heben, senken, wölben, Rippen, Zwerchfell.

b □ Gib an, wie sich Ein- und Ausatemluft unterscheiden.

c □ Formuliere zwei sinnvolle Sätze: Wenn sich das Volumen der Lunge ..., dann atme ich ...

d ◪ Beschreibe die Vorgänge an den Lungenbläschen. Verwende Fachbegriffe. ↗3

3 Energie für deinen Körper

a □ Gib an, wofür dein Körper Energie benötigt.

b ◪ Erkläre, wie dein Körper Energie aus Kohlenhydraten bereitstellt.

c ◪ Schreibe die Wortgleichung der Zellatmung auf.

d ◪ Erläutere die Gemeinsamkeiten zwischen dem Gasaustausch an den Lungenbläschen und der Zellatmung. Verwende die Begriffe Sauerstoff und Kohlenstoffdioxid. Bild 2 und 3 helfen dir dabei. ↗2, 3

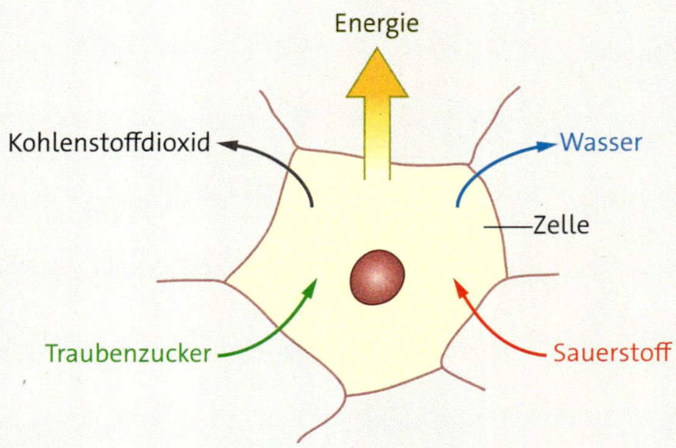

2 *Vorgänge bei der Zellatmung*

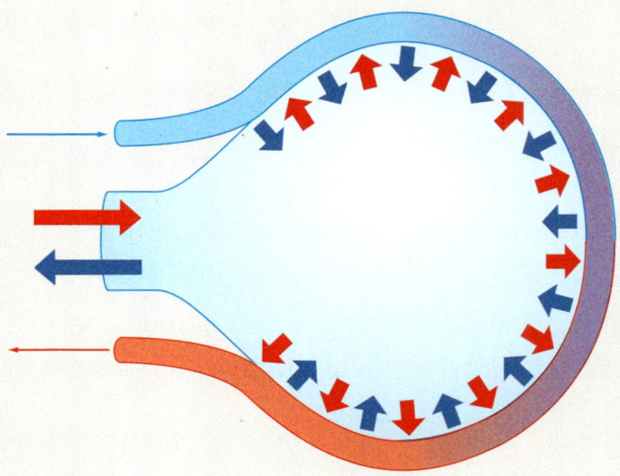

3 *Lungenbläschen*

4 Modelle

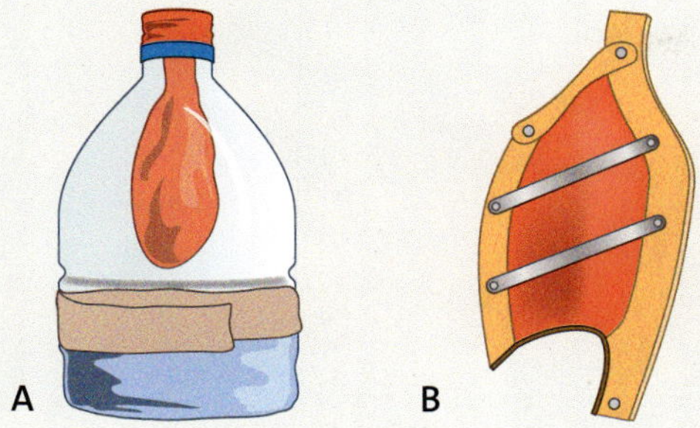

4 *Zwei verschiedene Modelle zur Atmung*

a □ Gib an, warum die Lunge sich nicht selbst ausdehnen oder zusammenziehen kann.

b ◪ Gib an, welche Atmung die Modelle jeweils darstellen sollen. ↗4

c ◪ Ordne den Bauteilen von Modell A die entsprechenden Atmungsorgane zu. Benutze folgendes Satzmuster: „Der Luftballon entspricht der ..."

d ■ Erkläre, welchen Zusammenhang bei der Atmung das Modell B zeigt.

5 Nachweisreaktionen bringen Klarheit

a ◪ Du willst mit einem Versuch Kohlenstoffdioxid in der Ausatemluft nachweisen. Erstelle eine Liste des benötigten Versuchsmaterials.

b ◪ Die Klasse 7c hat einen Versuch durchgeführt. Beschreibe mit Hilfe von Bild 5 Versuchsergebnisse und Erkenntnis. ↗5

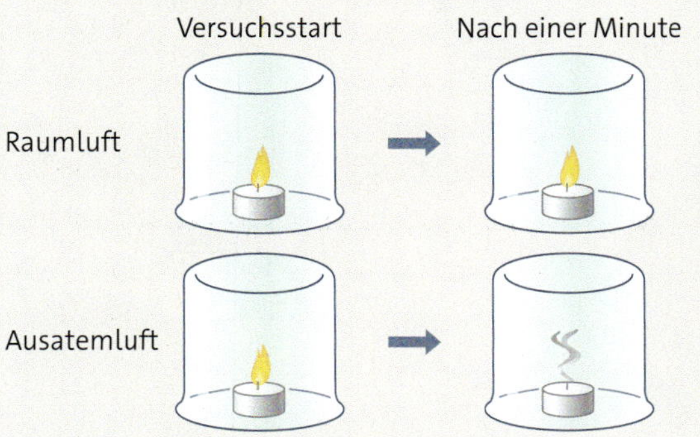

5 *Versuch zum Vergleich von Ein- und Ausatemluft*

6 Hausmittel gegen Husten

Die Klasse 7d recherchiert über Hausmittel gegen Husten. Die Schülerinnen und Schüler diskutieren darüber, ob sie den drei Tipps trauen können.

◪ Bewerte die Vertrauenswürdigkeit der Quellen in Bild 6. ↗6

6 *Drei Ergebnisse einer Internetrecherche*

7 Energie für den Körper

a □ Nenne die beiden Einheiten, in denen der Energiegehalt von Nahrungsmitteln angegeben wird.

b □ Werte die Tabelle aus. ↗7

c ■ Erkläre den Zusammenhang zwischen körperlicher Belastung, benötigter Energie und der Zahl der Atemzüge.

	Atemfrequenz (Atemzüge/Minute)
Ruhe	12–15
Leichte bis mittlere Belastung	18–24
Schwere Belastung	30
Sehr schwere Belastung	35–40

7 *Atemzüge und körperliche Belastung*

5

Herz-Kreislauf-System

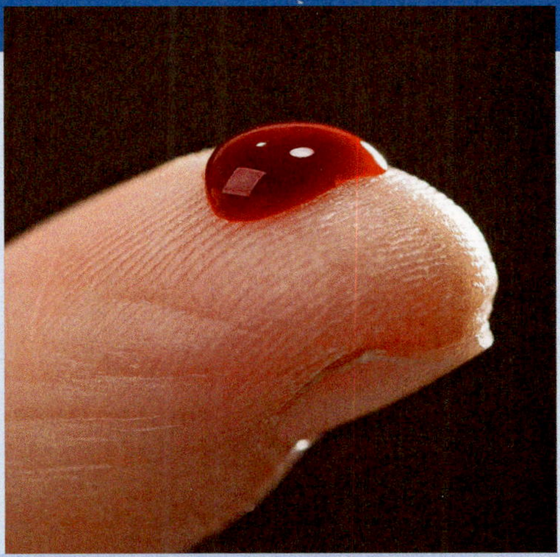

5 000 000

In einem Tropfen Blut befinden sich etwa **fünf Millionen** rote Blutkörperchen.

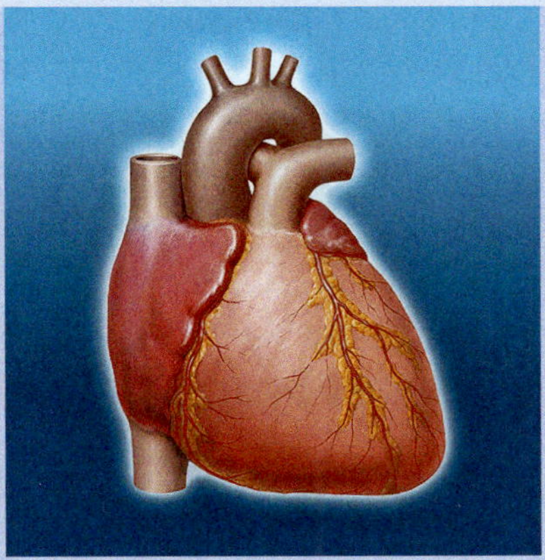

Hunderttausendmal schlägt ein Herz durchschnittlich in 24 Stunden – Tag und Nacht ohne Pause.

100 000

15

Schon **fünfzehn Minuten** intensive Bewegung pro Tag senken das Risiko einer Herz-Kreislauf-Erkrankung um 45 Prozent.

In diesem Kapitel ...

- lernst du die Blutbestandteile und ihre Aufgaben kennen.
- lernst du, wie Herz und Blutkreislaufsystem aufgebaut sind und wie sie funktionieren.
- untersuchst du, wie sich körperliche Belastung auf Herzschlag und Atmung auswirkt.
- lernst du, wie du Herz und Kreislauf gesund erhalten kannst.

Was verrät dein Pulsschlag?

1 Wo klopft es?

Du brauchst: Papier, Stift

- Finde mindestens 3 Stellen am Körper, an denen du deinen Puls fühlen kannst.
- Fertige eine Umrissskizze deines Körpers an und markiere die Stellen mit einem Kreuz. ↗1
- Woher kommt der Pulsschlag?

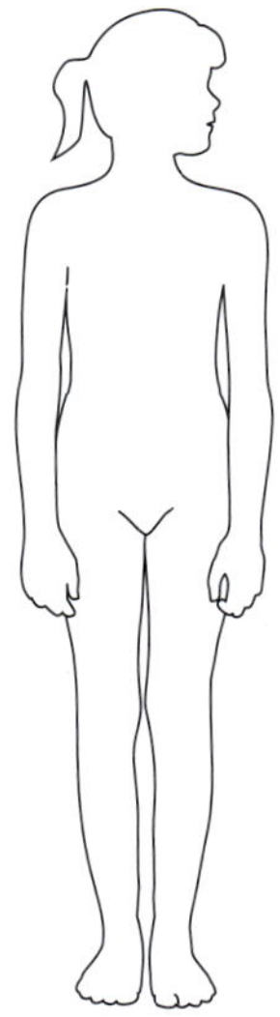

1 *Umrissskizze*

2 Den Puls messen

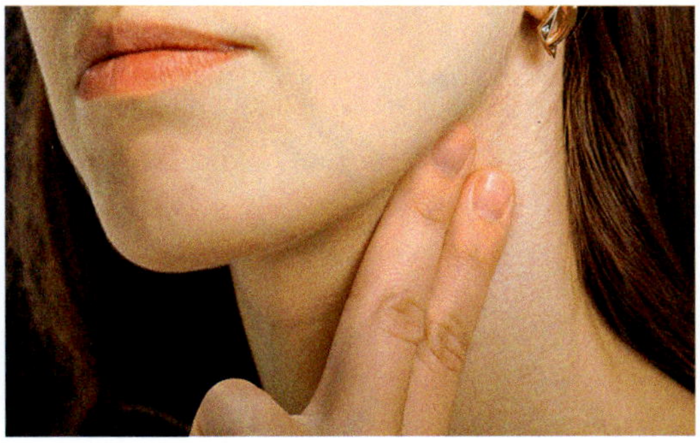

2 *So misst du den Puls am Hals.*

Du brauchst: Papier, Stift, Uhr oder Smartphone

- Ertaste deinen Puls am Hals. ↗2
- Zähle 15 Sekunden lang die Pulsschläge, während du die Zeit stoppst.
- Rechne auf eine Minute hoch.
- Haben alle in der Klasse den gleichen Wert?

3 Ist dein Puls immer gleich?

Du brauchst: Papier, Stift, Uhr oder Smartphone

- Ist dein Puls in Ruhe und bei Anstrengung gleich?
- Wie kannst du deine Vermutung überprüfen?
- Führe dazu einen Versuch alleine oder mit einem Partner durch und notiere deine Ergebnisse.
- Werte die Versuchsergebnisse aus und formuliere eine Erkenntnis.
- Kennst du weitere Situationen, die deinen Pulsschlag verändern? Sammelt in der Klasse möglichst viele Beispiele.
- Ihr könnt diesen Versuch auch im Sportunterricht durchführen.

Bestimmt hast du schon einmal einen Aufruf zur Blutspende gesehen, vielleicht sogar in deiner Schule. Würdest du Blut spenden gehen? Darfst du das überhaupt? Und wozu sind Blutspenden überhaupt nötig?

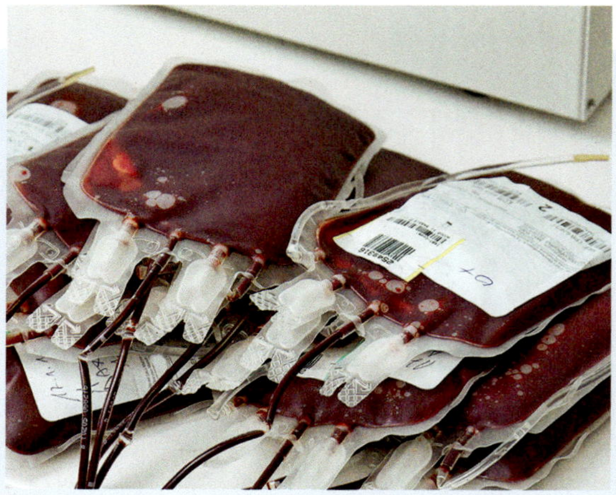

5.1 Bestandteile und Aufgaben des Blutes

Mehr als eine rote Flüssigkeit

Ein Erwachsener hat etwa fünf Liter Blut im Körper. Untersucht man die rote Flüssigkeit genauer, stellt man fest, dass sie aus festen und flüssigen Bestandteilen besteht. Lässt man Blut eine Zeit lang stehen, setzen sich die festen Bestandteile unten ab. Darüber befindet sich eine gelbliche Flüssigkeit, das **Blutplasma**. Von 100 Millilitern Blut sind etwa 55 Milliliter flüssige und 45 Milliliter feste Bestandteile. ↗1

Die **Aufgaben** des Blutes sind die Verteilung der Wärme und der Transport von Stoffen in alle Teile des Körpers. Außerdem spielt es eine Rolle bei der Abwehr von Krankheitserregern.

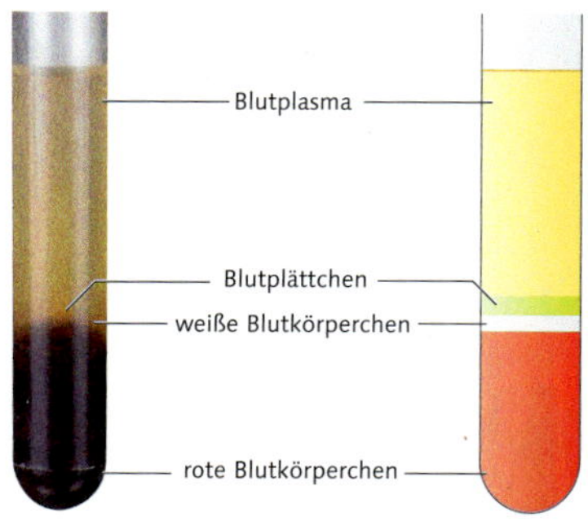

1 *Feste und flüssige Bestandteile des Blutes*

Das Blutplasma

Das gelbliche Blutplasma besteht vor allem aus Wasser. Darin sind verschiedene Mineralstoffe und auch Stoffe zur Blutgerinnung gelöst. Sie werden zusammen mit Blutzellen, Nährstoffbausteinen, Vitaminen und Hormonen in alle Teile des Körpers gebracht. Abfallstoffe werden vom Blutplasma abtransportiert.

Rote Blutkörperchen

Im Mikroskop kann man die **roten Blutkörperchen** gut erkennen. Es sind scheibenförmige, eingedellte Zellen. ↗2

In einem Tropfen Blut befinden sich etwa fünf Millionen rote Blutkörperchen. Sie geben dem Blut seine Farbe. Rote Blutkörperchen transportieren Sauerstoff von der Lunge zu allen Körperzellen und Kohlenstoffdioxid von den Körperzellen zur Lunge.

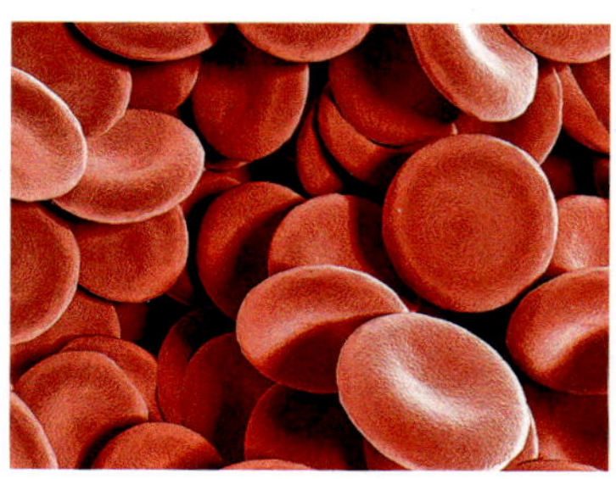

2 *Rote Blutkörperchen im Mikroskop*

Weiße Blutkörperchen

Weiße Blutkörperchen sind etwa doppelt so groß wie rote Blutkörperchen und haben unterschiedliche Formen. Sie bekämpfen und zerstören Krankheitserreger, die in den Körper gelangt sind. Dazu können sie sich eigenständig bewegen und sogar die Blutgefäße verlassen. Die Überreste von zerstörten Krankheitserregern und Zellen kennst du als Eiter. Die weißen Blutkörperchen werden deshalb auch als „Polizei des Körpers" bezeichnet. Bei einem gesunden Menschen befinden sich in einem Tropfen Blut etwa 5000 weiße Blutkörperchen. ↗3

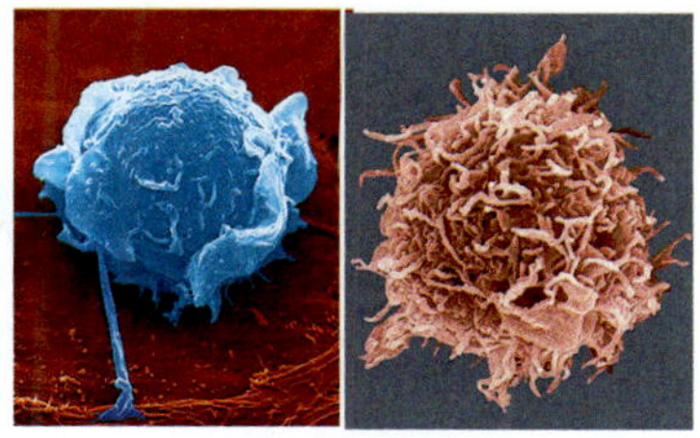

3 Unterschiedlich geformte weiße Blutkörperchen

Blutplättchen

Die **Blutplättchen** sind die kleinsten Blutzellen. Etwa 150 000 davon befinden sich in einem Tropfen Blut. Zusammen mit weiteren Stoffen aus dem Blutplasma verschließen die Blutplättchen Wunden. Wird ein Blutgefäß verletzt, verkleben die Blutplättchen und bilden ein Netz. In diesem verfangen sich die anderen Blutkörperchen und verklumpen miteinander. So wird verhindert, dass weiter Blut aus dem Blutgefäß austritt. Auf Hautwunden bildet sich ein trocknender Wundschorf. Du solltest ihn nicht entfernen, da sonst Entzündungen oder Narben entstehen können. ↗4

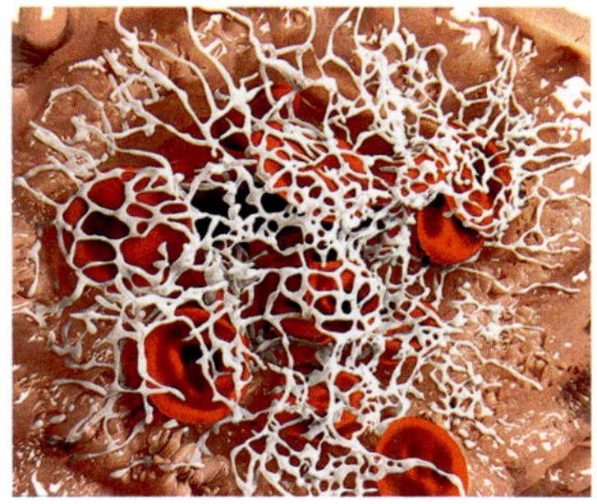

4 Blutplättchen verschließen eine Wunde.

Blutspenden für Notfälle

Durch schwere Verletzungen, zum Beispiel bei Verkehrsunfällen, verlieren Menschen manchmal sehr viel Blut. Wenn der Mensch mehr als die Hälfte seines Blutes verliert, stirbt er. Eine rasche Blutübertragung kann das verhindern. ↗5
Große Mengen an Spenderblut benötigt man auch bei Operationen und zur Behandlung einiger Krankheiten. Viele Erwachsene spenden deshalb regelmäßig Blut. Dabei wird etwa ein halber Liter Blut entnommen, haltbar gemacht und in einer Blutbank eingelagert. Wenn du Blut spenden willst, musst du mindestens 18 Jahre alt und gesund sein.

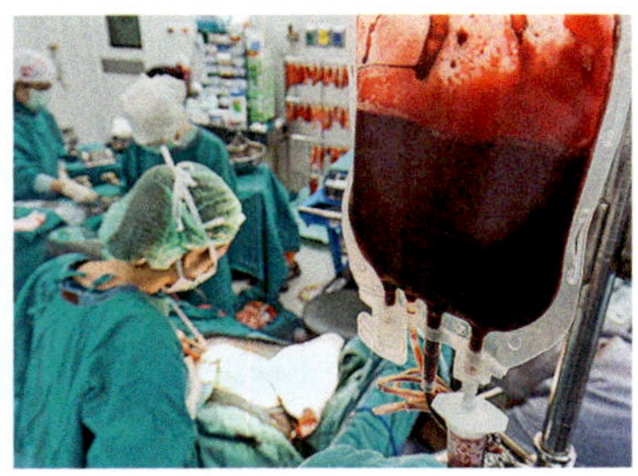

5 Blutübertragung bei einer Operation

- **Blut besteht aus Blutplasma und Blutzellen.**
- **Aufgaben des Blutes: Verteilung der Wärme, Transport von Stoffen, Abwehr von Krankheitserregern**
- **Die roten Blutkörperchen transportieren Sauerstoff und Kohlenstoffdioxid.**
- **Weiße Blutkörperchen bekämpfen Krankheitserreger.**
- **Blutplättchen verschließen Wunden.**
- **Blutspenden können Leben retten.**

AUFGABEN

1 Zähle die flüssigen und festen Bestandteile des Blutes auf.
2 Nenne die Aufgaben des Blutes.
3 Beschreibe, wie eine Wunde verschlossen wird.

Das wichtigste Organ unseres Körpers ist das Herz. Es ist auch das Zeichen der Liebe und der Freundschaft. Was steckt dahinter?

5.2 Herz und Blutkreislauf

Aufbau des Herzens

Das Herz eines Menschen ist ein etwa faustgroßer Hohlmuskel. Es liegt geschützt hinter dem Brustbein in der Mitte des Brustkorbs. Durch die **Herzscheidewand** ist das Herz in zwei Hälften geteilt. Jede Hälfte besteht aus einem **Vorhof** und einer **Herzkammer**. Vorhöfe und Herzkammern sind jeweils durch **Segelklappen** getrennt. **Taschenklappen** sitzen am Ausgang zu den Arterien. ↗1

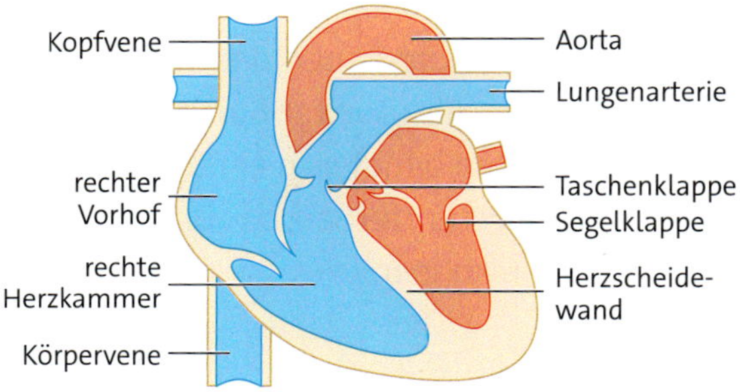

1 *Bau des Herzens*

Die Blutgefäße

Blutgefäße, die vom Herzen wegführen, heißen **Arterien**. Die Aorta ist die größte Arterie, sie wird auch Hauptschlagader genannt. Die Arterien verzweigen sich auf ihrem Weg zu allen Teilen des Körpers in immer dünnere Blutgefäße. Die feinsten Blutgefäße nennt man Haargefäße oder **Kapillaren**. Ihre Wände sind so dünn, dass Nährstoffbausteine, Abfallstoffe und Atemgase hindurchgelangen können. Die Kapillaren vereinigen sich wieder zu größeren Blutgefäßen. Blutgefäße, die zum Herzen hinführen, heißen **Venen**. ↗2

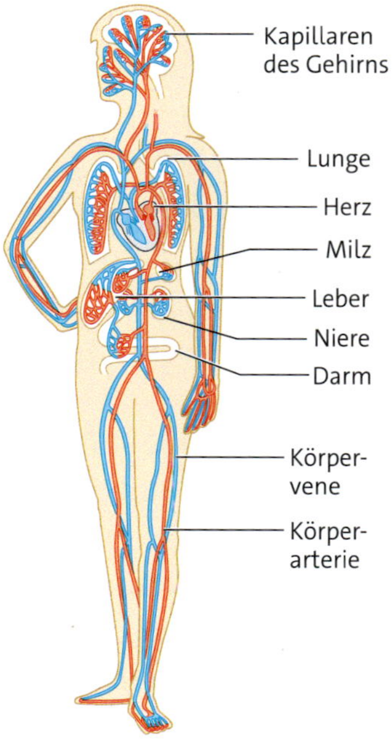

2 *Blutgefäße des Körpers*

Das Herz arbeitet wie eine Pumpe

Die Herzkammern ziehen sich zusammen. Dadurch wird das Blut aus der Herzkammer in die Arterien gedrückt. Gleichzeitig erschlafft der Vorhof und saugt das Blut aus den Venen an.
Dann erschlafft der Herzmuskel. Gleichzeitig ziehen sich die Vorhöfe zusammen und drücken das Blut in die Herzkammern.

Segelklappen und Taschenklappen wirken wie Ventile und lassen das Blut nur in eine Richtung fließen.

Der Blutkreislauf besteht aus zwei Schleifen

Die **linke Herzkammer** pumpt Blut über die Körperarterie in den ganzen Körper. Durch die Venen fließt das Blut über den **rechten Vorhof** ins Herz zurück. Das ist der **Körperkreislauf** oder die Körperschleife. Auf seinem Weg durch den Körper gibt das Blut Sauerstoff an die Zellen ab und nimmt gleichzeitig Kohlenstoffdioxid auf. ↗3

Die **rechte Herzkammer** pumpt Blut über die Lungenarterie zur Lunge. In der Lunge nimmt das Blut Sauerstoff auf und gibt gleichzeitig Kohlenstoffdioxid ab. Über die Lungenvene gelangt das Blut wieder zurück in den **linken Vorhof**. Das ist der **Lungenkreislauf** oder die Lungenschleife. ↗3

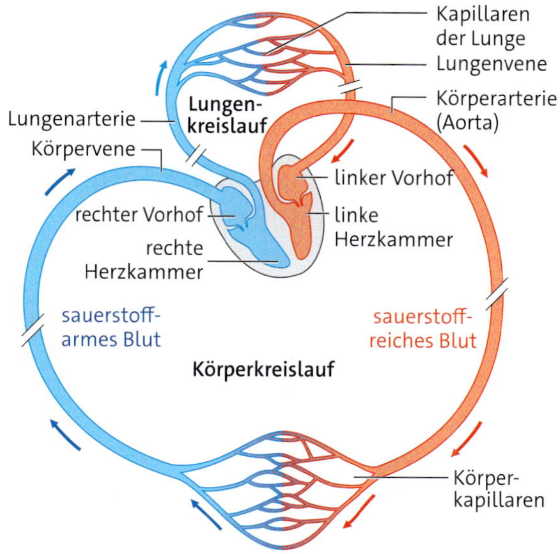

3 *Körper- und Lungenkreislauf*

Unterstützung des Bluttransports

Um alle Gefäße mit Blut zu versorgen, benötigt man einen gewissen Druck. Das nennt man **Blutdruck**. Er hängt von der Pumpleistung des Herzens und der Weite der Gefäße ab. Die Wände mancher Arterien besitzen eine Muskelschicht. Diese Muskeln halten den Blutdruck stabil. ↗4

Einige Venen sind mit **Venenklappen** ausgestattet. Aus den Beinen beispielsweise muss das Blut entgegen der Schwerkraft nach oben zum Herzen transportiert werden. Die Venenklappen sorgen wie Ventile dafür, dass das Blut nur in eine Richtung, nämlich zum Herzen fließt. ↗4

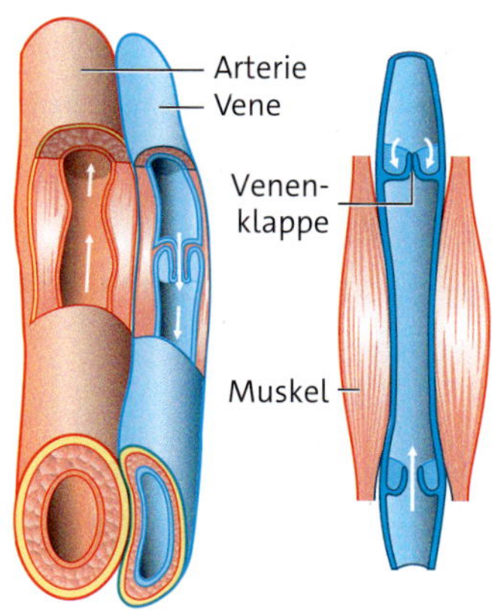

4 *Arterie mit Muskelschicht und Vene mit Venenklappen*

- **Das Herz ist ein Hohlmuskel. Die Herzscheidewand teilt es in zwei Hälften, die jeweils aus Vorhof und Herzkammer bestehen.**
- **In Arterien fließt Blut vom Herzen weg, in Venen fließt Blut zum Herzen hin.**
- **Der Körperkreislauf versorgt den Körper mit Sauerstoff.**
- **Im Lungenkreislauf wird das Blut mit Sauerstoff angereichert.**
- **Segelklappen, Taschenklappen und Venenklappen wirken wie Ventile und verhindern ein Zurückfließen des Blutes.**

AUFGABEN

1 Nenne die drei unterschiedlichen Arten von Blutgefäßen.
2 Beschreibe den Aufbau des Herzens.
3 Gib die Aufgaben des Körperkreislaufs an.
4 Beschreibe den Weg des Blutes durch den Lungenkreislauf. Bild 3 hilft dir. ↗3

Herz und Blutkreislauf – Modell und Original

Ein Schweineherz ist dem Herzen des Menschen sehr ähnlich. Du kannst mit ihm mehrere Experimente durchführen.

Trage bei allen Experimenten Handschuhe!

Material: Herzmodell, Schweineherz (mitsamt Blutgefäßen, beim Metzger bestellen), Plastikfolie zum Abdecken des Tischs, Einmalhandschuhe, Schneidbrett, Zahnstocher, Papierstreifen, Klebstoff, Skalpell, rote und blaue Wollfäden, Kamera oder Smartphone, Schreibmaterial

1 Vergleich von Modell und Original

Durchführung:
- Stelle das Herzmodell gut sichtbar auf. Lege das Schweineherz daneben.
- Betrachte Modell und Original. Vergleiche sie hinsichtlich Farbe und Beschaffenheit, betaste dazu beide. ↗1

Auswertung: Notiere Gemeinsamkeiten und Unterschiede von Modell und Original in einer Tabelle.

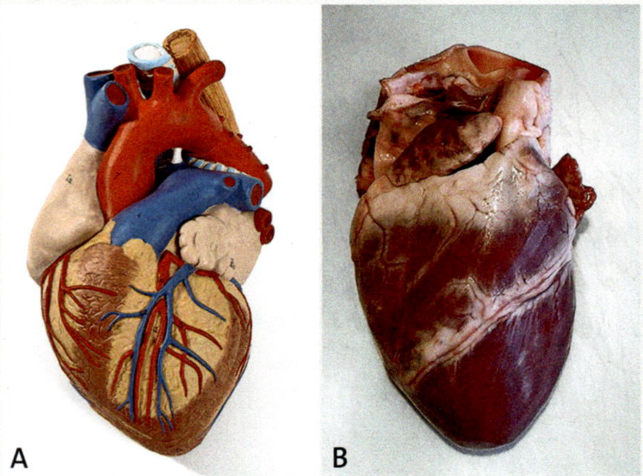

1 *A Modell des menschlichen Herzens, B Schweineherz*

2 Das Herz von außen

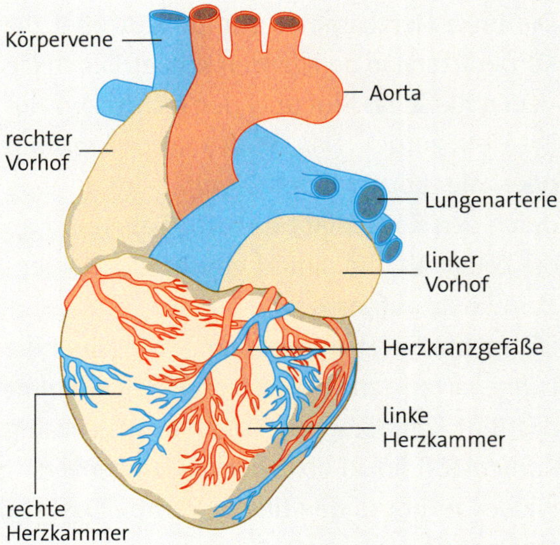

2 *Schemazeichnung eines menschlichen Herzens*

Durchführung:
- Beschrifte Papierstreifen mit den folgenden Begriffen: Herzkranzgefäße, rechter Vorhof, linker Vorhof, rechte Herzkammer, linke Herzkammer, Körperarterie, Körpervene, Lungenarterie, Lungenvene, Taschenklappe (2-mal), Venenklappe (2-mal).
- Klebe die Papierstreifen an die Zahnstocher.
- Lege das Herz so auf das Schneidbrett wie in Bild 2. Sieh es dir genau an und vergleiche das Original mit dem Bild. ↗2
- Stecke alle Fähnchen, die du jetzt schon zuordnen kannst, an die richtige Stelle.
- Fotografiere deine Arbeit.

3 Das Herz von innen

Durchführung:

- Lege das Herz auf das Schneidbrett. Wahrscheinlich hat es der Metzger schon aufgeschnitten. Vergrößere den Schnitt, falls nötig, bis du es aufklappen kannst. ↗3

Gehe vorsichtig mit dem Skalpell um!

- Stecke die restlichen beschrifteten Fähnchen an die richtigen Stellen und fotografiere erneut.
- Vergleiche die Wanddicke der rechten und linken Herzhälfte.
- Lege blaue Wollfäden so in das Herz, dass sie den Weg des sauerstoffarmen Blutes zeigen. Lege rote Wollfäden so hinein, dass sie den Weg des sauerstoffreichen Blutes zeigen.
- Fotografiere deine Arbeit erneut.

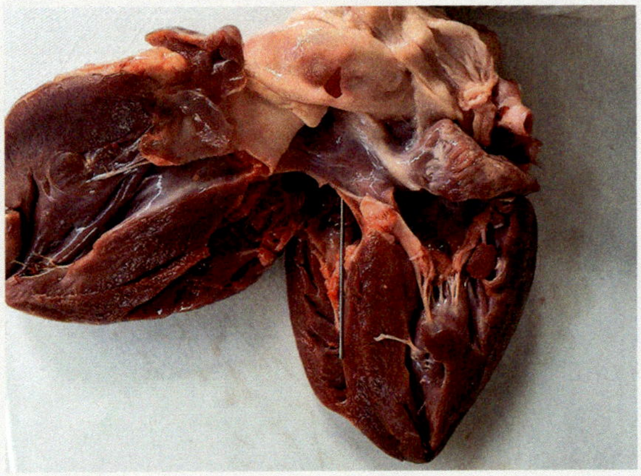

3 *Geöffnetes Herz mit sichtbarer Herzklappe*

Auswertung: Erstelle ein Lapbook zum Bau und zur Funktion des Herzens. Verwende dazu auch deine Fotos.

4 Der Weg des Blutes

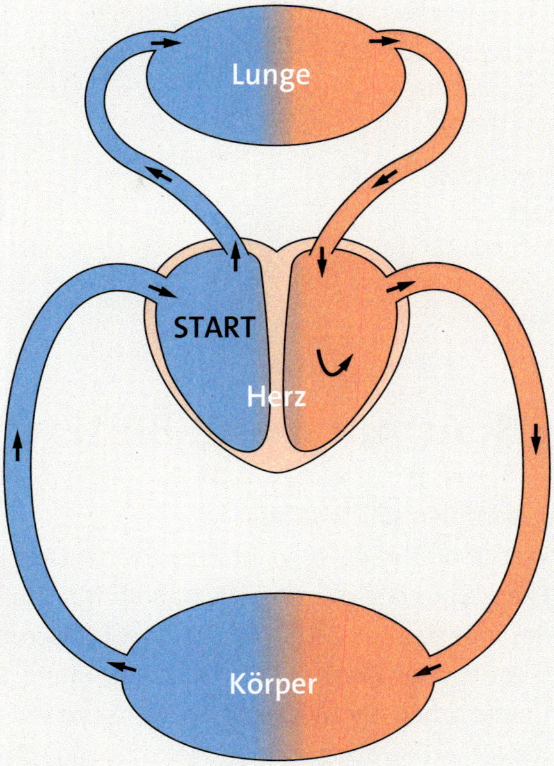

4 *Modellzeichnung zum Blutkreislauf*

Material: Straßenkreide, Papier, Stifte

Durchführung:

- Malt Bild 4 auf den Schulhof, es muss mindestens 5 m × 5 m groß werden. ↗4
- Stellt euch auf die rechte Herzkammer und geht in Pfeilrichtung zur Lunge. Folgt den Pfeilen so lange, bis ihr wieder am Ausgangspunkt seid.
- Überlegt euch, wie ihr in diesem Modell den Gasaustausch in Lunge und Körper darstellen könnt, und wiederholt den Weg des Blutes.

Auswertung:

- Was zeigt dieses Modell dir besonders gut?
- Vergleiche das Modell mit dem echten Blutkreislaufsystem. Was fehlt im Modell?

Bei einem Ausdauerlauf an der frischen Luft gerät ein ungeübter Sportler schnell außer Atem. Das Herz scheint bis zum Halse zu schlagen. Da tut eine kurze Verschnaufpause gut.

5.3 Atmung und Blutkreislauf wirken zusammen

Zusammen sind sie stark

Wer Sport treibt, braucht Energie. ↗1 Dein Körper gewinnt Energie aus der Nahrung. Die Nährstoffbausteine werden über das Blut zu allen Zellen des Körpers transportiert. Traubenzucker dient als Brennstoff für die Zellatmung. Sie stellt Energie für die Arbeit der Muskeln bereit (↗ Seite 98).
Für die Zellatmung wird Sauerstoff benötigt. Er gelangt über die Atmungsorgane ins Blut und wird im gesamten Körper verteilt. Verdauung, Atmung und Blutkreislauf müssen zusammenarbeiten, damit wir mit Energie versorgt werden.

1 *Für Bewegung brauchen wir Energie.*

Roter Kopf und außer Atem

Bewegung hält fit. Dabei werden deine Muskeln beansprucht. Sie brauchen mehr Energie aus der Zellatmung. Das bedeutet auch, dass sie mehr Sauerstoff benötigen.
Deshalb atmest du bei körperlicher Belastung schneller und tiefer. So gelangt mehr Sauerstoff in die Lunge. Dein Herz schlägt jetzt häufiger. Gleichzeitig erweitern sich die Blutgefäße und es kann mehr Blut hindurchfließen. Dadurch gelangt mehr Sauerstoff zu den betreffenden Körperzellen.
Auch die feinen Kapillaren unter der Haut weiten sich und transportieren mehr Blut. Deshalb bekommst du bei körperlicher Belastung einen roten Kopf. Über die geweiteten Kapillaren kann überschüssige Körperwärme nach außen abgegeben werden. Zusätzlich schwitzt du bei großer Anstrengung. Die entstehende Feuchtigkeit verdunstet auf deiner Haut und kühlt ebenfalls den Körper. ↗2

2 *Sport kann dich ins Schwitzen bringen.*

3 *Das Herz schlägt bei Anstrengung schneller und kräftiger.*

4 *Nach großer Anstrengung kann man „außer Puste“ sein.*

Puls und Atmung bei körperlicher Belastung

Der Herzschlag lässt sich sehr gut an der Halsschlagader fühlen. Das nennt der Mediziner Puls. Auch am Handgelenk ist er tastbar. ↗5

Jedes Pochen in der Ader verrät, dass dein Herz einmal schlägt. Die Häufigkeit des Pulsschlags in einer bestimmten Zeit heißt **Pulsfrequenz**. Bei körperlicher Anstrengung erhöht sich die Pulsfrequenz. ↗3

Gleichzeitig verändert sich auch die Anzahl der Atemzüge, die **Atemfrequenz**. ↗4 Je größer die Belastung ist, desto höher sind also Pulsfrequenz und Atemfrequenz. Wenn die Anstrengung vorbei ist, sinkt der Energiebedarf. Atmung und Puls werden langsamer. Atemfrequenz und Pulsfrequenz nehmen also ab.

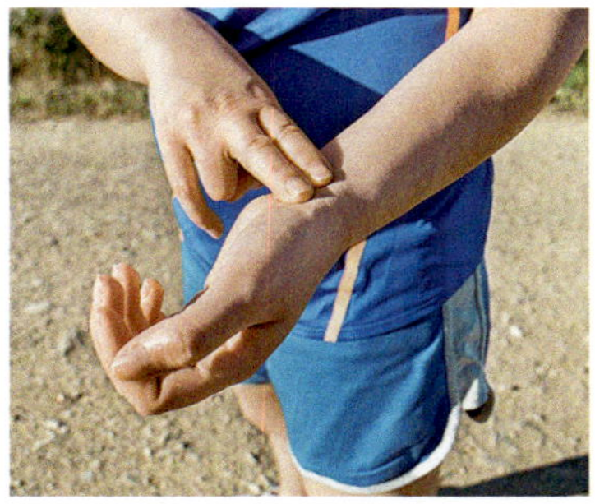

5 *Am Handgelenk kann man den Puls fühlen.*

Erholung ist wichtig

Nach großer körperlicher Belastung musst du viel trinken, um den Flüssigkeitsverlust durch das Schwitzen auszugleichen. ↗6 Durch eine ausgewogene Mahlzeit kann dein Körper neue Energie tanken.

Außerdem benötigt dein Körper einige Zeit, um sich zu erholen. Besonders wichtig für die Erholung ist ausreichend Schlaf.

6 *Nach dem Sport sollte man genügend trinken.*

- **Atmung, Verdauung und Blutkreislauf wirken zusammen.**
- **Je größer die körperliche Belastung, desto höher ist der Energiebedarf und damit der Sauerstoffbedarf.**
- **Je höher die körperliche Belastung, desto höher sind Atemfrequenz und Pulsfrequenz.**
- **Je niedriger die körperliche Belastung, desto niedriger sind Atemfrequenz und Pulsfrequenz.**

AUFGABEN

1 Beschreibe, wie der Körper bei Belastung mit ausreichend Sauerstoff versorgt wird.
2 Gib an, was man unter der Pulsfrequenz versteht.
3 Formuliere den Zusammenhang zwischen körperlicher Belastung, Atemfrequenz und Pulsfrequenz in einem Je-desto-Satz.

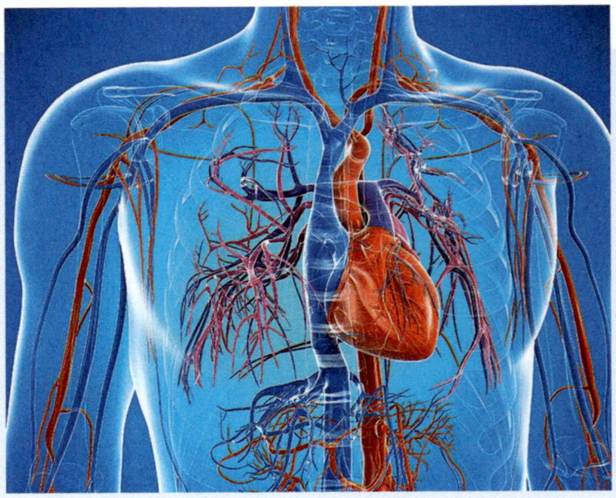

„In einem gesunden Körper wohnt ein gesunder Geist." Um körperlich und geistig fit zu bleiben, musst du verantwortungsvoll mit dir umgehen. Für deine Gesundheit kannst du selbst am meisten tun.

5.4 Gesunderhaltung des Herz-Kreislauf-Systems

Todesursache Nummer 1

Unser Alltag wird immer hektischer. Technik und Medien entwickeln sich ständig weiter. Überall wird von uns eine hohe Leistungsbereitschaft erwartet. Dadurch wird unsere Gesundheit stark beansprucht. Herz-Kreislauf-Erkrankungen sind in Deutschland die häufigste Todesursache. ↗1

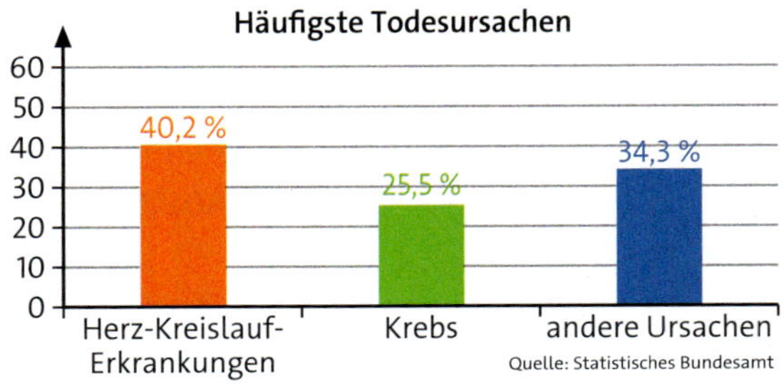

1 *Die häufigsten Todesursachen*

Stress, Alkohol und Nikotin

Eine sehr hohe Arbeitsbelastung kann zu **Stress** führen. Probleme im Familienkreis oder unter Freunden sowie hoher Erwartungsdruck in der Schule verstärken den Stress. Dadurch kann das Risiko für **Herz-Kreislauf-Erkrankungen** steigen. ↗2 Manche Menschen nutzen Alkohol und Nikotin, um sich zu entspannen und abzulenken. Doch beide Stoffe sind Zellgifte und daher schädlich für den Körper. Ihr Abbau setzt den Körper zusätzlich unter Stress. **Alkohol** und **Nikotin** schädigen Gehirn und Leber sowie Atmungs- und Herz-Kreislauf-System. ↗3

2 *Belastung durch Stress*

3 *Alkohol und Nikotin verursachen dem Körper Stress.*

Falsche Ernährung und Bewegungsmangel

Oft nehmen wir uns zu wenig Zeit für eine gesunde Ernährung. **Fett- und zuckerreiche Fertiggerichte** machen wenig Arbeit und schnell satt. Allerdings sind sie oft kalorienreich und ungesund. Übergewicht und Fettleibigkeit sind die Folgen, das belastet Herz und Kreislauf. Viele Menschen haben außerdem zu wenig **Bewegung**. Das liegt manchmal an ihrem Beruf, aber auch oft an ihrer Bequemlichkeit.

4 *Arterienverkalkung*

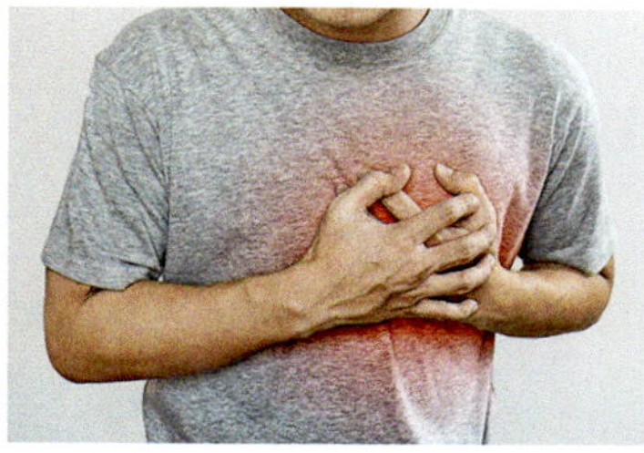

5 *Herzinfarkt*

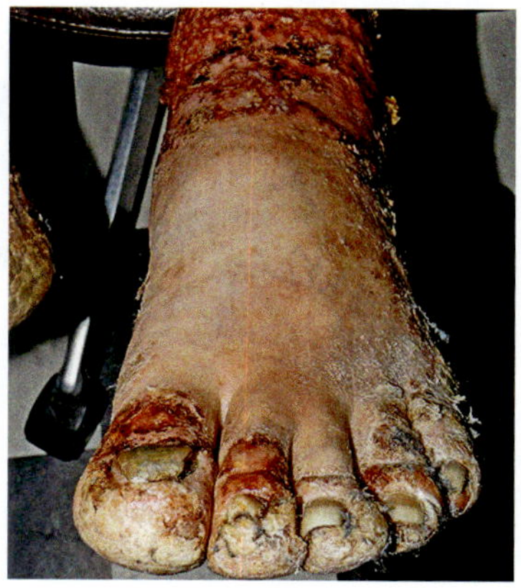

6 *Ein „Raucherbein", bei dem Gewebe aufgrund schlechter Durchblutung abstirbt*

Erkrankungen

Die Folge einer ungesunden Lebensweise können Erkrankungen der Atmungsorgane und des Herz-Kreislauf-Systems sein. Fettablagerungen in den Blutgefäßen führen zu **Arterienverkalkung** und zu **Bluthochdruck**. ↗4 Dabei kann es auch zu Durchblutungsstörungen kommen, die einen **Schlaganfall** oder **Herzinfarkt** zur Folge haben können. ↗5 Durch Nikotin verengen sich die Blutgefäße und verringern den Blutfluss. Zigarettenrauch enthält Kohlenstoffmonooxid, das Sauerstoff aus den roten Blutkörperchen verdrängt. Dadurch werden Zellen mit weniger Sauerstoff versorgt. Als Folge davon können Organe und Gewebe absterben. ↗6 Die Teerstoffe im Rauch verkleben die feinen Flimmerhärchen in den Atmungsorganen und verhindern so deren Selbstreinigung. Die Lunge kann dadurch weniger Sauerstoff aufnehmen.

Jeder kann etwas tun

Wir sind selbst für unsere Gesundheit verantwortlich. Ausreichend Bewegung an der frischen Luft kann zahlreichen Krankheiten vorbeugen. Ausdauersportarten sind dazu besonders gut geeignet. Schwimmen, Radfahren und Wandern, aber auch Tanzen und viele Ballsportarten machen Spaß und halten fit. ↗7 Lege auch in stressigen Zeiten Pausen ein und gönne dir etwas Ruhe und Entspannung. Erholt kannst du dich dann wieder deinen Aufgaben stellen. Eine ausgewogene Ernährung ist die Grundlage für körperliches Wohlbefinden. Bei uns gibt es in vielen Geschäften jederzeit frische, vitaminreiche Lebensmittel zu kaufen. So kannst du selbst für gesunderhaltende Mahlzeiten sorgen.

7 *Ausdauersportarten machen Spaß.*

- **Stress, Alkohol, Nikotin, Bewegungsmangel und falsche Ernährung sind die Hauptursachen von Herz-Kreislauf-Erkrankungen.**
- **Eine gesunde Lebensweise sorgt für Wohlbefinden und kann Krankheiten vorbeugen.**

AUFGABEN

1 Nenne die Hauptursachen für Herz-Kreislauf-Erkrankungen.
2 Beschreibe, wie sich eine ungesunde Lebensweise auf die Atmungsorgane und den Blutkreislauf auswirkt.
3 Begründe, weshalb Alkohol und Nikotin nicht zum Stressabbau geeignet sind.

So bleibst du gesund!

1 Bewegungstagebuch

Bewegungsmangel ist eine der Hauptursachen für Herz-Kreislauf-Erkrankungen. Wie viel bewegst du dich eigentlich?

Material: Schreibzeug, karierter Block

Durchführung: Übertrage die Vorlage auf ein Blatt Papier. ↗1 Fülle die Tabelle eine Woche lang gewissenhaft aus. Trage dabei für je 20 Minuten Tätigkeit einen Zählstrich in deine Tabelle ein. Für 20 Minuten Schulweg trägst du zum Beispiel einen Strich ein, für eine Stunde Handyspielen drei Striche.

Tätigkeit	Mo	Di	Mi	Do	Fr	Sa	So	gesamt pro Woche	in Minuten
Alltagswege (Schulweg, Einkaufen, Wege in der Freizeit)	???	???	???	???	???	???	???	???	???
Sport (Schule, Verein, Sportstudio, Jugendgruppe)	???	???	???	???	???	???	???	???	???
Sitzen in der Freizeit (Fernsehen, Handy-, Computerspielen)	???	???	???	???	???	???	???	???	???

1 *Vorlage für das Bewegungsprotokoll*

Auswertung:
- Berechne die Gesamtsummen für eine Woche. Rechne die Zählstriche dann in Minuten um. Notiere die Ergebnisse in der Tabelle.
- Vergleiche deine Ergebnisse mit den empfohlenen Werten. ↗2
- Pro Tag solltest du mindestens 10 000 Schritte machen. Mit einem Schrittzähler kannst du das überprüfen. Es gibt sie als Armband, Gürtelclip oder auch als App für das Smartphone. ↗3
- Wenn du dich weniger bewegst, als empfohlen wird: Überlege, woran das liegt. Wie kannst du das ändern?

Alltagswege	420 Minuten
Sport	120 Minuten oder mehr

2 *Empfohlene Werte für Schüler pro Woche*

3 *Mit dem Fahrrad kommst du überall hin.*

ZUSAMMENFASSUNG

Herz-Kreislauf-System

Bestandteile und Aufgaben des Blutes

Unser Blut besteht aus flüssigem Blutplasma und festen Blutzellen. Zu den Blutzellen gehören rote und weiße Blutkörperchen und Blutplättchen. Die roten Blutkörperchen transportieren Sauerstoff und Kohlenstoffdioxid. Weiße Blutkörperchen bekämpfen Krankheitserreger. Blutplättchen verschließen Wunden. Im Blutplasma werden Nährstoffbausteine und Mineralstoffe transportiert.

Herz und Blutkreislauf

Das faustgroße Herz ist ein kräftiger Hohlmuskel. Die Herzscheidewand teilt das Herz in zwei Hälften. Jede Hälfte besteht aus einem Vorhof und einer Herzkammer. In Arterien fließt Blut vom Herzen weg. In Venen fließt Blut zum Herzen zurück.
Im Lungenkreislauf wird das Blut mit Sauerstoff angereichert. Der Körperkreislauf versorgt den Körper mit Sauerstoff. ↗1
Segel-, Taschen- und Venenklappen verhindern ein Zurückfließen des Blutes. Sie gleichen Ventilen.

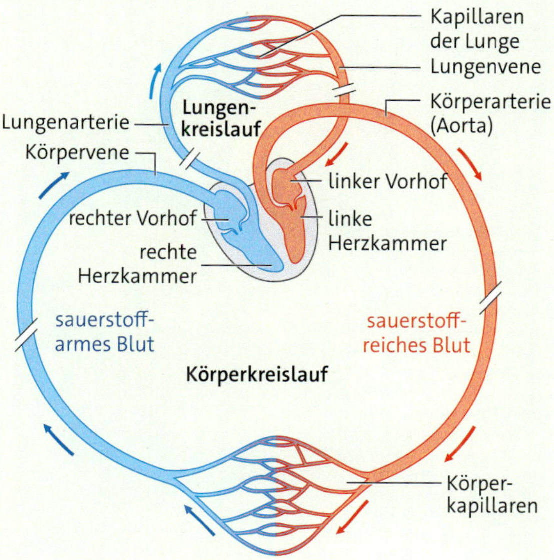

1 *Körper- und Lungenkreislauf*

Atmung und Blutkreislauf wirken zusammen

Das perfekte Zusammenspiel von Verdauung, Atmung und Blutkreislauf ist lebensnotwendig. Aus der Nahrung gewinnen wir Energie. Nährstoffbausteine und Atemgase werden mit dem Blut transportiert.
In Ruhe sind Atemfrequenz und Pulsfrequenz niedrig. Bei körperlicher Belastung steigen Sauerstoff- und Energiebedarf. Daher erhöhen sich Atemfrequenz und Pulsfrequenz. Nach körperlicher Anstrengung brauchen wir Erholung.

Gesunderhaltung des Herz-Kreislauf-Systems

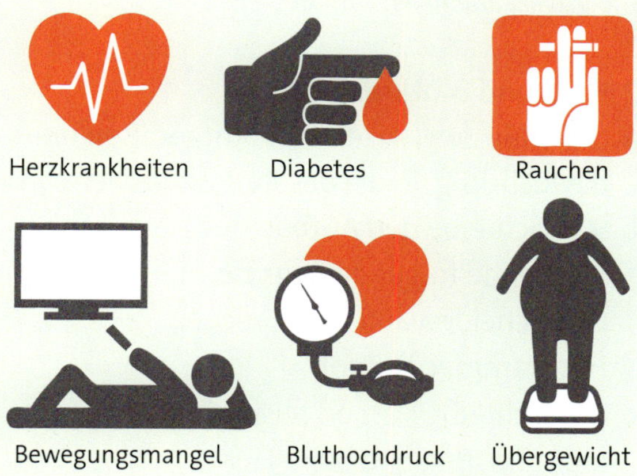

2 *Risikofaktoren für Herz-Kreislauf-Erkrankungen*

Stress, falsche Ernährung, Bewegungsmangel, Alkohol und Nikotin belasten das Herz-Kreislauf-System. Dadurch können Erkrankungen des Herz-Kreislauf-Systems gefördert werden. ↗2
Herz-Kreislauf-Erkrankungen kann man durch eine gesunde Lebensweise vorbeugen. Bewegung an der frischen Luft, Sport und eine ausgewogene Ernährung stärken das Herz-Kreislauf-System. Auch genügend Schlaf ist wichtig.

1 Bestandteile und Aufgaben des Blutes

a □ Gib an, woraus das Blutplasma hauptsächlich besteht.

b □ Zähle auf, was alles vom Blut transportiert wird.

c ◪ Nenne drei Arten von Blutzellen und ihre Aufgaben. Ordne sie den Bildern A bis C zu. ↗1

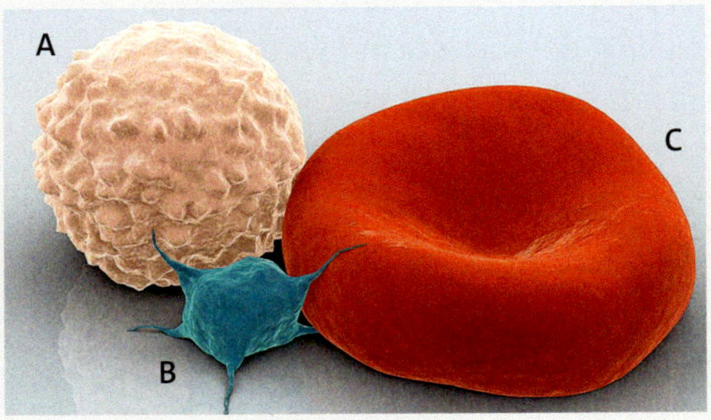

1 *Verschiedene Arten von Blutzellen*

2 Herz und Blutkreislauf

a □ Nenne zwei Arten von Blutgefäßen und die Richtung, in die das Blut darin fließt.

b ◪ Beschreibe den Aufbau des Herzens. Verwende folgende Begriffe: Hohlmuskel, Herzscheidewand, links, rechts, Herzkammer, Vorhof.

c ◪ Beschreibe Körperkreislauf und Lungenkreislauf. Beginne beim Herzen. Gehe dabei auch auf die Bedeutung der blauen und der roten Farbe ein. ↗2

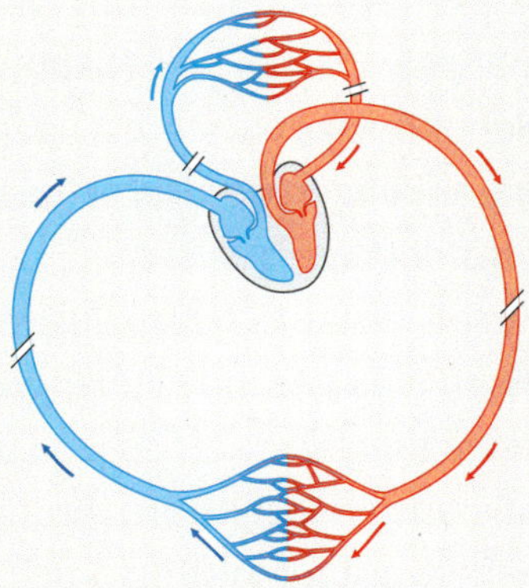

2 *Herz-Kreislauf-System aus zwei Schleifen*

3 Atmung und Blutkreislauf wirken zusammen

a □ Nenne zwei Stellen am Körper, an denen du den Puls fühlen kannst.

b □ Gib an, was mit den Begriffen Pulsfrequenz und Atemfrequenz gemeint ist.

c ◪ Erläutere, wie sich körperliche Belastung auf die Pulsfrequenz und die Atemfrequenz auswirkt.

d ■ Erkläre den Zusammenhang von Verdauungssystem, Atmungssystem und Herz-Kreislauf-System. Verwende dabei die Begriffe Nährstoffe, Sauerstoff, Transport, Zellatmung, Energie.

4 Gesunderhaltung des Herz-Kreislauf-Systems

a □ Gib an, was das Herz-Kreislauf-System schädigt.

b ◪ Bewerte das Verhalten des Jungen in Bild 3. ↗3

c ◪ Formuliere Tipps, wie sich der Junge gesünder verhalten kann.

3 *Gesunde Lebensweise?*

5 Blutspenden ist wichtig

a □ Beschreibe, was nach der Blutentnahme mit dem gespendeten Blut geschieht. ↗4

b ◪ Begründe, weshalb es wichtig ist, dass viele Menschen regelmäßig Blut spenden.

c ◪ Lies den Zeitungsartikel in Bild 4 genau. Begründe, weshalb das Blut in die verschiedenen Blutbestandteile aufgeteilt wird. ↗4

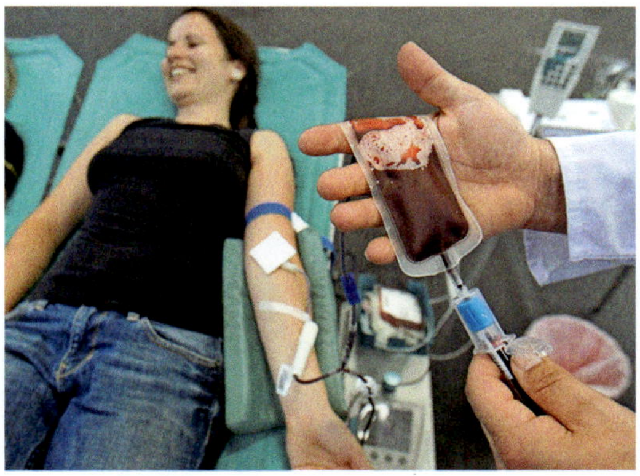

Luisa spendet seit einem Jahr regelmäßig Blut.

Blutspende-Aktion: Jeder kann Leben retten!

Nach der Entnahme wird das Spenderblut auf verschiedene Krankheiten untersucht. Dann wird es aufgeteilt: Rote Blutkörperchen werden bei +4 °C gelagert, Blutplättchen brauchen +20 °C, um ihre Funktion nicht zu verlieren. Blutplasma wird bei −25 °C eingefroren, so kann es lange gelagert werden.

Blutspenden können Patienten helfen. Das meiste Blut wird zur Behandlung von Krankheiten wie Krebs benötigt. Aber auch Unfallopfer können Spenderblut benötigen, manchmal sind bis zu 10 Blutspenden nötig. Pro Tag werden in Deutschland etwa 15 000 Blutspenden benötigt. 4 von 5 Deutschen sind einmal im Leben auf Blutspenden angewiesen. Doch nur 3 % der Deutschen spenden Blut.

4 *Aus einem Zeitungsartikel zum Thema Blutspenden*

6 Beschreibend oder bewertend?

Lege in deinem Heft eine Tabelle an und ordne den Aussagen die Begriffe Beschreibung und Bewertung zu.

a ◪ Die linke Herzkammer pumpt sauerstoffreiches Blut und Nährstoffbausteine zu allen Organen und Zellen.

b ◪ Bewegung ist wichtig.

c ◪ Das Kohlenstoffdioxid geht vom Blut in die Atemluft über und wird ausgeatmet.

d ◪ Das Zusammenspiel von Atmung und Blutkreislauf ist perfekt.

e ◪ Durch geweitete Kapillaren unter der Haut wird überschüssige Wärme abgegeben.

f ◪ Die weißen Blutkörperchen wehren Krankheitserreger ab.

7 Informationen aus einem Diagramm

a ◪ Nenne die drei häufigsten Ursachen für Stress bei Jugendlichen. Werte dazu Bild 5 aus. ↗5

b ◪ Beschreibe Möglichkeiten, wie du Stress vermeiden kannst.

c ■ Startet an der Schule ein fächerübergreifendes Projekt zum Thema „Stress“. Orientiert euch an Bild 5. Präsentiert eure Ergebnisse.

Von knapp 5000 befragten Kindern im Alter zwischen sieben und neun Jahren fühlen sich gestresst von ...

5 *Stress bei Jugendlichen*

Elektrische Energie

0,000 000 050

50 milliardstel Volt beträgt die elektrische Spannung, die Hammerhaie an anderen Lebewesen wahrnehmen können. Wir Menschen bemerken nicht einmal die Spannung einer 1,5-Volt-Batterie.

1 500 000

Mit der Energie einer durchschnittlichen Windkraftanlage könnten **eineinhalb Millionen** Smartphones gleichzeitig betrieben werden.

400 000

Bis zu **vierhunderttausend Ampere** kann die Stromstärke eines Blitzes betragen. Außerdem herrschen Spannungen von weit über zehn Millionen Volt. Damit gehören Blitze zu den stärksten Naturgewalten auf der Erde.

In diesem Kapitel ...

- lernst du die Wirkungen von elektrischer Energie kennen.
- lernst du viele Bauteile und Schaltsymbole kennen, die in Stromkreisen und Schaltplänen benutzt werden.
- erfährst du Modellvorstellungen zu Stromstärke, Spannung und elektrischem Widerstand.
- misst du Stromstärken und Spannungen und erfährst, wovon die Werte abhängen und wie sie berechnet werden können.
- wirst du über die Gefahren informiert, die der Umgang mit elektrischer Energie in sich birgt.

Wie wird elektrische Energie übertragen?

1 Mechanische Energie übertragen

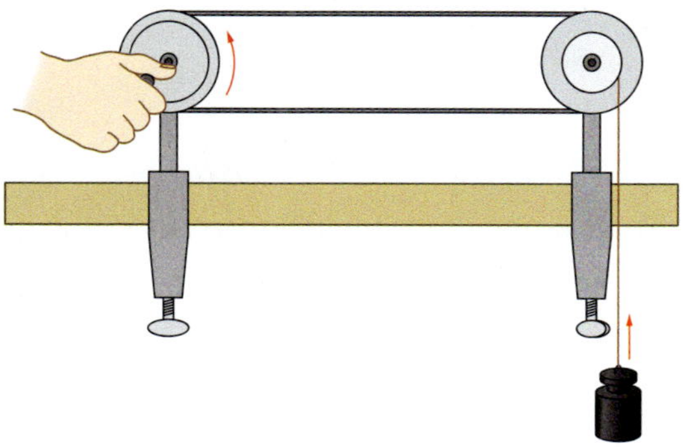

1 *Energieübertragung mit Rädern und Riemen*

Du brauchst: Stativmaterial, Kurbel, Wellrad, Riemen, Schnur, 2 Massestücke (100 g, 1 kg)

- Baue den Versuch gemäß Bild 1 auf. ↗1
- Hänge das 100-g-Stück an die Schnur.
- Drehe an der Kurbel. Welche Beobachtungen machst du?
- Wechsle das Massestück aus und drehe erneut. Was beobachtest du? Versuche, eine Erklärung zu finden.
- Beschreibe, wie die Bewegungsenergie, die du in die Kurbel hineinsteckst, auf das Massestück übertragen wird.
- Was würde passieren, wenn man den Riemen durchschneiden würde?
- Was ändert sich am Versuchsergebnis, wenn der Riemen doppelt so lang ist?

2 Elektrische Energie übertragen

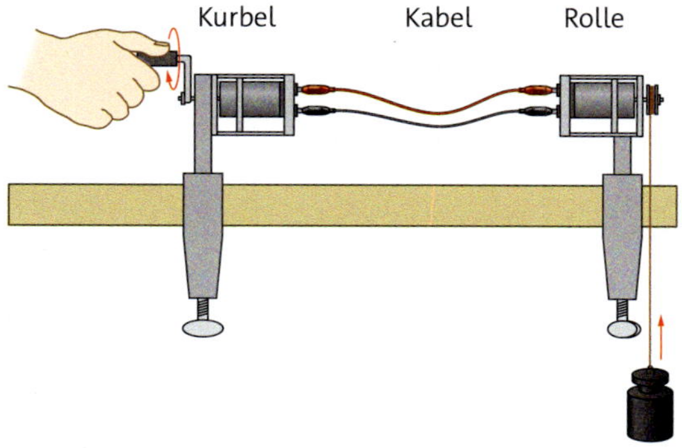

2 *Energieübertragung im Stromkreis*

Du brauchst: Stativmaterial, Generator mit Kurbel, Gleichstromelektromotor mit Rolle, 2 Kabel, 2 Massestücke (100 g, 1 kg)

- Baue den Versuch gemäß Bild 2 auf. ↗2
- Hänge das 100-g-Stück an die Schnur.
- Drehe an der Kurbel. Welche Beobachtungen machst du?
- Beschreibe, wie die Bewegungsenergie, die du in die Kurbel hineinsteckst, auf das Massestück übertragen wird.
- Wechsle das Massestück aus und drehe erneut. Was beobachtest du? Versuche, eine Erklärung zu finden.
- Was würde passieren, wenn man ein Kabel entfernen würde?
- Was ändert sich am Versuchsergebnis, wenn die Kabel doppelt so lang sind?

Was wäre, wenn plötzlich kein Strom mehr zur Verfügung stünde? Wie würde sich unser Leben verändern? Welche Probleme würden auftreten? Zum Glück sind bei uns in Deutschland Stromausfälle sehr selten.

6.1 Elektrische Energie

Elektrische Geräte

In der Welt, in der wir leben, geht fast nichts mehr ohne Strom. Fernseher, Küchengeräte, Bohrmaschinen, Haartrockner, Smartphone, Computer und vieles mehr funktionieren nur mit elektrischer Energie.

Geräte, die elektrische Energie in andere Energieformen umwandeln können, bezeichnet man im Alltag als **Verbraucher**. Verbraucher „verbrauchen" keine elektrische Energie, sie wandeln sie lediglich um. ↗1

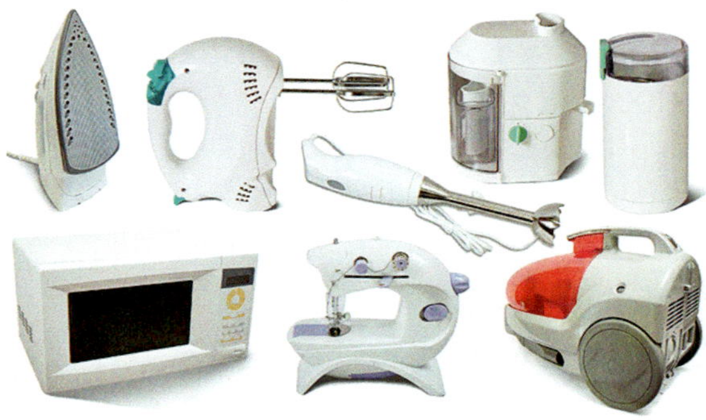

1 *Elektrische Geräte*

Wirkungen von Strom

Beim Betrieb elektrischer Geräte können verschiedene **Wirkungen** auftreten. Elektrische Geräte können Licht, Wärme oder Bewegung verursachen oder auch chemische Vorgänge hervorrufen. ↗2 Dabei finden immer **Energieumwandlungen** statt. Eine Herdplatte wandelt elektrische Energie in Wärmeenergie um, eine Bohrmaschine wandelt sie vorwiegend in Bewegungsenergie um. Beim Fernseher oder Bildschirm entsteht aus elektrischer Energie hauptsächlich Strahlungsenergie und bei der Elektrolyse von Wasser chemische Energie. Oftmals kann man bei der Umwandlung sogar mehrere Energieformen gleichzeitig nutzen. Beim Föhnen sind es zum Beispiel die Wärmeenergie und die Bewegungsenergie. ↗3

Interessant ist, dass Wärmeenergie bei den genannten Energieumwandlungen immer entsteht. Das ist bei einem Toaster erwünscht, bei einer Glühbirne aber eher nicht.

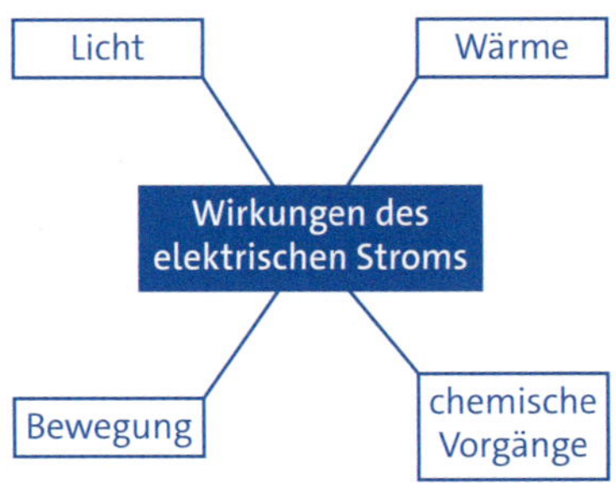

2 *Wirkungen von Strom*

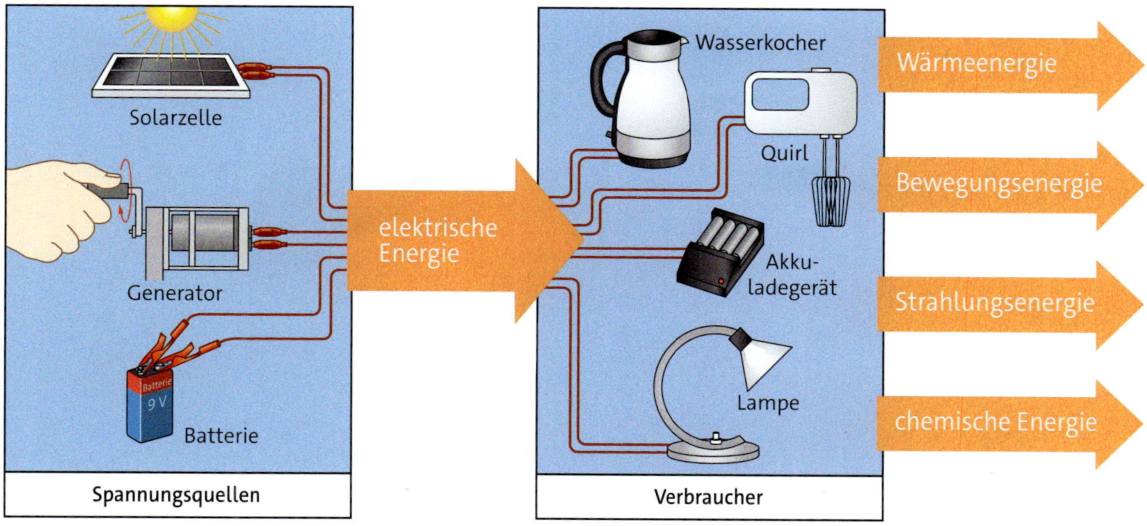

3 *Elektrische Energie: Quellen und Umwandlung*

Quellen elektrischer Energie

Die Energie, die elektrische Geräte umwandeln, hat ihren Ursprung in **Spannungsquellen**. Gebräuchliche Spannungsquellen sind Batterien, Akkus, Solarzellen oder Generatoren wie der Dynamo am Fahrrad. ↗3

Der Strom, der aus der Steckdose kommt, wird durch Generatoren oder Solarzellen erzeugt.

Energieübertragung durch Elektronen

Die elektrische Energie aus den Spannungsquellen wird in Leitungen oder Kabeln zu den Verbrauchern transportiert. In ihnen befinden sich Metalldrähte, die elektrisch leitfähig sind. Man nennt sie **elektrische Leiter**. Meist handelt es sich dabei um Kupferdrähte. ↗4

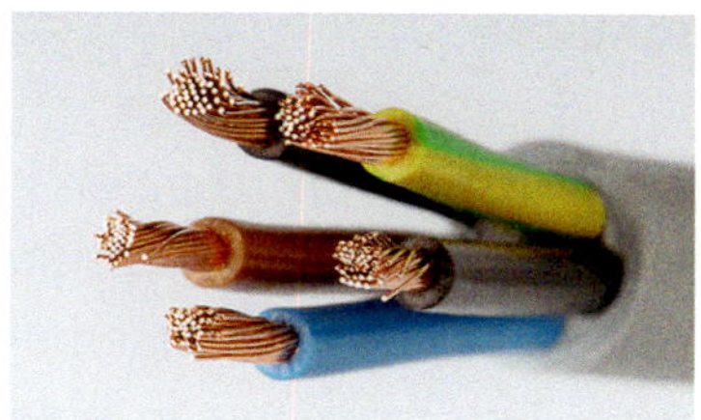

4 *Stromkabel mit Kupferdrähten*

In den Kupferdrähten befinden sich **Elektronen**. Sie stammen aus der Elektronenhülle der Kupferatome. Diese Elektronen stellen wir uns als kleine, negativ geladene Teilchen vor, die sich im Draht bewegen können. ↗5 Sie transportieren die elektrische Energie von der Spannungsquelle zum elektrischen Gerät.

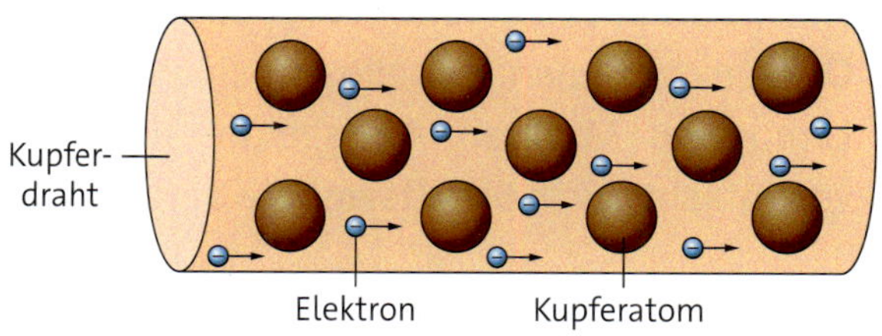

5 *Modellvorstellung: Elektronen im Draht*

- **Elektrische Geräte wandeln die elektrische Energie in andere Energieformen um.**
- **Den Ursprung elektrischer Energie nennt man Spannungsquelle.**
- **Elektrische Energie wird durch Elektronen transportiert.**

AUFGABEN

1 Nenne vier Energieformen, in die elektrische Geräte die elektrische Energie umwandeln können.

2 Nenne Spannungsquellen und erläutere den Begriff.

Hast du dich schon einmal gefragt, warum eine Steckdose zwei Löcher hat?

6.2 Elektrischer Stromkreis

Der einfache Stromkreis

Um die elektrische Energie einer Spannungsquelle zu einem Gerät zu transportieren, verbindet man die Spannungsquelle durch zwei Kabel mit dem Gerät. So eine Verbindung heißt **Stromkreis**. Ein einfacher Stromkreis besteht aus einer Batterie, zwei Kabeln und einem Verbraucher, zum Beispiel einem Lämpchen. ↗1

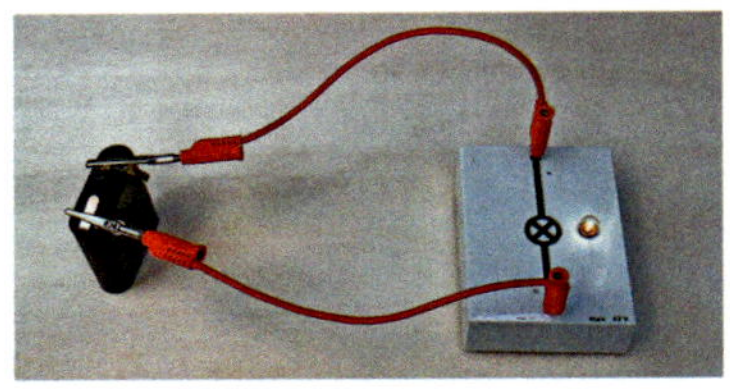

1 *Einfacher Stromkreis mit Lämpchen*

Einen Stromkreis zeichnen

Handwerker zeichnen oft Stromkreise auf, damit sie wissen, wie Geräte angeschlossen und Kabel zu verlegen sind. Dazu wird der Stromkreis in einer vereinfachten Zeichnung dargestellt. Diese Zeichnung nennt man **Schaltplan**. In einem Schaltplan zeichnet man die Teile eines Stromkreises nicht so, wie sie wirklich aussehen, weil das zu unübersichtlich wäre. Die verschiedenen Bauteile, wie Spannungsquellen, Schalter, Lämpchen, Motoren, Messgeräte und Leitungen, werden vereinfacht durch **Schaltsymbole** dargestellt. ↗2–5

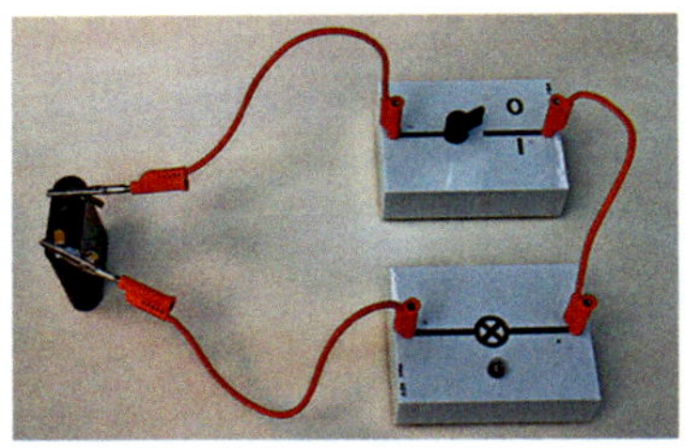

2 *Stromkreis mit Lämpchen und Schalter*

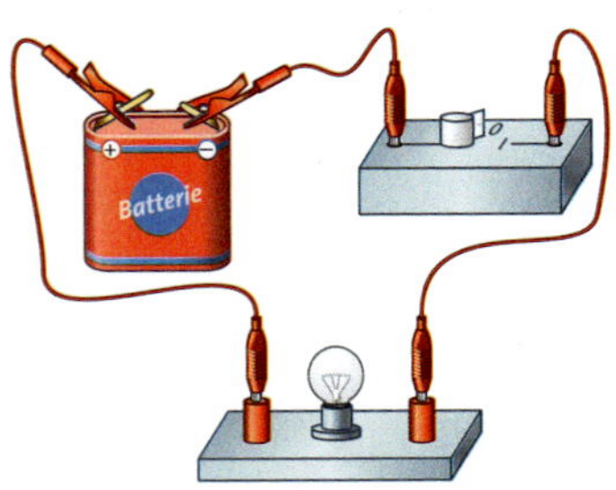

3 *Skizze zu Bild 2*

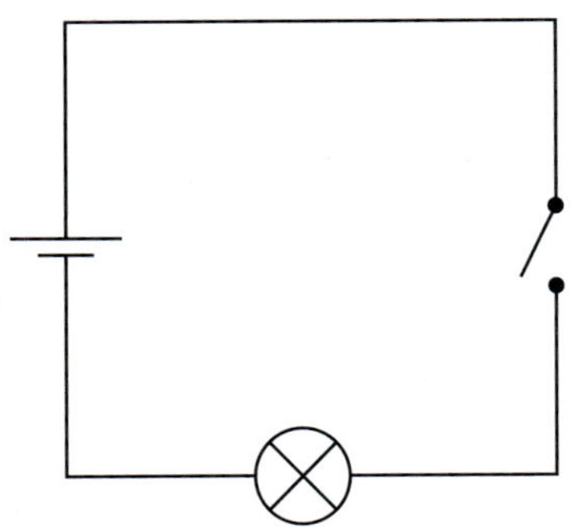

4 *Schaltplan zu Bild 2*

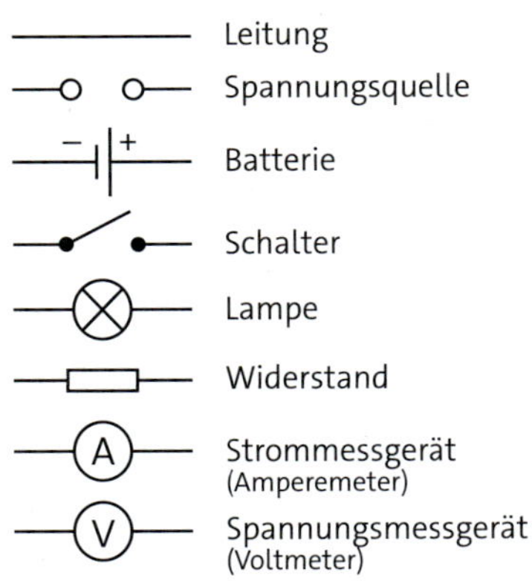

5 *Wichtige Schaltsymbole*

Energieübertragung als Kreislauf

Die Elektronen transportieren die elektrische Energie von der Spannungsquelle zum elektrischen Gerät. Dass dazu zwei Kabel notwendig sind, kann man mit einer Fahrradkette erklären. Beim Fahrradfahren muss die Bewegungsenergie der Beine zum Hinterrad gelangen. Das erledigt die Fahrradkette. Sie transportiert ohne Unterbrechung die Energie der Tretbewegung zum Hinterrad. Wenn die Kette reißt, ist die Energieübertragung unterbrochen: Das Fahrrad bleibt stehen. ↗6

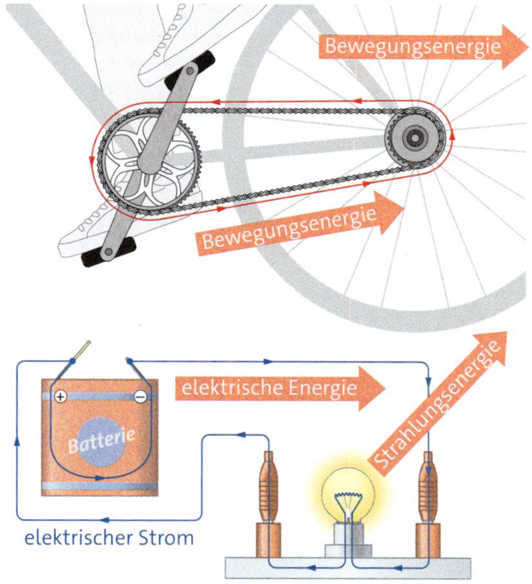

6 *Energieübertragung beim Radfahren und im Stromkreis*

Geschlossener Stromkreis

So wie sich bei der Kette die Kettenglieder im Kreis bewegen, so bewegen sich im Stromkreis die Elektronen ständig im Kreis. Sie transportieren dabei die elektrische Energie zum Verbraucher. Betrachten wir den Weg eines Elektrons, so bekommt es in der Spannungsquelle eine bestimmte Menge Energie. Das Elektron verlässt an einem Pol die Spannungsquelle und wandert durch den Draht zum Verbraucher. Dort gibt es seine Energie an diesen ab. Die Energie verlässt über den Verbraucher den Stromkreis. Danach kehrt das Elektron durch den Draht zum anderen Pol der Spannungsquelle zurück, um neue Energie zu bekommen. ↗6 Unterbricht man den Stromkreis, findet auch keine Energieübertragung mehr statt. Deswegen müssen Stromkreise immer geschlossen sein, damit elektrische Geräte funktionieren.

7 *Kurzschlussbrand durch sich berührende Kabel*

Der Kurzschluss

Kurzschlüsse sind gefürchtet. Sie entstehen, wenn der eine Pol der Spannungsquelle direkt mit dem anderen Pol verbunden wird. Da jetzt der Verbraucher fehlt, kann die Energie den Stromkreis nicht verlassen. Dabei können Spannungsquelle oder Kabel zerstört werden oder zu brennen anfangen. ↗7

- **Der einfache Stromkreis besteht aus einer Spannungsquelle, zwei Kabeln und einem Verbraucher.**
- **Stromkreise werden in Schaltplänen mit Schaltsymbolen aufgezeichnet.**
- **Stromkreise müssen geschlossen sein, damit Energie transportiert werden kann.**

AUFGABEN

1 Gib an, welche Bauteile zu einem einfachen Stromkreis gehören.

2 Erkläre mit Hilfe eines Modells, warum ein elektrischer Stromkreis geschlossen sein muss, damit ein Verbraucher funktioniert.

3 Zeichne den Schaltplan eines einfachen Stromkreises.

Stromkreise bauen – Schaltpläne zeichnen

1 Vom Stromkreis zum Schaltplan

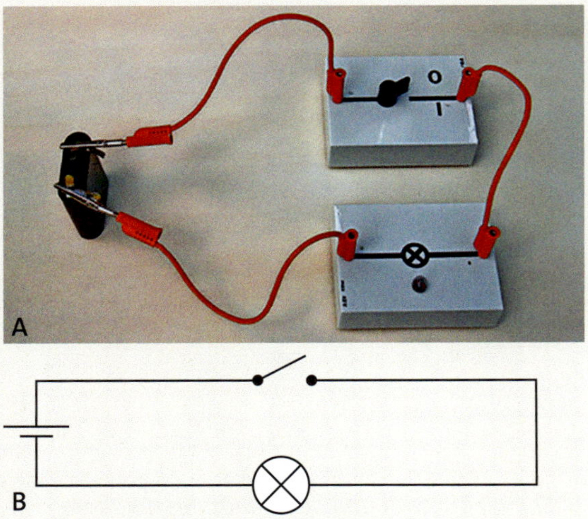

1 *Stromkreis: A Foto, B Schaltplan*

Durchführung: Betrachte das Foto und die Zeichnung in Bild 1. Beide zeigen dir den gleichen Stromkreis, einmal in der Wirklichkeit und einmal als Schaltplan. ↗1

Auswertung:
- Benenne die vier Bauteile in Bild 1 A.
- Vergleiche das Foto mit dem Schaltplan. Ordne den vier Bauteilen des Stromkreises die entsprechenden Symbole zu.
- Zeichne die Symbole und benenne sie.
- Nenne Gemeinsamkeiten und Unterschiede bei den Darstellungen.
- Nenne mindestens einen Vorteil, den die Darstellung B eines Stromkreises hat.
- Zeichne nun selbst den Schaltplan des Stromkreises auf. Benutze dazu Bleistift und Lineal.
- Der längere Strich am Batteriesymbol ist immer der Pluspol, der kürzere Strich ist der Minuspol. Überlege dir, wie du dir das am besten merken kannst.

2 Verschiedene Stromkreise bauen

Aus dem angegebenen Material lassen sich alle folgenden Schaltungen bauen.

Material: Batterie (4,5 V), 2 Lampen (4,5 V), Schalter, 4 Kabel

Durchführung:
- Betrachte folgenden Schaltplan:

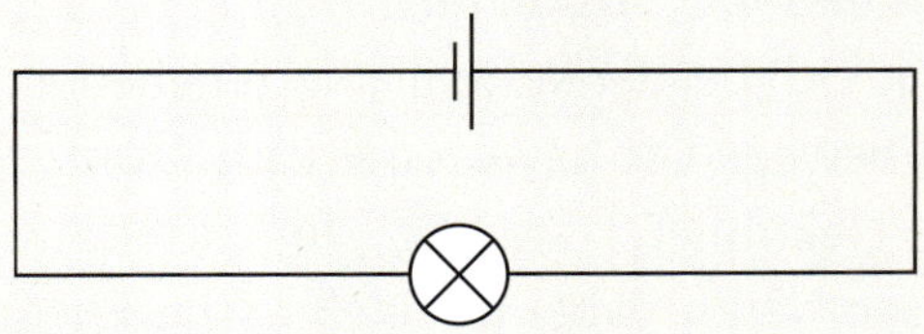

- Wähle die Bauteile aus, die du für den Bau des Stromkreises benötigst.
- Baue den Stromkreis.

- Betrachte folgenden Schaltplan:

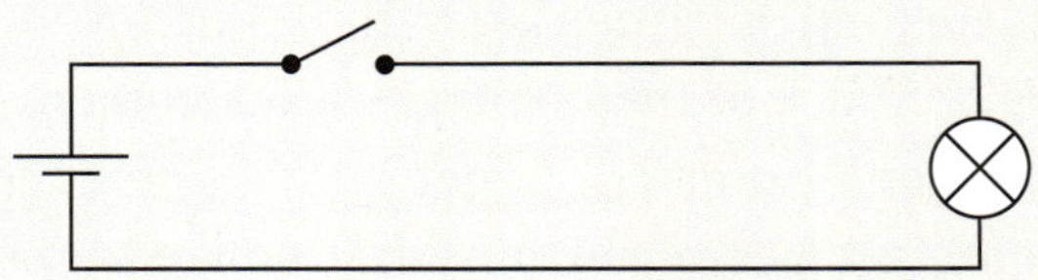

- Wähle die Bauteile aus, die du für den Bau des Stromkreises benötigst.
- Baue den Stromkreis.
- Baue noch eine zweite Version des Stromkreises, bei der die Bauteile anders angeordnet sind.

Auswertung:
- Woran kann es liegen, wenn dein Lämpchen nicht brennt? Nenne vier mögliche Ursachen.
- Zeichne deine zweite Lösung zum Stromkreis mit Schalter.

3 Finde den Fehler

Die folgenden Schaltpläne zeigen verschiedene Stromkreise. ↗2
Drei Möglichkeiten kommen darin vor:
A Das Lämpchen brennt.
B Es entsteht ein Kurzschluss.
C Der Stromkreis ist nicht geschlossen.

Auswertung:

- Betrachte die Schaltpläne und entscheide dich für eine der oben genannten Möglichkeiten.
- Beschreibe, wie du bei den fehlerhaften Stromkreisen den Fehler beheben kannst.

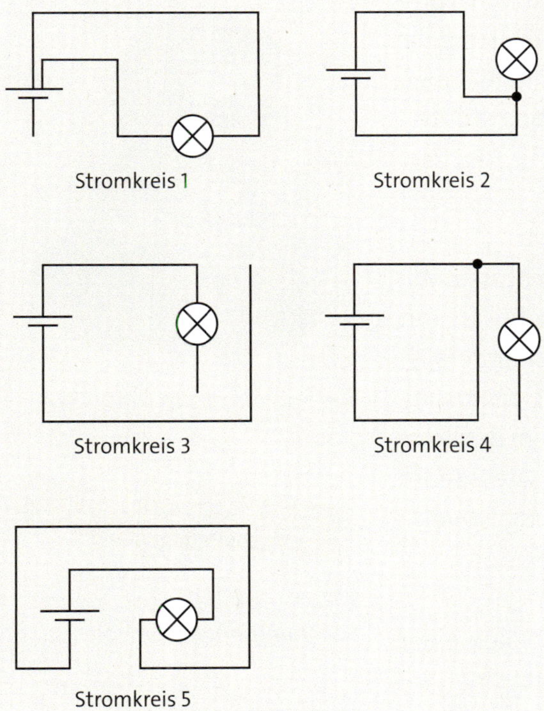

2 *Verschiedene Schaltungen*

4 Einen Schaltplan zeichnen

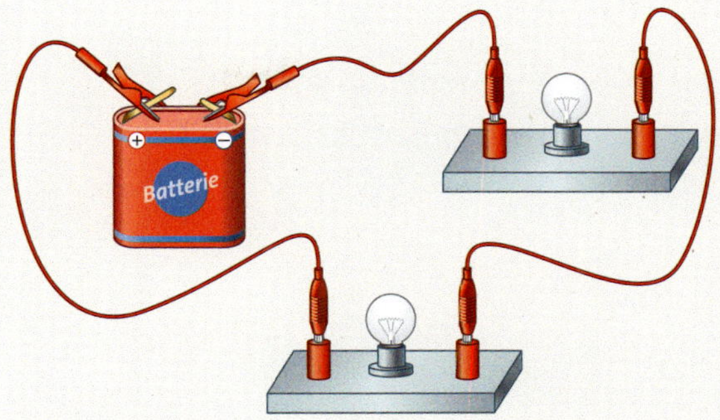

3 *Stromkreis mit 2 Lämpchen*

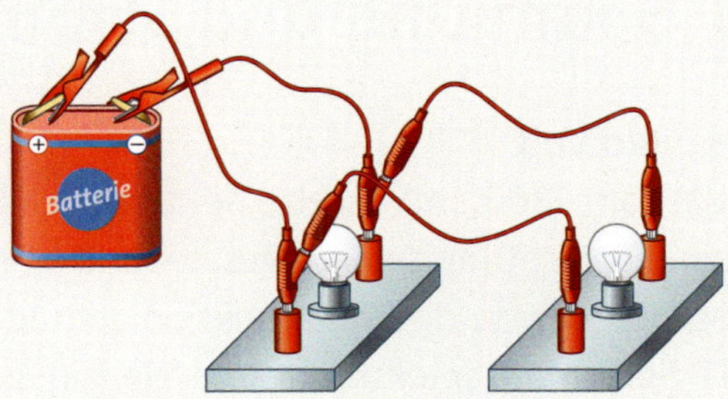

4 *Stromkreis mit 2 Lämpchen*

Durchführung:

- Betrachte die Schaltungen auf Bild 3 und 4. ↗3, 4
- Zeichne die Schaltpläne zu diesen Stromkreisen auf zwei Blätter.

Auswertung:

- Tausche die Blätter mit deinem Nachbarn. Ordne den gezeichneten Schaltplänen die abgebildeten Stromkreise aus Bild 3 und 4 zu.
- Beschrifte alle Schaltsymbole.

Batterien können sehr unterschiedlich aussehen. Worin unterscheiden sie sich?

6.3 Spannung und Stromstärke

Alessandro Volta

Um das Jahr 1800 entwickelte der Italiener Alessandro Volta aus einer Schichtung zweier Metalle und einer Salzlösung die Voltasäule. Sie war die erste funktionierende Spannungsquelle, die gleichmäßig elektrische Energie zur Verfügung stellte. Sie ist der Vorläufer der modernen Batterie. ↗1

1 *Alessandro Volta (1745–1827)*

Spannungsquelle Batterie

Eine handelsübliche Batterie hat immer zwei Anschlüsse. Wir nennen sie die beiden Pole der Batterie. Der eine Pol ist mit dem Zeichen „+" beschriftet und heißt Pluspol, der andere ist manchmal mit einem „–" beschriftet und heißt **Minuspol**. Weiterhin findest du eine Zahlenangabe, die mit dem Buchstaben V endet. ↗2 Das V steht zur Erinnerung an Alessandro Volta für Volt. Die Einheit der elektrischen **Spannung** ist Volt.

2 *Batterie mit Pluspol und Spannungsangabe in Volt*

Anziehungskräfte erzeugen Spannung

Die elektrische Spannung herrscht zwischen den Polen einer Spannungsquelle. Sie ist die Kraft, die auf die Elektronen im Stromkreis wirkt. **Elektronen** besitzen eine **negative** elektrische **Ladung**. Sie werden deshalb vom Minuspol der Batterie abgestoßen und vom Pluspol angezogen. Je größer diese **Kräfte** sind, desto größer ist auch diese **Spannung**. ↗3

Batterien besitzen Spannungen zwischen 1,5 und 12 Volt, eine Solarzelle hat 0,5 Volt, die Spannung im deutschen Stromnetz beträgt 230 Volt. Oberleitungen von der Bahn haben bis zu 25 000 Volt Spannung. Es besteht schon Lebensgefahr, wenn du nur in ihre Nähe kommst.

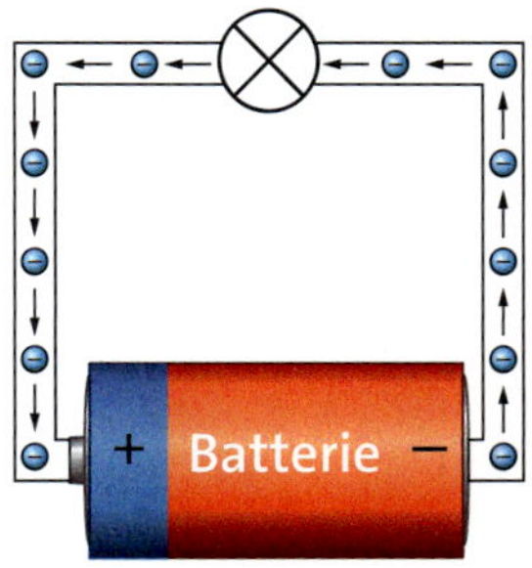

3 *Abstoßung und Anziehung der Elektronen von den Polen*

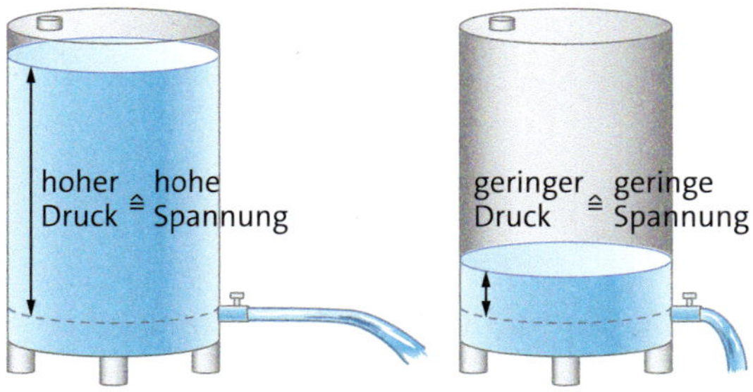

4 *Unterschiedlicher Wasserdruck in Tanks*

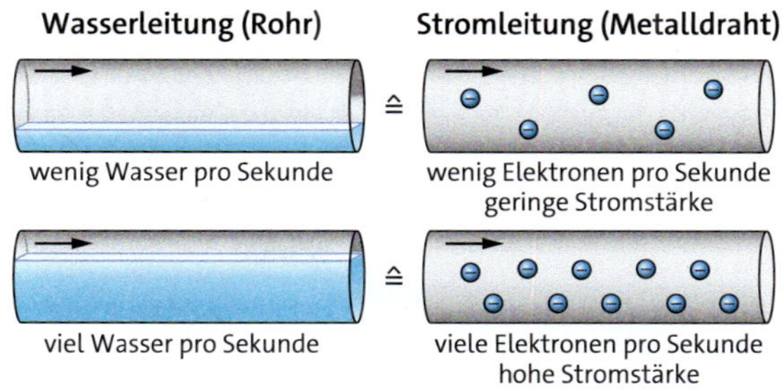

5 *Modellvorstellung zur Stromstärke*

Modellvorstellung der Spannung

Du kannst dir die Spannung mit Hilfe zweier Wassertanks vorstellen. Der eine ist randvoll, der andere nur halb. Beim vollen Tank herrscht unten ein größerer Druck als beim halbvollen Tank. Deswegen wird das Wasser beim vollen Tank stärker herausspritzen als beim halb vollen. ↗4 Der Druck im Tank entspricht der Spannung in der Batterie. Ein voller Tank entspricht einer hohen Spannung. Ein halb leerer Tank entspricht einer niedrigeren Spannung.
Die elektrische Spannung ist ein Maß für den Energieunterschied zwischen den Polen der Spannungsquelle.

Stromstärke

Im Stromkreis bewegen sich Elektronen vom Minuspol zum Pluspol. Die Anzahl dieser Elektronen kann unterschiedlich sein. Das ist wie bei einer Wasserleitung. Durch die gleiche Leitung kann mehr oder weniger Wasser fließen. Genauso können durch den gleichen Draht mehr oder weniger Elektronen fließen. ↗5 Die Anzahl an Elektronen, die pro Sekunde im Stromkreis fließen, bezeichnet man als die **Stromstärke**. Sie wird zu Ehren des französischen Physikers André-Marie Ampère in **Ampere** gemessen. Die Einheit der Stromstärke ist Ampere und wird mit A abgekürzt. ↗6

6 *André-Marie Ampère (1775–1836)*

- **Batterien besitzen einen Pluspol und einen Minuspol sowie eine Spannungsangabe.**
- **Elektronen sind negativ geladene Teilchen. Sie werden vom Pluspol angezogen und vom Minuspol abgestoßen.**
- **Die elektrische Spannung ist ein Maß für den Energieunterschied zwischen den Polen der Spannungsquelle. Die Einheit der Spannung ist 1 Volt, abgekürzt 1 V.**
- **Die Stromstärke gibt an, wie viele Elektronen pro Sekunde im Stromkreis fließen. Die Einheit der Stromstärke ist 1 Ampere, abgekürzt 1 A.**

AUFGABEN

1 Nenne die Einheiten für Spannung und Stromstärke sowie ihre Abkürzungen.
2 Erläutere mit Hilfe des Wassermodells den Begriff der elektrischen Spannung.
3 Erkläre den Begriff der Stromstärke mit Hilfe der Begriffe: Elektronen, Anzahl, Sekunde.

Spannung und Stromstärke messen

Umgang mit Messgeräten

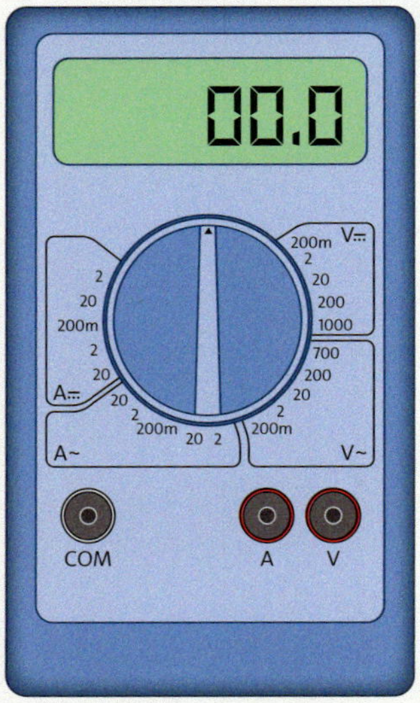

1 *Messbereiche und Anschlüsse eines Multimeters*

Messgeräte zum Messen von Spannung oder Stromstärke werden **Multimeter** genannt. Analoge Messgeräte besitzen einen Zeiger, digitale Messgeräte ein Display.

Der **Messvorgang** läuft immer gleich ab:

- Entscheide, ob es sich um Gleichstrom ⎓ oder Wechselstrom ~ handelt und ob die Stromstärke in **A**mpere oder die Spannung in **V**olt gemessen werden soll. ↗1
- Wähle den größten Messbereich, zum Beispiel 5 A oder 300 V.
- Schließe zwei Messkabel an die Buchsen des Messgeräts an.
- Verbinde das Messgerät mit dem Stromkreis wie in Bild 2 und 5 und lies den Messwert ab.
- Wechsle auf einen kleineren Messbereich, falls das Gerät nichts anzeigt.
- Stromstärken kleiner als 1 A werden oft in Milliampere (mA) angezeigt. Zum Beispiel wird 0,05 A als 50 mA angezeigt. Spannungen kleiner als 1 V werden in Millivolt (mV) angezeigt.

Messvorgang Spannung messen

Elektrische Spannungen werden immer zwischen **zwei verschiedenen Punkten** eines Stromkreises gemessen. Dazu muss man am Stromkreis nichts verändern.

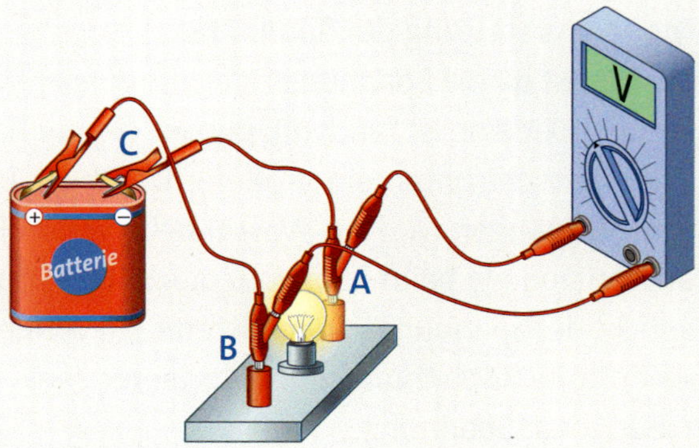

2 *Spannungsmessung*

Das Messgerät wird mit zwei Punkten im Stromkreis verbunden und die Spannung abgelesen. In Bild 2 wird die Spannung zwischen den Punkten A und B gemessen. Um die Spannung zwischen A und C zu messen, muss nur das Kabel von B nach C umgesteckt werden. ↗2, 3

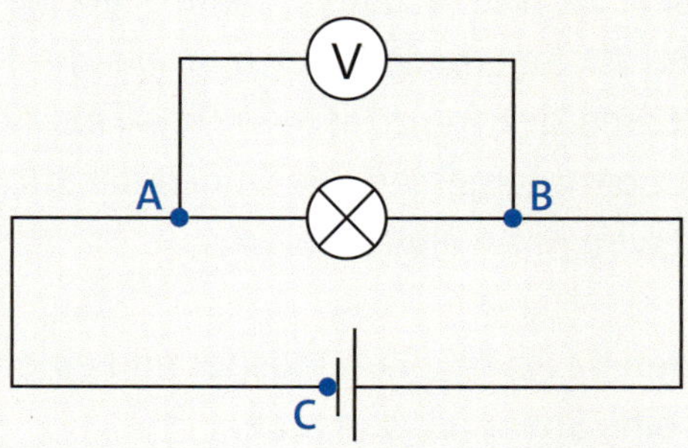

3 *Schaltplan zur Spannungsmessung in Bild 2*

Messvorgang Stromstärke messen

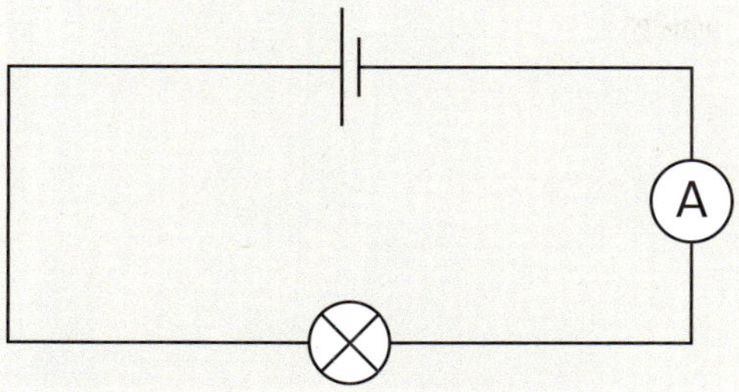

4 *Schaltplan zur Stromstärkemessung*

Um die Stromstärke an einem Punkt im Stromkreis zu messen, muss man den **Stromkreis** an diesem Punkt **öffnen** und das Messgerät dort einbauen. Der Strom muss durch das Messgerät hindurchfließen. Nur so können die Elektronen „gezählt“ werden. ↗4, 5

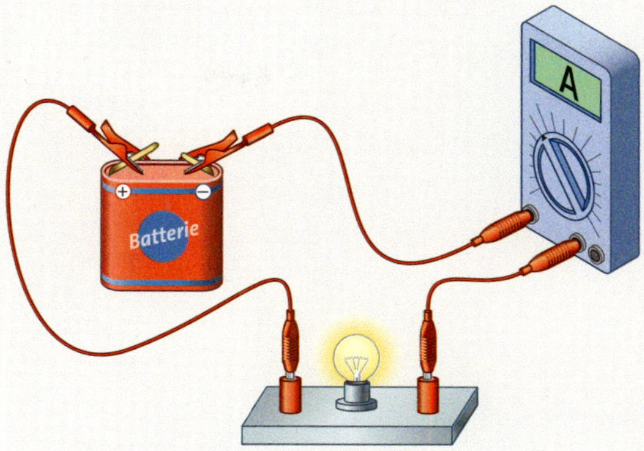

5 *Stromstärkemessung*

1 Spannung messen

Material: Flachbatterie (4,5 V), 4 Kabel, Lampe, Messgerät

Durchführung:

- Baue einen einfachen Stromkreis mit Lämpchen. ↗6
- Miss die Spannung zwischen möglichst vielen Punkten. Tipp: Es gibt 6 verschiedene Möglichkeiten. Notiere alle Kombinationen und die Messwerte.

Auswertung:

- Vergleiche die Messwerte.
- Übertrage den Schaltplan in dein Heft. ↗6 Färbe Bereiche, in denen keine Spannung herrscht, mit unterschiedlichen Farben.
- Formuliere deine Beobachtungen.
- Ziehe eine allgemeine Schlussfolgerung daraus.

2 Stromstärke messen

Material: Flachbatterie (4,5 V), 3 Kabel, Lampe, Messgerät

Durchführung:

- Baue einen einfachen Stromkreis mit Lämpchen. ↗6
- Öffne den Stromkreis an den Stellen A bis D und miss dort die Stromstärke.

Auswertung:

- Vergleiche die Messwerte.
- Formuliere deine Beobachtungen.
- Ziehe eine allgemeine Schlussfolgerung daraus.

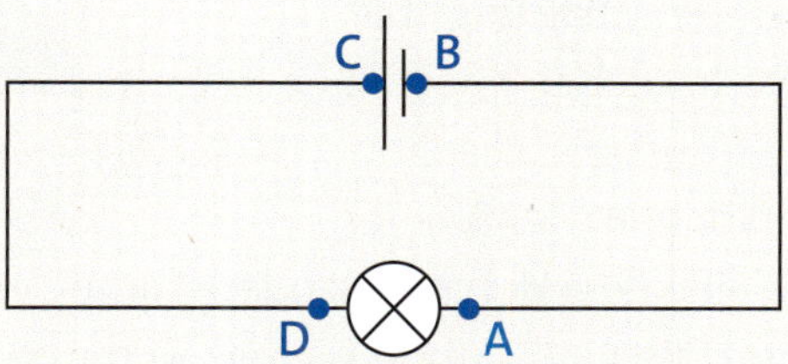

6 *Stromkreis mit Messpunkten*

Bei einer Party werden gerne Lichterketten zur Dekoration verwendet. Bei manchen Lichterketten gehen alle Birnchen aus, wenn eines kaputt geht. Bei anderen Lichterketten ist das nicht so. Da brennen die anderen Birnchen weiter. Wie ist das möglich?

6.4 Mehrere Verbraucher

Reihenschaltung

Stromkreise transportieren die elektrische Energie von einer Spannungsquelle zu einem Verbraucher. Sollen mehrere elektrische Geräte mit Energie versorgt werden, so kann man sie hintereinander in einem einzigen Stromkreis verbinden. ↗1

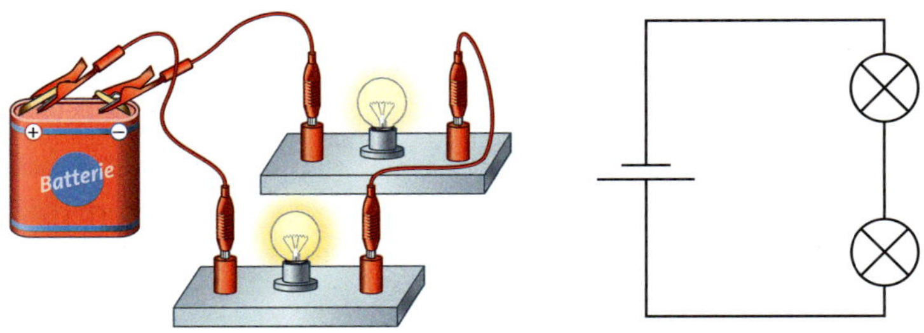

1 *Reihenschaltung von zwei Lämpchen*

So eine Anordnung nennen wir **Reihenschaltung**. Die Elektronen wandern nacheinander durch alle Birnchen. Geht ein Lämpchen kaputt, ist der Stromkreis unterbrochen. Daher gehen alle anderen Lämpchen auch aus.

Parallelschaltung

Man kann elektrische Geräte so miteinander verbinden, dass sich der Stromkreis verzweigt. Diese Schaltung nennen wir **Parallelschaltung**. In einer Parallelschaltung hat jeder Verbraucher seinen eigenen Stromkreis. Die Elektronen können entweder durch die eine oder durch die andere Lampe wandern. Deswegen brennt die eine Lampe weiter, wenn die andere kaputtgeht. ↗2

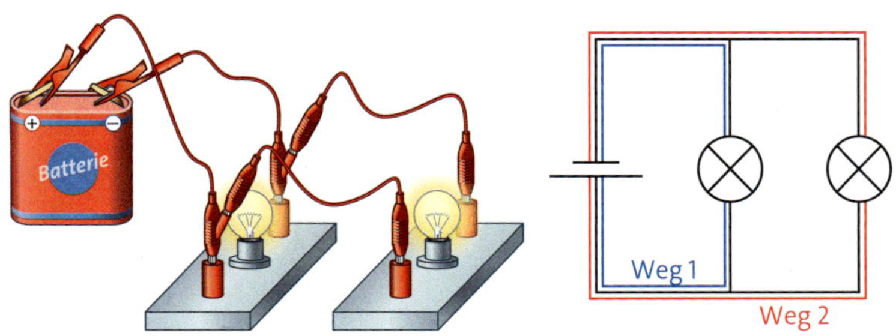

2 *Parallelschaltung von zwei Lämpchen*

Vergleich Parallelschaltung – Reihenschaltung

Eine Reihenschaltung ist einfacher zu bauen und man benötigt weniger Kabel. Sie ist deswegen billiger. Die Parallelschaltung ist dagegen aufwendiger zu bauen. Sie hat den Vorteil, dass die restlichen Lämpchen weiterbrennen, wenn eines kaputtgeht. In einer Wohnung sind deswegen alle Geräte immer parallel geschaltet. Schaltet man das Licht aus, läuft der Fernseher dennoch weiter.

Stromstärken in der Reihenschaltung

In einer Reihenschaltung fließen alle Elektronen nacheinander durch alle Verbraucher und geben dort ihre Energie ab. Bild 3 zeigt, dass die Stromstärke in allen Kabelabschnitten immer gleich 0,2 Ampere ist. ↗3

Allgemein gilt, dass die Stromstärke an jeder Stelle einer Reihenschaltung immer gleich groß ist. Dabei spielt die Zahl der Verbraucher keine Rolle.

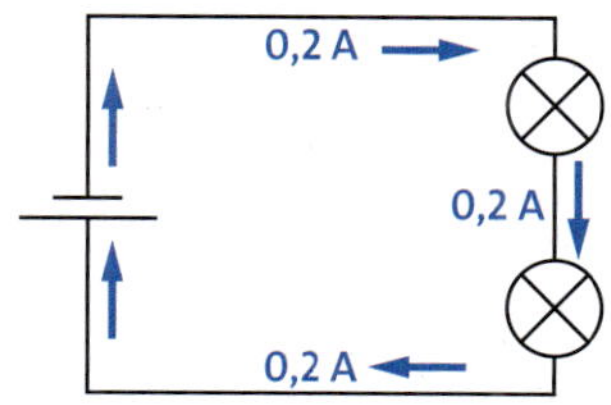

3 *Stromstärke in der Reihenschaltung*

Stromstärken in der Parallelschaltung

In einer Parallelschaltung kommen Elektronen an eine Stelle, an der aus einem Kabel zwei oder mehr werden. Wir nennen diese Stelle einen **Knoten**. Am Knoten verteilen sich die Elektronen entsprechend der Anzahl der Stromwege. In Bild 4 wandert am Knoten A ein Teil der Elektronen zu Lampe 1, der Rest zu Lampe 2. Deswegen sind auch die Stromstärken nach der Abzweigung geringer. Die Stromstärke vor dem Knoten beträgt 0,2 Ampere, nach dem Knoten dagegen in jeder Abzweigung nur 0,1 Ampere. Am Knoten B vereinigen sich die zwei Teilströme wieder. Ihre Summe ist jetzt wieder 0,2 Ampere. Dies wird durch die **Knotenregel** beschrieben. ↗4

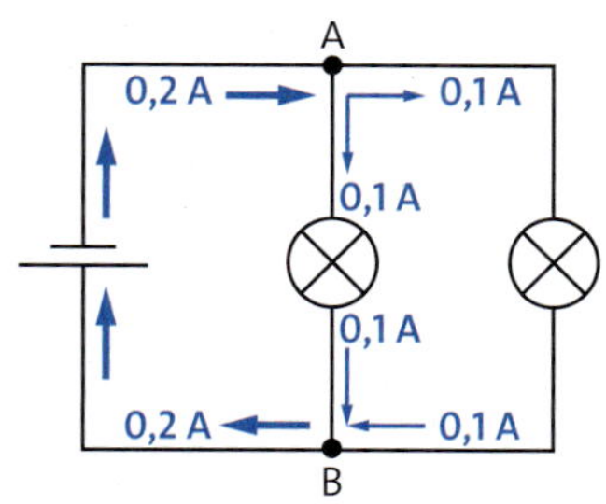

4 *Stromstärke in der Parallelschaltung*

Knotenregel

Im verzweigten Stromkreis ist die Stromstärke vor einem Knoten gleich der Summe der Stromstärken nach diesem Knoten. ↗4

Du kannst dir das wie Skifahrer auf einer Piste mit zwei Abfahrten vorstellen. Die Skifahrer verlassen den Lift und kommen an eine Stelle, wo sie zwischen zwei Pisten wählen müssen. Ein Teil der Skifahrer wird links abfahren, der Rest rechts. Am Ende der Piste treffen sich aber alle Skifahrer wieder bei der Talstation des Lifts. ↗5

5 *Skifahrer auf Piste mit zwei Abfahrten*

Spannungen in der Reihenschaltung

In einer Reihenschaltung wird die Spannung an jedem Verbraucher gemessen. In Bild 6 sind drei gleiche Lämpchen in Reihe geschaltet. An jedem Lämpchen herrscht eine Spannung von 4 Volt. Zusammen ergibt das 12 Volt, also genau die Spannung der Batterie. ↗6
In einer Reihenschaltung ergibt die Summe aller Spannungen immer genau die Spannung der Spannungsquelle.

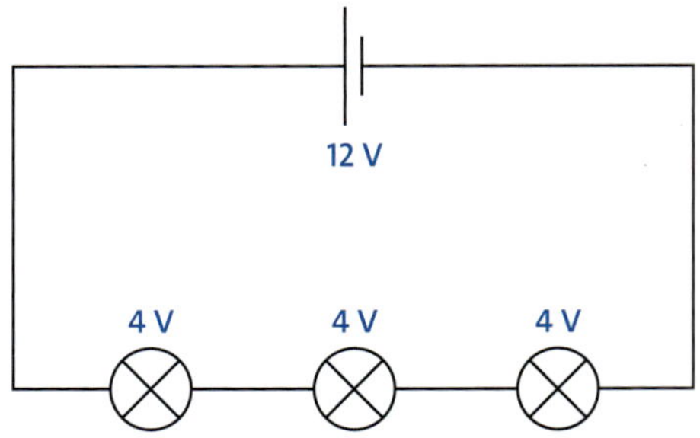

6 *Spannungen in einer Reihenschaltung*

Spannungen in der Parallelschaltung

Auch in einer Parallelschaltung kann man an jedem Verbraucher die Spannung messen. In Bild 7 sind drei gleiche Lämpchen parallel geschaltet. An jedem Lämpchen herrscht eine Spannung von 12 Volt. ↗7
In einer Parallelschaltung herrscht an jedem Verbraucher genau die Spannung der Spannungsquelle.

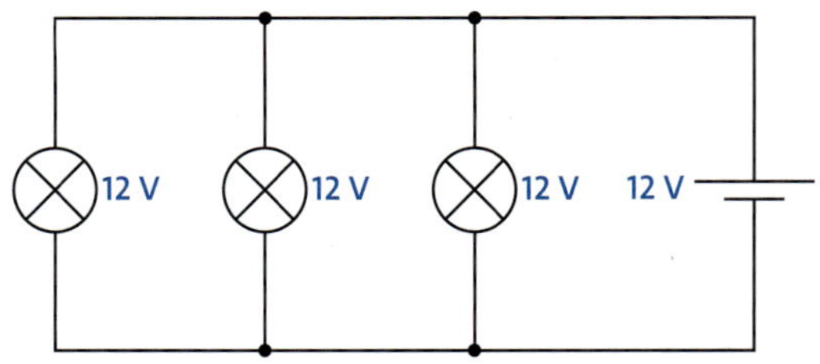

7 *Spannungen in einer Parallelschaltung*

Maschenregel

Den Stromweg in einem Stromkreis von einem Pol zum anderen Pol nennt man eine **Masche**. Wenn du die Stromwege bei der Schaltung in Bild 8 verfolgst, ergeben sich drei Maschen. ↗8
Innerhalb jeder Masche ist die Summe aller Teilspannungen gleich der Spannung an der Spannungsquelle.

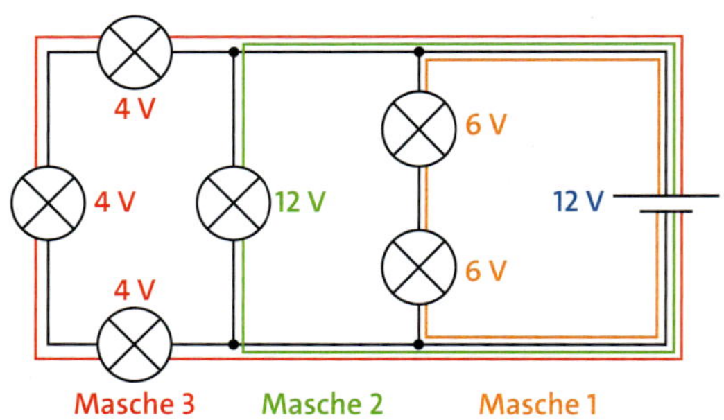

8 *Maschenregel*

- **Mehrere Verbraucher kann man durch eine Reihenschaltung oder eine Parallelschaltung miteinander verbinden.**
- **In Reihenschaltungen ist die Stromstärke an jeder Stelle immer gleich. Die Teilspannungen addieren sich zur Gesamtspannung.**
- **In Parallelschaltungen addieren sich die Teilstromstärken zur Gesamtstromstärke. Die Spannung ist überall gleich.**
- **Die Knotenregel beschreibt, wie sich Stromstärken in einem Stromkreis verhalten.**
- **Die Maschenregel beschreibt, wie sich Spannungen in einem Stromkreis verhalten.**

AUFGABEN

1 Beschreibe Unterschiede zwischen Reihenschaltung und Parallelschaltung.
2 Nenne die Knotenregel.
3 Erkläre, warum sich die Stromstärke in einer Reihenschaltung anders verhält als in einer Parallelschaltung.
4 Nenne die Maschenregel.
5 Gib jeweils die Anzahl der Maschen in Bild 6 und 7 an.

Stromkreise mit mehreren Verbrauchern

Du kannst mit dem Material die Versuche 1 und 2 durchführen. Baue zunächst einen einfachen Stromkreis mit einem Lämpchen. Dieser Stromkreis dient als Vergleich zu den folgenden Schaltungen.

Material: 2 Batterien (4,5 V), 3 Lampen (4,5 V), Schalter, 8 Kabel, Messgerät

1 Reihenschaltung

Durchführung:
- Betrachte den Schaltplan in Bild 1. ↗1
- Wähle die Bauteile aus, die du für den Bau des Stromkreises benötigst.
- Baue den Stromkreis.
- Vergleiche die Helligkeit der Lämpchen mit der des einfachen Stromkreises.
- Miss an verschiedenen Stellen im Stromkreis Stromstärke und Spannung.
- Drehe ein Lämpchen aus der Fassung.

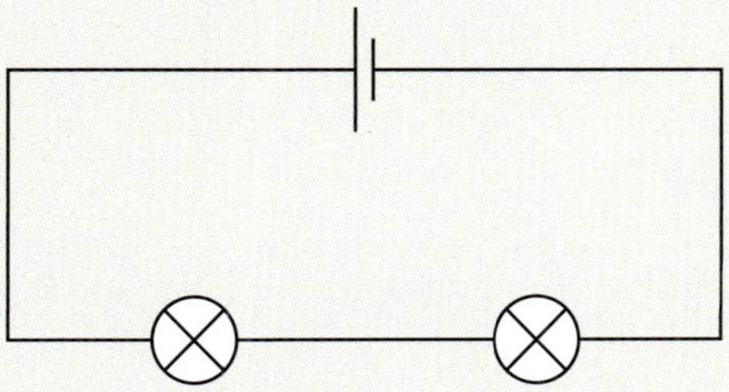

1 *Reihenschaltung mit zwei Lämpchen*

Auswertung: Erkläre deine Beobachtungen und Messwerte.

2 Parallelschaltung

Durchführung:
- Baue den Stromkreis in Bild 2. ↗2
- Vergleiche die Helligkeit der Lämpchen mit der des einfachen Stromkreises und der Reihenschaltung.
- Miss an verschiedenen Stellen im Stromkreis Stromstärke und Spannung.
- Drehe ein Lämpchen aus der Fassung.

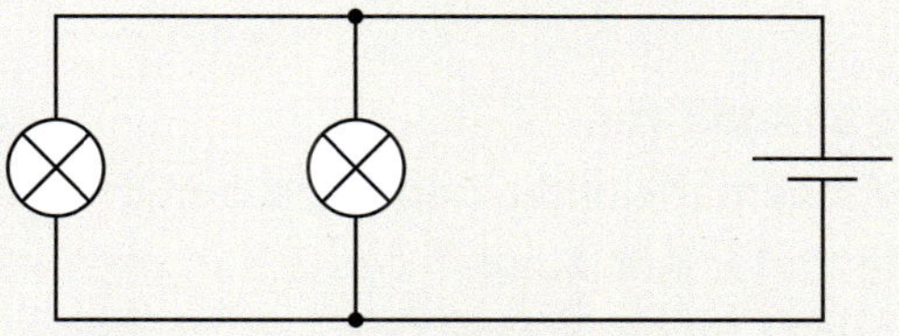

2 *Parallelschaltung mit zwei Lämpchen*

Auswertung: Erkläre deine Beobachtungen und Messwerte.

3 Schaltpläne lesen

Auswertung:
- Betrachte die Schaltpläne in Bild 3. ↗3
- Ordne ihnen die Begriffe Parallelschaltung oder Reihenschaltung zu und begründe deine Entscheidung.

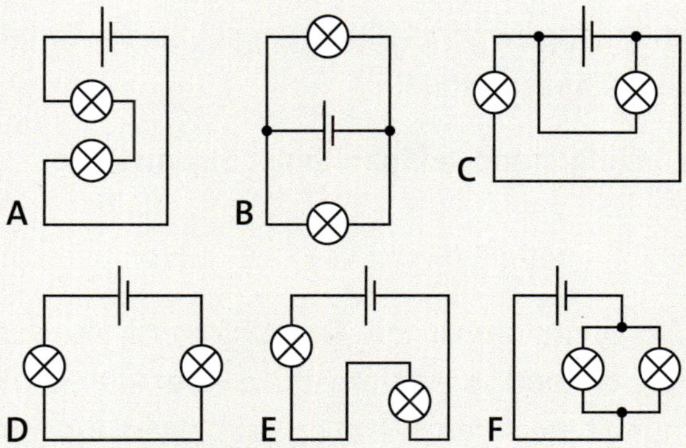

3 *Verschiedene Schaltpläne*

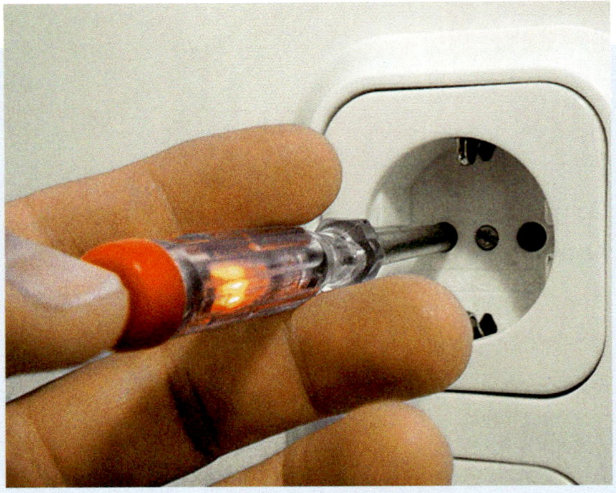

Mias Mutter ist Elektrikerin. Sie steckt den Phasenprüfer, das ist ein spezieller Schraubendreher, in die Steckdose. Ist sie lebensmüde?

6.5 Ohmsches Gesetz

Georg Simon Ohm

Der Mathematiklehrer Georg Simon Ohm aus Erlangen entdeckte im 19. Jahrhundert den Zusammenhang zwischen der Spannung und der Stromstärke. ↗1 In seinen Versuchen maß er dazu gleichzeitig die Stromstärke und die Spannung in einem Stromkreis mit Verbraucher.

1 *Georg Simon Ohm (1789 – 1857)*

Das ohmsche Gesetz

Ohm beobachtete bei seinen Messungen, dass sich die Stromstärke in einem Stromkreis änderte, wenn er die Spannung änderte. ↗2 Verdoppelte er die Spannung, so verdoppelte sich auch die Stromstärke. Halbierte er die Spannung, so halbierte sich auch die Stromstärke. Das bedeutete, dass der Quotient aus Spannung und Stromstärke immer gleich war. Diesen Quotienten nannte er den elektrischen **Widerstand**. Die Einheit für den Widerstand ist **Ohm**, abgekürzt **Ω**.

Das **ohmsche Gesetz** beschreibt den Zusammenhang zwischen Spannung U, Stromstärke I und Widerstand R:

Widerstand	**=**	**Spannung**	**:**	**Stromstärke**
R	=	U	:	I
Ω	=	V	:	A

Mit dem ohmschen Gesetz kannst du den Widerstand, die Stromstärke oder die Spannung berechnen, wenn du die beiden anderen Größen kennst. ↗3

Spannung U	Stromstärke I	Widerstand R
1 V	0,04 A	25 Ω
2 V	0,08 A	25 Ω
3 V	0,12 A	25 Ω
4 V	0,16 A	25 Ω

2 *Messreihe zum ohmschen Gesetz*

Widerstand = Spannung : Stromstärke   R = U : I
Stromstärke = Spannung : Widerstand   I = U : R
Spannung = Widerstand · Stromstärke   U = R · I

3 *Rechnen mit dem ohmschen Gesetz*

Modellvorstellung zum Widerstand

Um zu verstehen, was der elektrische Widerstand ist, blicken wir in einen Metalldraht. Der Draht besteht aus unglaublich vielen Metallatomen. Wenn Strom fließt, bewegen sich die Elektronen auf einem Zickzackweg zwischen den Atomen hindurch. Sie stoßen dabei ständig gegen die Atome. Diese Zusammenstöße bremsen die Bewegung der Elektronen. Diese Behinderung der Elektronenbewegung nennen wir den Widerstand. ↗4

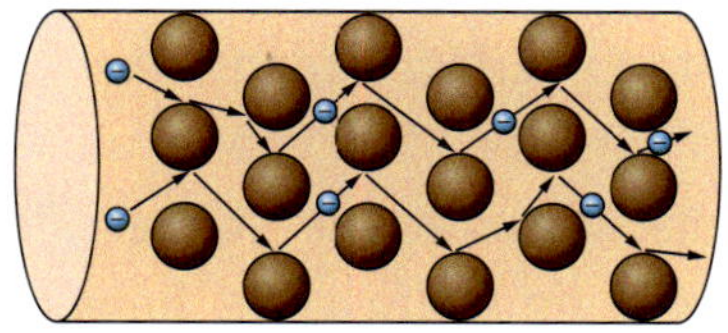

4 *Modellvorstellung zum Widerstand*

Widerstand und Material

Untersucht man Stoffe auf ihren Widerstand, so stellt man fest, dass unterschiedliche Stoffe den elektrischen Strom unterschiedlich gut leiten. Der elektrische Widerstand ist deshalb eine **Stoffeigenschaft**. Den geringsten Widerstand hat Silber, den höchsten luftleerer Raum.

Stoffe mit geringem Widerstand leiten den elektrischen Strom gut. Wir nennen sie **elektrische Leiter**. Gute Leiter sind Silber, Kupfer oder Aluminium. ↗5 Stoffe, die den Strom sehr schlecht leiten, heißen **Isolatoren**. Beispiele sind Glas, Gummi oder Plastik.

Stoff	Widerstand in Ohm
Silber	2,0 Ω
Kupfer	2,2 Ω
Aluminium	3,6 Ω
Eisen	12,4 Ω
Blei	26,5 Ω

5 *Widerstandswerte eines 100 cm langen Metalldrahts der Dicke 0,1 mm*

Widerstand und Drahtlänge

Der Widerstand eines Drahts hängt aber nicht nur vom Material, sondern auch von seiner **Länge** ab. Je länger der Draht ist, desto schwerer ist es für die Elektronen, von einem Ende zum anderen Ende zu kommen. Die Anzahl der Metallatome nimmt mit jedem Zentimeter zu. Deswegen hat das Elektron auf dem längeren Weg mehr Zusammenstöße. Der Widerstand wächst mit der Länge des Drahts. ↗6 Je länger die vom Strom durchflossene Strecke ist, desto größer ist ihr elektrischer Widerstand.

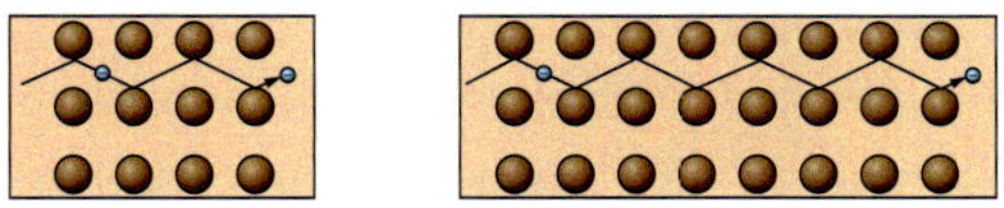

6 *Widerstand und Drahtlänge*

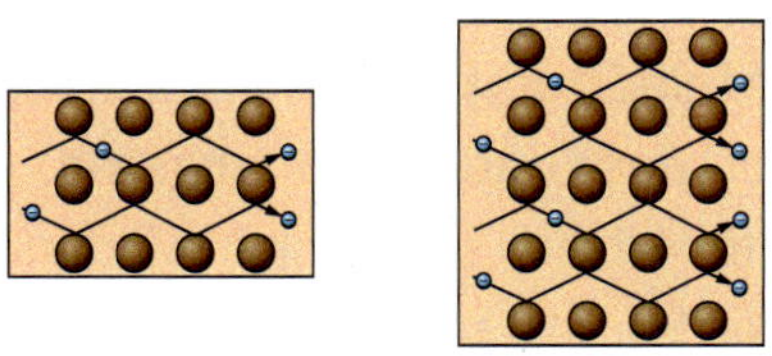

7 *Widerstand und Drahtdicke*

Widerstand und Drahtquerschnitt

Auch die **Querschnittsfläche** oder Dicke eines Drahts wirkt sich auf den Widerstand aus. Je größer die Querschnittsfläche eines Leiters ist, desto mehr Elektronen können sich gleichzeitig auf verschiedenen Wegen durch den Draht bewegen. Der Widerstand nimmt also mit zunehmender Querschnittsfläche ab. ↗7 Je größer die Querschnittsfläche eines Leiters ist, desto geringer ist sein Widerstand.

AUFGABEN

1 Nenne das ohmsche Gesetz.

2 Beschreibe die Modellvorstellung des elektrischen Widerstands.

3 Ergänze den Satz: Der Widerstand ist umso größer, je ... und ... der Draht ist. Wähle aus: länger/kürzer, dicker/dünner.

Widerstand und Temperatur

Auch die Temperatur des Drahts beeinflusst seinen Widerstand. Erhitzt man einen stromdurchflossenen Draht, so nimmt die Stromstärke ab. Durch das Erhitzen bewegen sich die Metallatome stärker als im kalten Zustand. Diese Bewegung bremst die Bewegung der Elektronen stärker ab. Entsprechend ist der Widerstand des heißen Drahts größer als der des kalten.

Aber auch der Stromfluss selbst erwärmt den Draht. Im Toaster oder Haartrockner sind spezielle Drähte eingebaut, die zu glühen beginnen, wenn Strom fließt. ↗8

8 *Glühdrähte im Toaster*

Bauteil Widerstand

Der elektrische Widerstand ist nicht nur ein physikalisches Phänomen. In elektronischen Schaltungen gibt es oftmals Bauteile, die einen bestimmten Widerstandswert besitzen. Ihre Aufgabe ist es, den Stromfluss zu begrenzen. Auch sie werden mit dem Wort Widerstand bezeichnet. Auf ihnen findet man einen Code aus farbigen Ringen. Dieser Code gibt Auskunft über die Höhe des Widerstandswerts. Wie für alle anderen Bauteile auch gibt es für das Bauteil Widerstand ein Schaltsymbol. ↗9

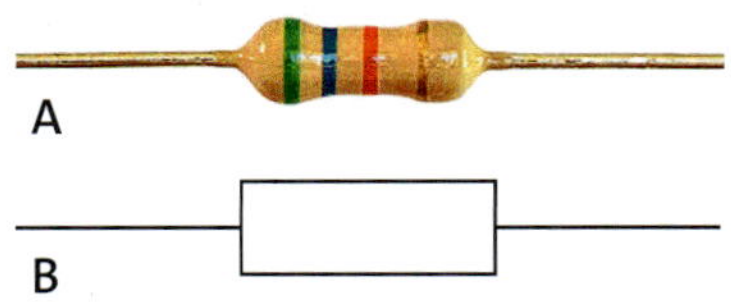

9 *Widerstand: A Bauteil, B Schaltsymbol für das Bauteil*

Der Phasenprüfer oder Spannungsprüfer

Der Phasenprüfer ist ein Schraubendreher, in dessen durchsichtigem Griff eine kleine Lampe eingebaut ist. Sie ist mit einem Metallkontakt am Ende des Griffs verbunden. Steckt man den Prüfer in die Steckdose und berührt gleichzeitig den Kontakt, so wird ein Stromkreis geschlossen. Brennt die Lampe, so steht die Steckdose unter Spannung. ↗10

Im Phasenprüfer ist ein sehr hoher Widerstand eingebaut. Darum bleibt die Stromstärke für den Menschen ungefährlich.

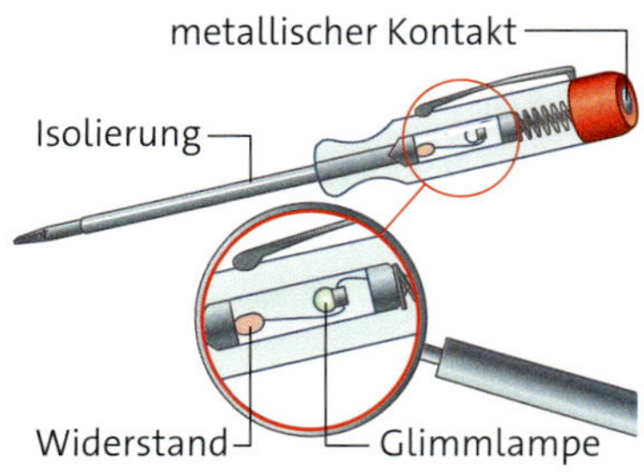

10 *Phasenprüfer*

- **Das ohmsche Gesetz beschreibt den Zusammenhang zwischen Spannung, Stromstärke und Widerstand in einem Stromkreis.**
- **Die Einheit des Widerstands ist Ohm und wird mit Ω abgekürzt.**
- **Die Behinderung der Elektronen bei der Bewegung durch einen Stoff bezeichnen wir als dessen Widerstand.**
- **Der Widerstand von Drähten hängt vom Material, von der Länge, von der Querschnittsfläche und von der Temperatur ab.**

AUFGABEN

4 Nenne alle Faktoren, die den Widerstand eines Drahts beeinflussen.

5 Beschreibe, wie der Draht des geringsten Widerstands sein müsste.

6 An eine 230-V-Steckdose wird ein Haartrockner angeschlossen. Es fließen 4,35 A Strom. Berechne den Widerstand des Haartrockners.

Ohmsches Gesetz

1 Bestimmung des Widerstands

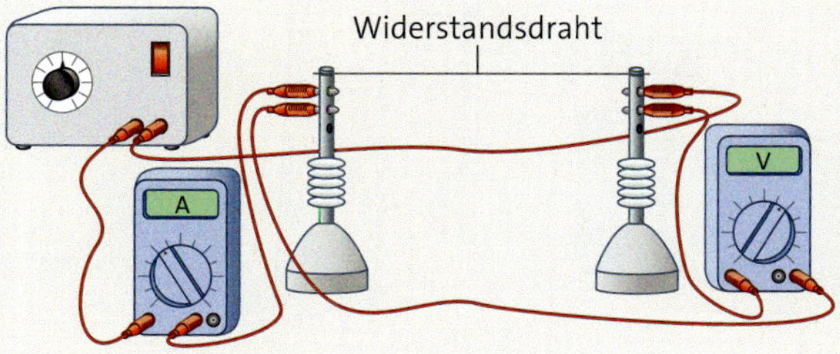

1 *Aufbau zum ohmschen Gesetz*

Material: Netzgerät, 5 Kabel, 2 Isolierstützen, 1 m Widerstandsdraht aus Konstantan (d = 0,2 mm), 2 Messgeräte

Durchführung:
- Baut wie in Bild 1 einen Stromkreis. ↗1
- Stellt das Netzgerät auf 1 V Spannung ein.
- Lest die Stromstärke ab und notiert sie.
- Diskutiert, wie sich die Stromstärke bei einer Erhöhung der Spannung verhält.
- Erhöht die Spannung in 1-V-Schritten bis 5 V und notiert alle Messwerte in einer Tabelle. ↗2

Auswertung:
- Vergleicht die Messwerte und formuliert Je-desto-Sätze zu Spannung und Stromstärke.
- Berechnet den Widerstand des Drahts mit der Formel R = U : I.
- Formuliert einen Merksatz zum Widerstand eines Verbrauchers in einem Stromkreis.

Spannung U (in V)	Stromstärke I (in A)	Widerstand R (in Ω)
1,0 V	???	???
2,0 V	???	???
...	???	???

2 *Tabelle zu Versuch 1*

Aufgaben

Berechne im Mathematikunterricht mit Hilfe von Bild 3. ↗3

1. Eine LED-Lampe wird an 12 V angeschlossen. Es fließt ein Strom von 0,5 A. Berechne den Widerstand.
2. Eine LED-Lampe hat 30 Ω Widerstand und eine Anschlussspannung von 2,4 V. Berechne die Stromstärke.
3. Berechne die Spannung, wenn durch das Lämpchen 0,3 A Strom fließen und es 30 Ω Widerstand besitzt.

Widerstand berechnen:
Du schließt eine Lampe an eine 4,5-V-Batterie an. Es fließt ein Strom von 0,15 A. Berechne den Widerstand der Lampe.
Gegeben: U = 4,5 V; I = 0,15 A
Gesucht: R
Rechnung: R = U : I = 4,5 V : 0,15 A = 30 Ω
Der Widerstand der Lampe beträgt 30 Ω.

Stromstärke berechnen:
Erhöhst du die Spannung auf 6 V, so bleibt der Widerstand der Lampe gleich 30 Ω. Die Stromstärke ändert sich. Berechne sie.
Gegeben: U = 6 V; R = 30 Ω
Gesucht: I
Rechnung: I = U : R = 6 V : 30 Ω = 0,2 A
Die Stromstärke beträgt nun 0,2 A.

Spannung berechnen:
In einem Stromkreis mit einer 575-Ω-Lampe fließt ein Strom von 0,4 A. Berechne die Spannung.
Gegeben: R = 575 Ω; I = 0,4 A
Gesucht: U
Rechnung: U = R · I = 575 Ω · 0,4 A = 230 V
Die Spannung beträgt 230 V.

3 *Rechenbeispiele*

Wovon hängt der Widerstand ab?

Material: Netzgerät, 3 Kabel, 2 Isolierstützen, Messgerät

Durchführung: Die Versuche 1 bis 4 eignen sich als arbeitsteilige Gruppenarbeit. Jede Gruppe baut einen Stromkreis wie in Bild 1 auf und stellt das Netzgerät auf **3 Volt** ein. ↗1 Vorsicht! Draht nicht berühren!

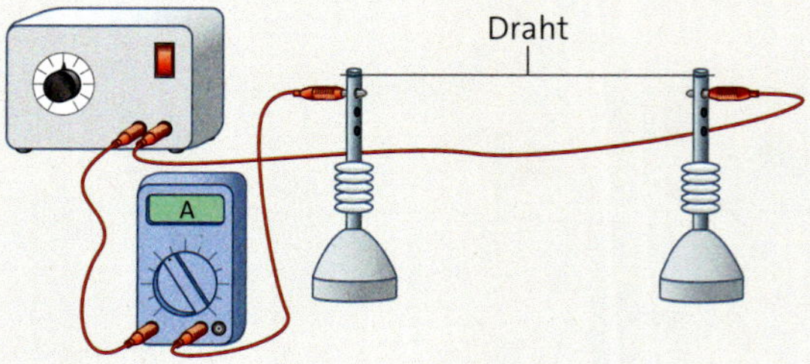

1 *Aufbau für alle Versuche*

1 Abhängigkeit vom Material

Material: verschiedene Metalldrähte (Kupfer, Eisen, Konstantan, Zink ...) mit 0,2 mm Durchmesser und 1 m Länge

Vermutung:
- Formuliert eine Vermutung über den Zusammenhang zwischen dem Widerstand und dem Material eines Drahts.
- Überprüft eure Vermutung.

Durchführung:
- Klemmt die Drähte nacheinander zwischen die Isolierstützen.
- Messt jedes Mal die Stromstärke und notiert alle Messwerte in einer Tabelle. ↗2

Material	Stromstärke I in A	Widerstand R in Ω
Kupfer	???	???
...	???	???

2 *Tabelle zu Versuch 1*

Auswertung:
- Fertigt ein Versuchsprotokoll an.
- Berechnet zu jeder Messung den Widerstand des Drahts mit der Formel R = U : I.
- Vergleicht eure Ergebnisse mit eurer Vermutung und formuliert eine Erkenntnis.

2 Abhängigkeit vom Querschnitt

Material: Konstantandrähte mit 1 m Länge und unterschiedlichem Durchmesser (0,1 mm, 0,2 mm, 0,4 mm ...)

Vermutung:
- Formuliert eine Vermutung über den Zusammenhang zwischen dem Widerstand und dem Querschnitt eines Drahts.
- Überprüft eure Vermutung mit einem geeigneten Experiment.
- Tipp: Orientiert euch an Versuch 1.
- Notiert eure Versuchsergebnisse in geeigneter Form.

Auswertung:
- Fertigt ein Versuchsprotokoll an.
- Berechnet zu jeder Messung den Widerstand mit der Formel R = U : I.
- Vergleicht die Messwerte mit eurer Vermutung und formuliert eine Erkenntnis.

3 Abhängigkeit von der Länge

Material: Konstantandraht mit 0,2 mm Durchmesser und 2 m Länge

Vermutung:
- Formuliert eine Vermutung über den Zusammenhang zwischen dem Widerstand und der Länge eines Drahts.
- Überprüft eure Vermutung.

Durchführung:
- Klemmt den Draht in ganzer Länge zwischen die Isolierstützen ein.
- Messt die Stromstärke und notiert sie.
- Verkürzt den Draht in 40-cm-Schritten bis 40 cm und messt jedes Mal die Stromstärke.
- Notiert alle Messwerte in einer Tabelle. ↗3

Drahtlänge	Stromstärke I in A	Widerstand R in Ω
200 cm	???	???
160 cm	???	???
...	???	???

3 *Tabelle zu Versuch 3*

Auswertung:
- Fertigt ein Versuchsprotokoll an.
- Berechnet zu jeder Messung den Widerstand mit der Formel R = U : I.
- Vergleicht eure Ergebnisse mit eurer Vermutung und formuliert eine Erkenntnis.

4 Abhängigkeit von der Temperatur

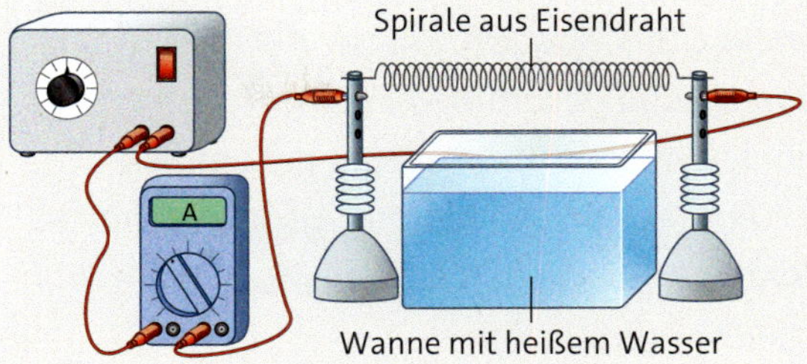

4 *Aufbau mit Eisendrahtwendel*

Material: 1 m Eisendraht (0,2 mm) um einen Bleistift zu einer Spirale gewickelt, Wanne, heißes destilliertes Wasser, Unterlegmaterial

Vermutung:
- Formuliert eine Vermutung über den Zusammenhang zwischen dem Widerstand und der Wärme eines Drahts.
- Überprüft eure Vermutung.

Durchführung:
- Klemmt die Spirale zwischen die Isolierstützen. ↗4
- Messt die Stromstärke und notiert den Messwert.
- Taucht die Drahtspirale in die Wanne mit heißem Wasser.
  Achtung: Verbrühungsgefahr!
- Messt die Stromstärke im warmen Draht und notiert sie.

Auswertung:
- Fertigt ein Versuchsprotokoll an.
- Berechnet zu jeder Messung den Widerstand mit der Formel R = U : I.
- Vergleicht eure Ergebnisse mit eurer Vermutung und formuliert eine Erkenntnis.

München. Gestern Nachmittag verunglückte ein 13-jähriger Junge beim Herumklettern auf einem Güterwaggon. Er war in die Nähe der Oberleitung gekommen und hatte dabei einen tödlichen Stromschlag bekommen. Die Polizei warnt in diesem Zusammenhang dringend vor solchen fatalen Mutproben und tödlichem Leichtsinn.

6.6 Umgang mit Elektrizität

Unsichtbare Gefahr

Elektrische Geräte sind aus unserem Leben nicht mehr wegzudenken. Weil der Umgang mit ihnen so selbstverständlich und Strom unsichtbar ist, vergisst man oftmals, dass Elektrizität gefährlich ist. Immer wenn das Metall in stromführenden Kabeln berührt werden könnte, droht Lebensgefahr. Beschädigte Isolierungen sind ein Warnsignal dafür. ↗1

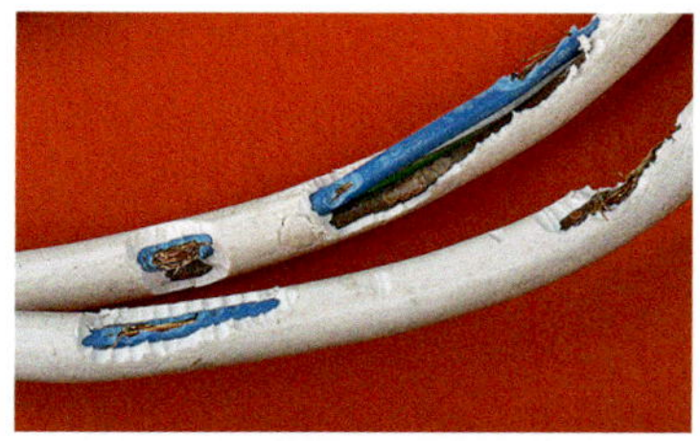

1 *Beschädigte Isolierung*

Verletzungen durch Strom

Wenn Strom durch einen Körper fließt, kann er dort Schaden anrichten. ↗2 Schon geringe Stromstärken bewirken, dass **Schmerzen** auftreten und sich **Muskeln zusammenziehen**. Du zuckst zusammen, wenn du einen Stromschlag spürst. Ist die Stromstärke durch den Körper größer als 0,025 Ampere, gehorcht dir die Handmuskulatur nicht mehr. Du kannst das Stromkabel nicht mehr loslassen.

Bei noch größeren Stromstärken ist besonders das Herz in Gefahr. Vor allem **Wechselstrom** kann die regelmäßigen Schläge des Herzens durcheinanderbringen. Es kann zu **Herzkammerflimmern** kommen. Über 0,8 Ampere ist die Stromstärke so groß, dass zusätzlich auf der Haut oder im Körper **Verbrennungen** auftreten können.

Weil die Stromstärke mit der Spannung zunimmt, wird bei Versuchen im Unterricht nur mit maximal **25 Volt Wechselspannung** und **60 Volt Gleichspannung** gearbeitet. So bleibt die Stromstärke im ungefährlichen Bereich.

Strom aus der Steckdose hat eine Spannung von 230 Volt. Experimentiere darum niemals mit Strom aus der Steckdose!

Stromstärke	Wirkung
bis max. 0,025 A	Kribbeln, Schmerzen, Loslassschwelle wird erreicht
bis 0,8 A	unregelmäßiger Herzschlag, Atemnot, Herzkammerflimmern
über 0,8 A	Verbrennungen, Herzkammerflimmern, Tod

2 *So wirkt Strom im Körper.*

Erste Hilfe bei Stromunfällen

Bei jedem Rettungsversuch musst du Folgendes bedenken: Die Berührung des Verletzten kann auch für dich lebensgefährlich sein! Es gilt immer: Eigenschutz geht vor. Damit ist gemeint, dass der Retter sich niemals selbst in Gefahr bringen darf.

Wenn jemand einen Stromschlag erleidet, musst du sofort die Stromzufuhr unterbrechen. Das kann entweder durch **Ziehen des Netzsteckers** geschehen oder durch Drücken des **Not-Aus-Schalters**. Der Natur-und-Technik-Raum und fest stehende Maschinen in Betrieben sind damit gesichert. ↗3

Manchmal kannst du den Strom nicht abstellen. Nur mit einem gut isolierten Gegenstand darfst du den Verletzten berühren und aus der Gefahrenzone bringen. Das kann zum Beispiel ein Besen mit Holzgriff sein.

Wenn das Unfallopfer geborgen ist, wähle sofort die **Notrufnummer 112**. Stromverletzungen im Körper sind von außen nicht zu erkennen. Verletzte müssen so schnell wie möglich ärztlich untersucht werden.

Gefahren erkennen

Die Gefahr, die von elektrischen Geräten ausgeht, kann durch aufmerksames Beobachten erkannt werden. Dazu gehören gelockerte, verschmorte oder verbogene Steckkontakte. ↗4 Auch ein beschädigter Knickschutz, geflickte oder beschädigte Leitungen, Schmorstellen und in sich verdrehte Kabel sind Gefahrenquellen. Ebenso können offen daliegende Kontakte von Kabeln unter Strom stehen und gefährlich sein. ↗5

Beim Experimentieren mit Strom ist Folgendes zu beachten: Grundsätzlich darf die Spannungsquelle erst eingeschaltet werden, wenn der Aufbau abgeschlossen und vom Lehrer überprüft wurde. Dadurch können Unfälle und Beschädigungen der Geräte vermieden werden.

- **Wenn Strom durch den Körper fließt, kannst du verletzt werden oder sogar sterben.**
- **Die Art und Schwere der Verletzung ist von der Stromstärke abhängig.**
- **Stromstärken, die bei Spannungen bis 25 Volt Wechselspannung und 60 Volt Gleichspannung auftreten, sind ungefährlich.**
- **Bringe dich bei Rettungsmaßnahmen niemals selbst in Gefahr.**
- **Benutze niemals Geräte mit beschädigten Kabeln.**

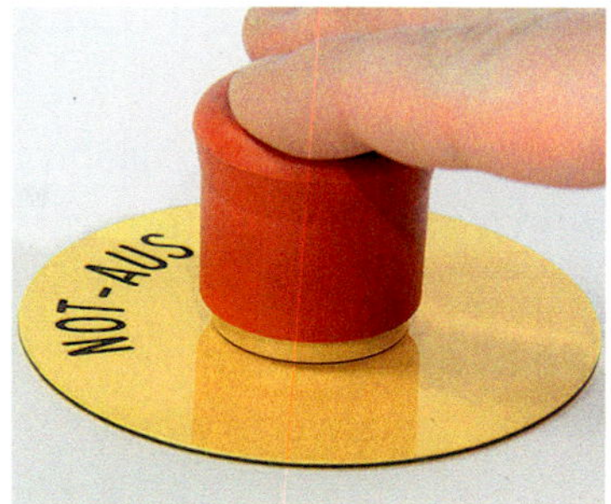

3 *Not-Aus-Schalter*

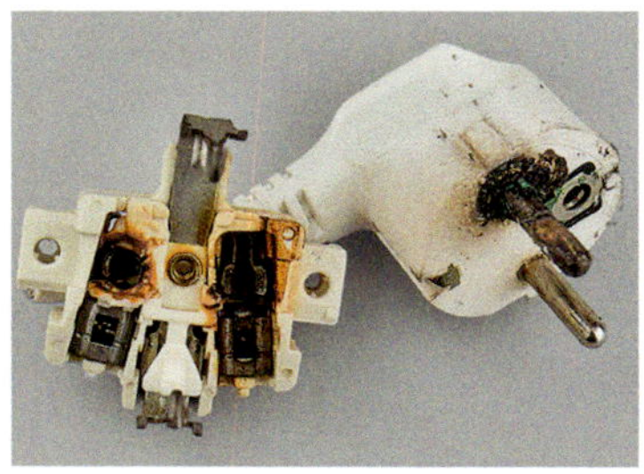

4 *Verschmorter Steckkontakt*

5 *Verdrehtes Kabel*

AUFGABEN

1 Zähle Verletzungen auf, die bei Stromunfällen entstehen können.
2 Nenne Hilfsmaßnahmen bei Stromunfällen.
3 Beschreibe verschiedene Beschädigungen an Elektrogeräten, die eine Gefahrenquelle darstellen.
4 Erkläre den Satz: Eigenschutz geht vor.

Tabelle oder Diagramm – was eignet sich besser?

Hier bietet sich eine Zusammenarbeit mit dem Mathematikunterricht an.

Arbeit mit Tabellen

Widerstandswerte werden oft in Tabellen niedergeschrieben. Der Zahlenwert informiert dich genau über die Größe des Widerstands eines Stoffes. Du kannst den Wert rasch und exakt ablesen. Das ist für Berechnungen sehr praktisch. Die Daten können nach dem Alphabet oder nach der Größe der Zahlen geordnet sein. ↗1

Arbeit mit Diagrammen

Auch Balkendiagramme stellen Messwerte oder Daten übersichtlich dar. Die Länge der Balken gibt über die Höhe des Widerstands eines Stoffes Auskunft. So können Stoffe schnell verglichen werden. Allerdings ist das genaue Ablesen der Widerstandswerte oft nicht möglich. Auch das Zeichnen ist viel aufwendiger als das Anfertigen einer Tabelle. ↗2

Aufgaben

Die Tabelle und das Diagramm zeigen die Widerstandswerte verschiedener Stoffe. ↗1, 2

1 Vergleiche die Tabelle mit dem Balkendiagramm. Finde Gemeinsamkeiten und Unterschiede.

2 Lies aus beiden Darstellungen das Material mit dem höchsten und das mit dem geringsten Widerstand ab.

3 Nenne drei gute Leiter und drei Isolatoren.

4 Ordne die Materialien nach ihrem Widerstand.

5 Welche Quelle hast du für die Lösung der Aufgaben 3 und 4 jeweils genutzt? Begründe deine Auswahl.

6 An einem Aluminiumdraht liegt eine Spannung von 2 V an. Berechne mit Hilfe des ohmschen Gesetzes die Stromstärke.

7 Erkläre, warum man die Aufgabe 6 mit Hilfe des Diagramms nicht genau lösen kann.

8 Nenne einen Vorteil, den Diagramme bieten.

Material	Widerstand R in Ω
Aluminium	0,027
Eisen	0,100
Glas	100 000 000 000 000 000
Gold	0,022
Konstantan	0,500
Kupfer	0,017
Kunststoff (Teflon)	1 000 000 000 000 000 000
Silber	0,016
destilliertes Wasser	20 000 000 000

1 Widerstandswerte verschiedener Materialien (je 1 m Länge und 1 mm² Querschnitt)

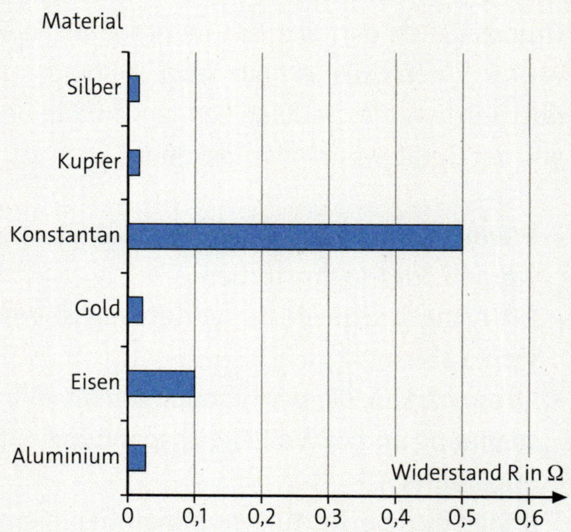

2 Widerstandswerte verschiedener Materialien (je 1 m Länge und 1 mm² Querschnitt)

Elektrische Energie

Elektrische Energie

Elektrische Geräte wandeln die elektrische Energie in andere Energieformen um. Sie werden als Verbraucher bezeichnet. Den Ursprung elektrischer Energie nennt man Spannungsquelle.

Elektrischer Stromkreis

Ein einfacher Stromkreis besteht aus Spannungsquelle, Verbraucher und zwei Kabeln. Stromkreise und Bauteile werden vereinfacht durch Schaltsymbole in Schaltplänen dargestellt. ↗1

Im geschlossenen Stromkreis transportieren Elektronen die elektrische Energie.

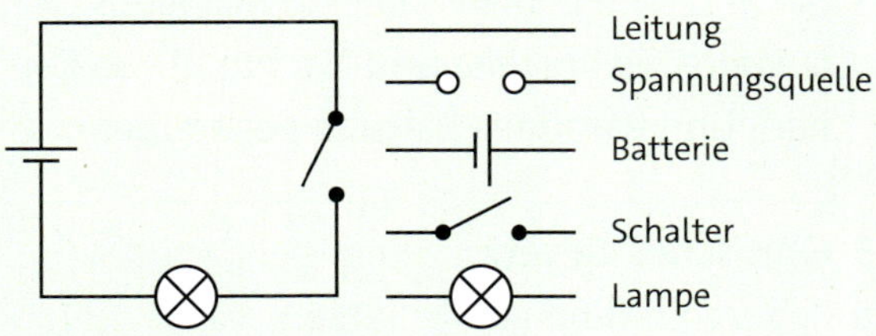

1 *Schaltplan und Schaltsymbole*

Spannung und Stromstärke

Die elektrische Spannung U wird in Volt gemessen, Einheit 1 V. Sie ist ein Maß für den Energieunterschied zwischen den Polen der Spannungsquelle. Bei der Spannungsmessung wird der Stromkreis nicht verändert. Die Stromstärke I wird in Ampere gemessen, Einheit 1 A. Sie gibt an, wie viele Elektronen pro Sekunde im Stromkreis fließen. Bei der Stromstärkemessung wird das Messgerät in den Stromkreis eingebaut. ↗2

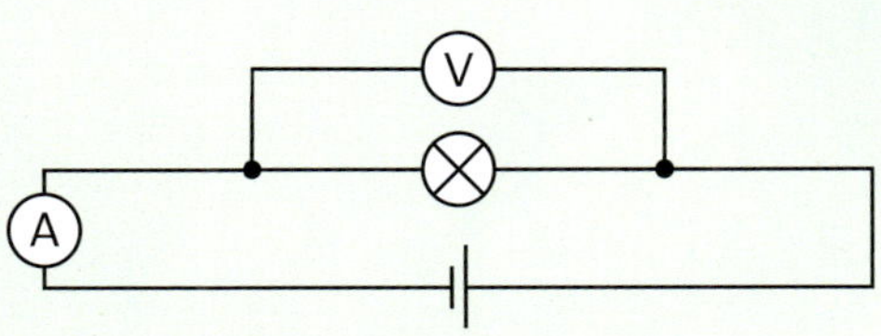

2 *Stromstärke und Spannung messen*

Mehrere Verbraucher

Verbraucher können in Reihe oder parallel geschaltet werden. ↗3

In Reihenschaltungen ist die Stromstärke überall gleich. Die Teilspannungen addieren sich zur Spannung der Spannungsquelle.

In Parallelschaltungen ist die Spannung überall gleich. Die Stromstärken addieren sich zur Gesamtstromstärke.

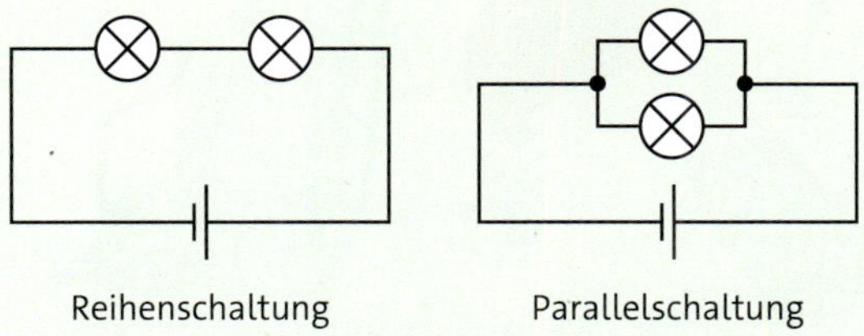

3 *Reihenschaltung und Parallelschaltung*

Ohmsches Gesetz

Das ohmsche Gesetz lautet:

Widerstand	=	Spannung	:	Stromstärke
R	=	U	:	I
Ω	=	V	:	A

Der Widerstand wird in Ohm gemessen, Einheit 1 Ω. Der Widerstand hängt von Länge, Dicke, Temperatur und dem Material des Leiters ab. ↗4

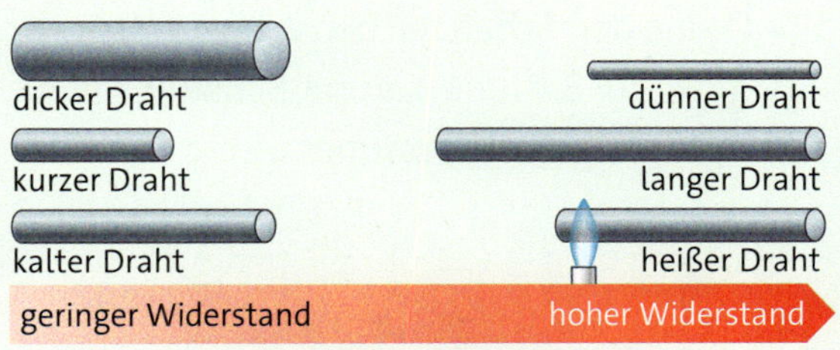

4 *Abhängigkeit des Widerstands*

Umgang mit Elektrizität

Benutze niemals Geräte mit beschädigten Kabeln. Wenn Strom durch den Körper fließt, kannst du verletzt werden oder sogar sterben. Bringe dich bei Rettungsmaßnahmen niemals selbst in Gefahr.

1 Elektrische Energie

a □ Nenne die vier Wirkungen des elektrischen Stroms und gib jeweils ein Beispiel dazu an.

b ◪ Gib an, welche Energieumwandlungen bei den Geräten in Bild 1 stattfinden. ↗1

1 *Energieumwandlungen in elektrischen Geräten*

c ◪ Zeichne eine Energieumwandlungskette für einen Föhn, der mit Solarstrom angetrieben wird.

d ◪ Aus Bewegungsenergie kann elektrische Energie werden. Nenne zwei Geräte.

2 Elektrischer Stromkreis

a □ Nenne den Träger der elektrischen Energie.

b ◪ Ordne den Schaltzeichen A bis E folgende Begriffe zu: Batterie, Lampe, Schalter, Spannungsmessgerät, Strommessgerät. ↗2

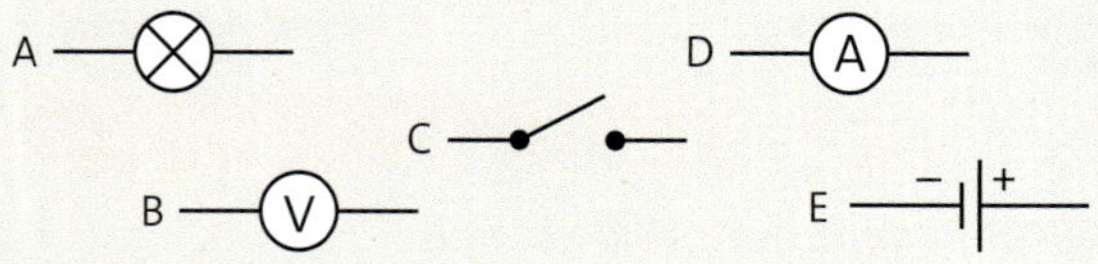

2 *Schaltsymbole*

c ◪ Erkläre, warum funktionierende Stromkreise immer geschlossen sein müssen.

d ◪ Zeichne den Schaltplan eines einfachen Stromkreises mit Schalter und Lampe und beschrifte ihn.

3 Spannung und Stromstärke

a □ Nenne die Einheiten der Spannung und der Stromstärke.

b □ Nenne verschiedene Spannungsquellen und gib deren Spannungen an.

c ◪ Beschreibe eine Modellvorstellung für die Spannung.

d ◪ Beschreibe eine Modellvorstellung für die Stromstärke.

4 Mehrere Verbraucher

a □ Zeichne eine Reihen- und eine Parallelschaltung mit jeweils drei Lampen und einer Spannungsquelle.

b ◪ In einer Reihen- und einer Parallelschaltung geht eine der Lampen kaputt. Erkläre die unterschiedlichen Beobachtungen.

c ◪ Stelle die Vorteile und Nachteile von Reihen- und Parallelschaltung gegenüber.

5 Ohmsches Gesetz

a □ Vervollständige die Sätze:
Wenn sich die Spannung verdoppelt, so … sich die Stromstärke.
Halbe Spannung bedeutet … Stromstärke.

b □ Nenne das ohmsche Gesetz in der Wortform und als Formel.

6 Umgang mit Elektrizität

a □ Nenne drei Sofortmaßnahmen bei einem Stromunfall.

b ◪ Betrachte Bild 3. Beschreibe die Gefahrenquelle und mögliche Unfallfolgen. ↗3

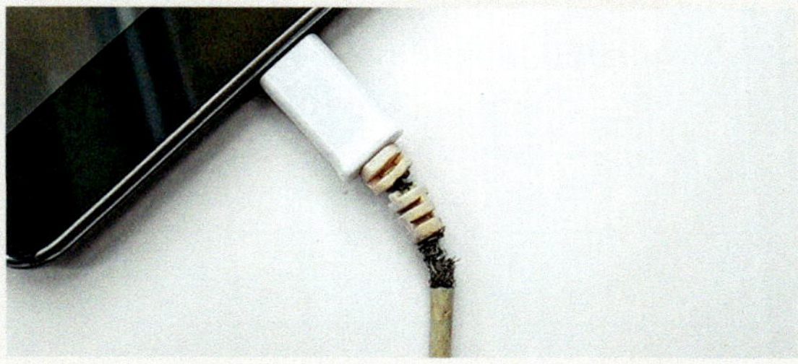

3 *Achtung: Gefahr!*

7 Taschenlampe

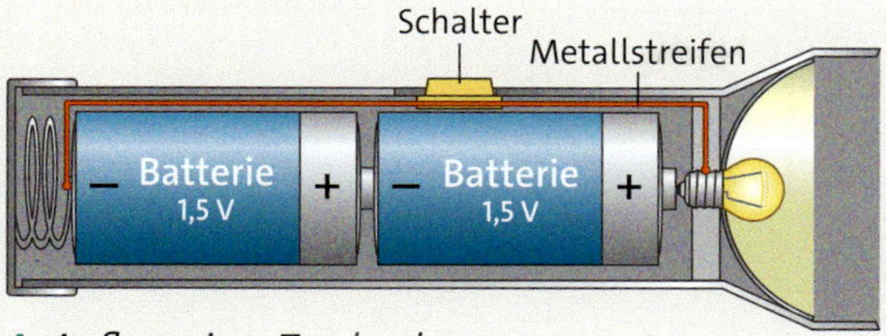

4 *Aufbau einer Taschenlampe*

a □ Ordne die Begriffe Verbraucher und Spannungsquelle den entsprechenden Bauteilen der Taschenlampe zu. ↗4

b ◪ Beschreibe den Weg der Elektronen vom Minus- zum Pluspol der Batterie.

c ◪ Zeichne den Schaltplan für die Taschenlampe.

d □ Nenne die Maschenregel.

e ■ Die Batterien in der Lampe sind in Reihe geschaltet. Auch für sie gilt die Maschenregel. Gib die Spannung an, die an der Lampe herrscht.

8 Spannung und Stromstärke messen

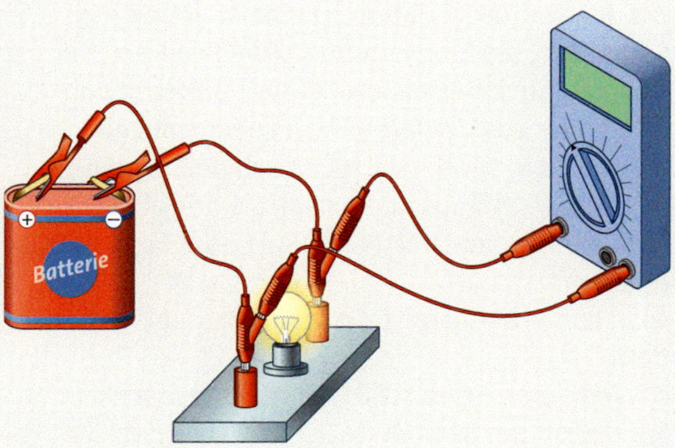

5 *Stromkreis mit Messgerät*

a ◪ Was wird in Bild 5 gemessen? Nenne zwei Möglichkeiten, woran du das erkennst. ↗5

b ◪ Zeichne den Schaltplan.

c ■ Du willst nun die Stromstärke messen. Beschreibe, wie du die Schaltung verändern musst.

9 Modellvorstellungen

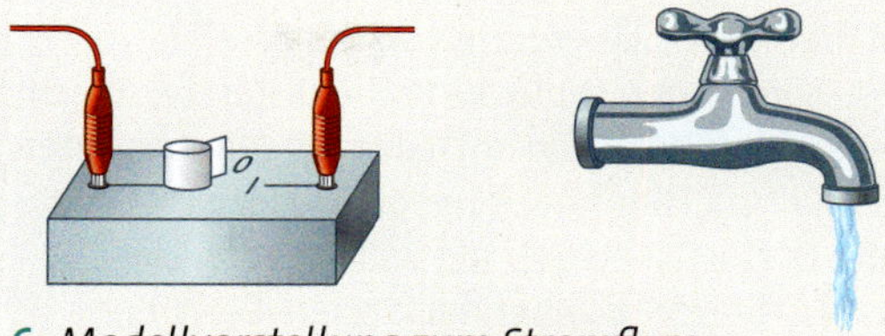

6 *Modellvorstellung zum Stromfluss*

■ Die Bewegung der Elektronen im Stromkreis wird oft mit der Bewegung von Wasser in Wasserleitungen verglichen. Jede Wasserleitung endet in einem Wasserhahn. ↗6 Der Wasserhahn regelt den Wasserfluss.
Erkläre, warum er nicht als Modell für einen Schalter dienen kann.

10 Widerstand und ohmsches Gesetz

a □ Nenne vier Eigenschaften, von denen der Widerstand eines elektrischen Leiters abhängt.

b ◪ Ordne in die Tabelle ein: I, Ohm, R, Ampere, Volt, U, V, A, Ω. ↗7

	Spannung	Stromstärke	Widerstand
Formelzeichen	???	???	???
Einheit	???	???	???
Abkürzung	???	???	???

7 *Tabelle zu Aufgabe 10b*

c ■ Berechne die fehlenden Werte. ↗8

Spannung U	Stromstärke I	Widerstand R
12 V	0,04 A	???
230 V	???	92 Ω
???	0,6 A	50 Ω

8 *Tabelle zu Aufgabe 10c*

Lösungen zu den Aufgabenseiten

1 Eigenschaften der Luft – S. 38/39

1 a Die Atmosphäre ist etwa 100 km dick. Es gibt einen fließenden Übergang von der Erdatmosphäre in den Weltraum. Die unterste Schicht ist etwa 15 km hoch. Sie enthält fast den gesamten Wasserdampf. Hier findet unser Wetter statt.

b Kalte Luft ist schwerer als warme Luft. Die warme Luft strömt daher nach oben. Das nennt man Auftrieb.

c, d **A** richtig

B falsch; richtig wäre: Wenn Luft komprimiert wird, verkleinert sich der Abstand zwischen den Luftteilchen.

C richtig

D falsch; richtig wäre: Die Teilchen der Luft haben in Bodennähe einen kleineren Abstand voneinander als weiter oben.

2 a Stickstoff

b

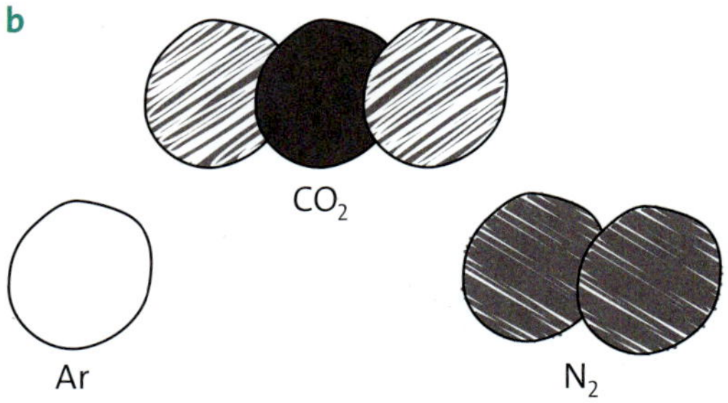

3 a Die drei Voraussetzungen sind:
Es ist ein Brennstoff vorhanden.
Es gibt genügend Sauerstoff in der umgebenden Luft.
Die Entzündungstemperatur muss erreicht werden.

b Je größer der Zerteilungsgrad eines Stoffes ist, desto schneller brennt er.
oder: Je kleiner der Zerteilungsgrad eines Stoffes ist, desto langsamer brennt er.

c

Flammenart	Luftregler	Temperatur
leuchtend	geschlossen	niedrig
nicht leuchtend	halb geöffnet	hoch
rauschend	geöffnet	sehr hoch

4 a 112

b

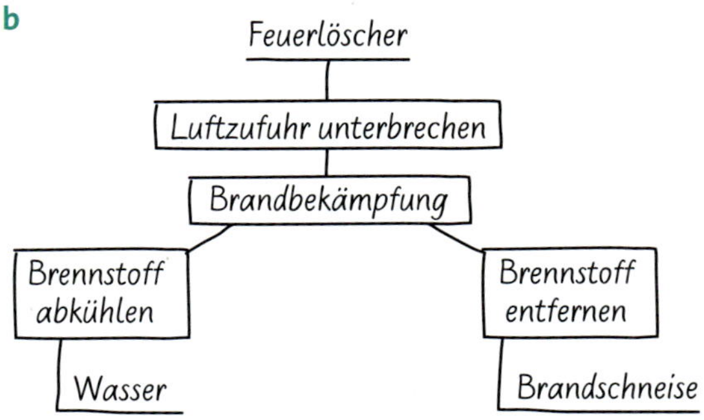

5 a Kohlenstoff + Sauerstoff ⟶ Kohlenstoffdioxid
Eisen + Sauerstoff ⟶ Eisenoxid

b Oxidation ist eine chemische Reaktion mit Sauerstoff.
Ein Oxid ist eine Verbindung mit Sauerstoff.

c Kohlenstoff + Sauerstoff ⟶ Kohlenstoffdioxid
$C + O_2 \longrightarrow CO_2$
Kohlenstoff + Sauerstoff ⟶ Kohlenstoffmonoxid
$2\,C + O_2 \longrightarrow 2\,CO$

6 a Eine stille Oxidation ist eine Reaktion mit Sauerstoff, die langsam und ohne Feuererscheinung abläuft. Beispiele sind das Verrosten von Eisen oder das Verderben von Lebensmitteln.

b Man kann Lebensmittel einschweißen, damit kein Sauerstoff aus der Luft an sie dringt.
Man kann Lebensmittel mit Salz oder Essig haltbar machen.
Man kann Lebensmittel mit Antioxidantien behandeln.

c Wenn man Eisen schützen möchte, darf kein Sauerstoff an die oberste Schicht kommen. So kann man eine Fahrradkette einölen, einen Fahrradlenker verchromen oder ein Schutzblech verzinken. Öl, Chrom oder Zink halten dann den Sauerstoff vom Eisen fern.

7 a

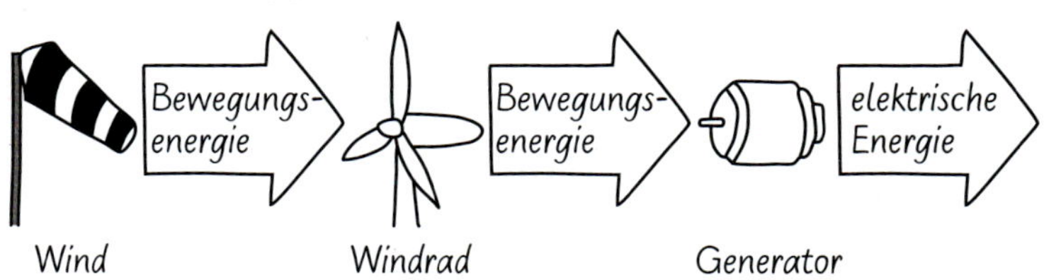

b Erneuerbare Energiequellen sind unerschöpflich und bei ihrer Nutzung entstehen keine schädlichen Stoffe. So weht der Wind jeden Tag neu, er erneuert sich sozusagen selbst. Bei seiner Nutzung entstehen weder Abgase noch Rückstände.

8 a Individuelle Lösungen, z. B.:
Der größte Teil an Schwefeldioxid wird von Kraftwerken verursacht.
Stickstoffoxide entstehen vor allem im Straßenverkehr.
Der allergrößte Anteil von Emissionen ist das Kohlenstoffdioxid mit 7,5 Millionen Tonnen im Jahr.
Haushalte haben nur relativ geringe Anteile an den Emissionen.
Kraftwerke sind die größten Verursacher von Luftverschmutzung.

b Schwefel befindet sich in Kohle oder Erdöl. Wenn Kohle verbrannt wird, verbrennt das Nichtmetall Schwefel ebenfalls. Es reagiert dabei mit dem Sauerstoff in der Luft. Bei dieser Oxidation entsteht das Nichtmetalloxid Schwefeldioxid.

c Das SO_2-Molekül ist aus einem Schwefelatom und zwei Sauerstoffatomen aufgebaut.

d Brennstoffe sind zum Beispiel Kohle, Heizöl, Benzin oder Diesel. Je nach Herkunft enthält Kohle 0,2 bis 3 % Schwefel, Heizöl maximal 0,1 %. Benzin und Diesel sind inzwischen nahezu schwefelfrei. Mögliche Maßnahmen: Filteranlagen filtern das Schwefeldioxid nach dem Verbrennen aus dem Rauchgas. Energiesparen führt zu geringerem Brennstoffverbrauch und damit auch zur Reduzierung der Luftverschmutzung durch Schwefeldioxid.

9 a Bei einer chemischen Reaktion entstehen neue Stoffe mit anderen Eigenschaften.

b

Verbrennen von Eisenwolle	Rosten eines Fahrrads
Eisen fein verteilt, Oberfläche groß, großer Zerteilungsgrad	Eisen massiv, Oberfläche gering, kleiner Zerteilungsgrad
Reaktion verläuft schnell mit Feuererscheinung	Reaktion verläuft langsam ohne Feuererscheinung
Eisen reagiert vollständig zu Eisenoxid	Eisen reagiert zunächst nur an Oberfläche

c **A** Eis schmilzt und bleibt doch Wasser ⟶ es bildet sich kein neuer Stoff ⟶ keine chemische Reaktion.
B Zucker löst sich auf. Wenn das Wasser wieder eingedampft wird, liegen unverändert Zucker und Wasser vor ⟶ es bilden sich keine neuen Stoffe ⟶ keine chemische Reaktion.
C Benzin verbrennt, bei der Verbrennung bilden sich Ruß und CO_2 ⟶ es bilden sich neue Stoffe ⟶ chemische Reaktion.

10 a Aus den schwarzen Holzkohlenstücken wird im Laufe des Abbrennens und Verglühens weiße feine Asche. Es bilden sich neue Stoffe mit neuen Eigenschaften, darum handelt es sich um eine chemische Reaktion.

b Kohlenstoff + Sauerstoff ⟶ Kohlenstoffdioxid

c

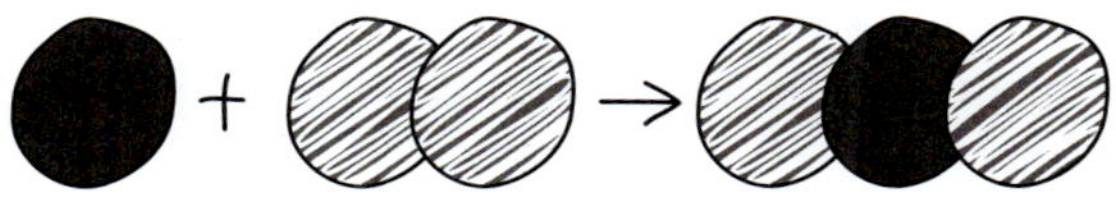

d Man kann dafür sorgen, dass sehr viel Luft an die Kohle kommt, oder man kann die Entzündungstemperatur heruntersetzen, am besten beides gleichzeitig: Man verwendet einen Anzünder mit einer niedrigeren Entzündungstemperatur. Mit einem Stück Pappe oder einem Föhn kann mehr Luft und damit mehr Sauerstoff zugeführt werden.

11 a Je größer die Windkraftanlagen sind, desto höher ist die zentrale Nabe im Wind. Weit über dem Boden weht der Wind stärker als am Boden. Die längeren Rotorblätter überstreichen eine wesentlich größere Fläche und fangen deswegen mehr Windkraft ein.

b Individuelle Lösungen, Diskussionsansatzpunkte könnten sein:
Wirtschaftlichkeit – Kohlekraft ist günstiger.
Soziale Spannungen – Bürgerinitiativen versuchen die Windkraft einzudämmen.
Ökologie – Windkraft ist eine erneuerbare Energiequelle und deswegen umweltfreundlicher als Kohle und Öl.

2 Aufbau der Matrie – S. 62/63

1 a Atommodell von Demokrit: **A**
Atommodell von Dalton: **C**
Kern-Hülle-Modell von Rutherford: **B**

b

Demokrit	Dalton
Atome sind unteilbar.	Atome sind unteilbar.
Atome haben viele verschiedene Formen.	Atome sind kugelförmig.

2 a Ein Atom ist aufgebaut aus:
Atomkern: positiv geladene Protonen und elektrisch neutrale Neutronen
Atomhülle: negativ geladene Elektronen

b Die Anzahl der Elektronen ist in einem Atom immer gleich der Anzahl der Protonen.
Oder: In einem Atom ist die Anzahl der Protonen immer gleich der Anzahl der Elektronen.
Oder: ...

c Ein Isotop ist ein Element, bei dem es Atome mit unterschiedlicher Massenzahl gibt. Die Anzahl der Elektronen und Protonen bleibt gleich. Die Anzahl der Neutronen unterscheidet sich.

d

Element	Ordnungszahl	Massenzahl	Neutronenzahl
Li	3	7	4
O	8	16	8
Na	11	23	12

3 a Es verbrennt Natrium.

b Auf die 2. Energiestufe passen acht Elektronen.

c Energiestufenmodell von Bor:

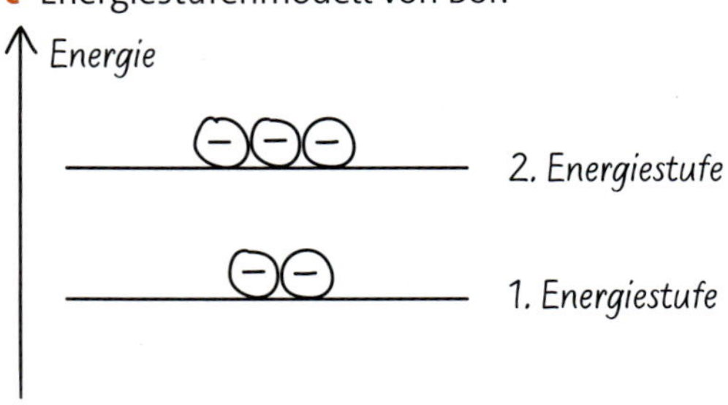

d Diese Aussage ist falsch. Ein Modell ist nicht richtig oder falsch. Es kann nur nicht alles erklären.

4 a Metalle sind glänzend, elektrisch leitfähig, gute Wärmeleiter und verformbar.

b

Metalle	Nichtmetalle	Edelgase
Blei	Iod	Xenon
Kalium	Astat	Helium
	Sauerstoff	

Arsen und Silicium sind Halbmetalle und können nicht in die Tabelle eingeordnet werden.

5 a Die Spalten im Periodensystem heißen *Hauptgruppen*, die Zeilen heißen *Perioden*.

b

	Ordnungszahl	Massenzahl	Name
Se	34	80	Selen
B	5	11	Bor
S	16	32	Schwefel
Sn	50	120	Zinn
Pb	82	208	Blei
I	53	127	Iod

c **A** = Elementsymbol
B = Massenzahl
C = Ordnungszahl
D = Elementname

6 a Alle Elemente einer Periode haben die gleiche Anzahl an Schalen.

b Alle Elemente einer Hauptgruppe haben die gleiche Anzahl an Außenelektronen.

c

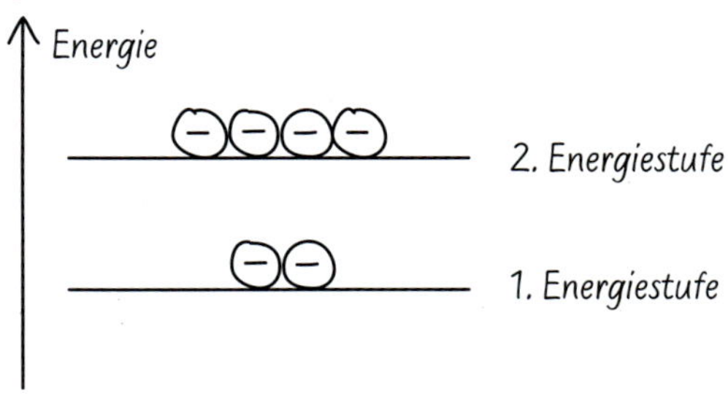

d Es handelt sich um das Element Natrium.

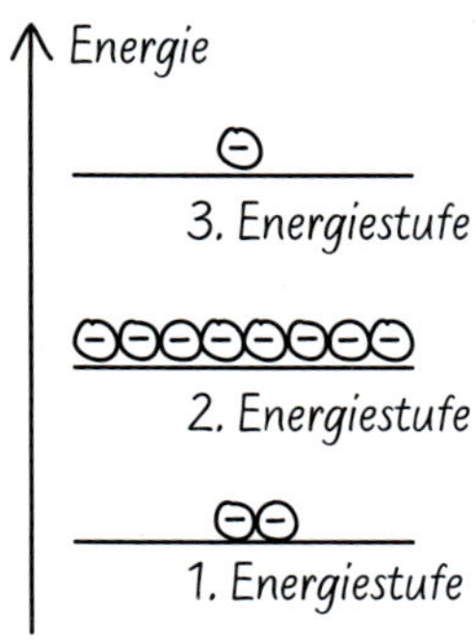

Energiestufenmodell

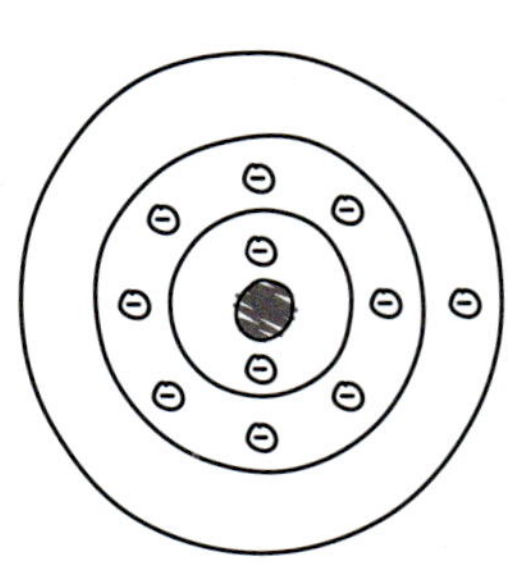

Schalenmodell

7 a

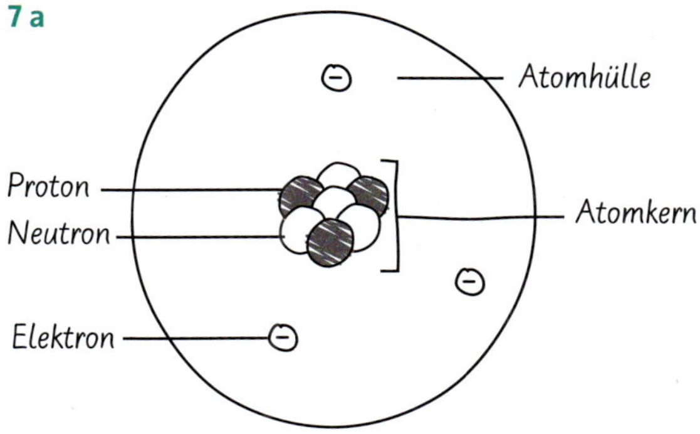

Das Element heißt Lithium, die Symbolschreibweise ist $^{7}_{3}\mathrm{Li}$.

b

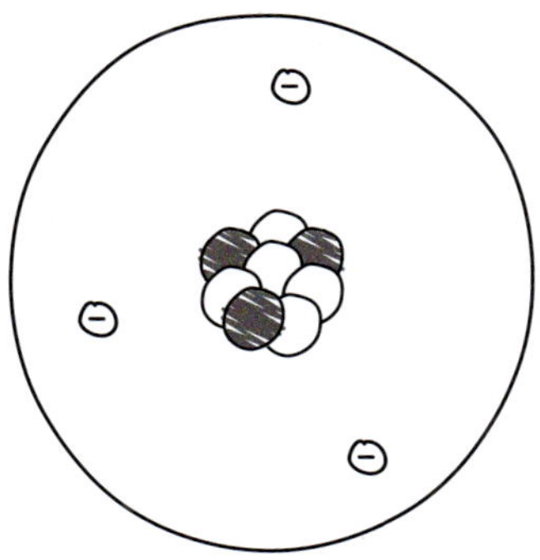

Die Symbolschreibweise ist $^{8}_{3}\mathrm{Li}$.

c Da die Elektronenzahl gleich bleibt, haben $^{7}_{3}\mathrm{Li}$ und $^{8}_{3}\mathrm{Li}$ das gleiche Energiestufenmodell:

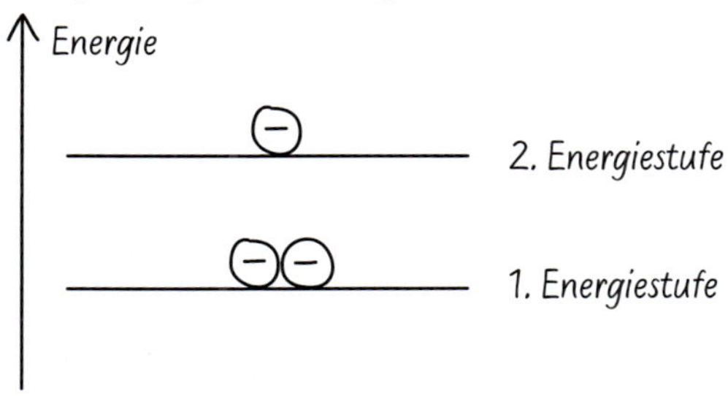

8 a Phosphor
b Beryllium
c Calcium
d Wasserstoff
e Selen
f Radon
g Argon
h Schwefel

9 a Bruno Borstig kann mit Kochsalz in Verbindung gebracht werden, Sepp Huber mit Mehl und Fritz Müller mit Gips.
b Ich kann das Pulver mit Hilfe der Flammenfärbung identifizieren. Dazu gebe ich es auf ein Uhrglas. Dann glühe ich ein Magensiastäbchen in der rauschenden Brennerflamme aus. Ich tauche die glühende Spitze des Magnesiastäbchens in das Pulver und halte die Spitze mit dem Pulver in die rauschende Brennerflamme. Ich betrachte die Flamme.
c Wenn die Flamme gelb wird, ist das ein Hinweis auf das Element Natrium. Kochsalz ist ein Natriumsalz, also war Bruno Borstig der Täter.
Wenn die Flamme orange wird, ist das ein Hinweis auf das Element Calcium. Demnach war Fritz Müller der Täter.
Wenn das Pulver verbrennt und stinkt, handelt es sich um Mehl. Dann war Sepp Huber der Täter.

10 a Rutherford schoss positiv geladene Teilchen, die deutlich kleiner sind als Goldatome, auf eine extrem dünne Goldfolie. Hinter der Goldfolie war ein Fotoschirm angebracht.

b

Beobachtung	Schlussfolgerung
Die meisten Teilchen fliegen ungehindert durch die Goldfolie.	Der größte Teil des Atoms ist leer.
Einige der positiv geladenen Teilchen werden abgelenkt.	Im Innern des Atoms ist eine positive Ladung, der Atomkern. Da das Atom insgesamt ungeladen ist, muss die Atomhülle negativ geladen sein.
Sehr wenige der positiv geladenen Teilchen werden zurückgeworfen.	Der positiv geladene Atomkern ist winzig und massiv.

c Wenn Atome massive und dicht aneinanderliegende Kugeln wären, gäbe es keine Lücken, durch die die Teilchen hindurchfliegen könnten. Darum wären alle Teilchen von den Atomen aufgehalten und zurückgeworfen worden.

Praxis – Einheimische Fische – Erkennst du mich? – S. 72
Lösungswort: Stör

Praxis – Kennübung der Amphibien – S. 73
Lösung: **A** Wechselkröte, **B** Kammmolch, **C** Laubfrosch

3 Wirbeltiere – S. 86/87

1 a Der Körper der Fische ist in Kopf, Rumpf und Schwanz gegliedert.
b Fische besitzen einen spindelförmigen Körper, der dem Wasser wenig Widerstand bietet. Die Schuppen sind mit einer dünnen Schleimschicht überzogen. So gleitet der Fisch besonders gut durch das Wasser. Die Bauchflossen und Brustflossen dienen zum Steuern, Bremsen und Rückwärtsschwimmen. Mit der Schwimmblase kann der Fisch den Wasserdruck in verschiedenen Tiefen ausgleichen und schweben.
c Das Weibchen legt Millionen Eier im Wasser ab. Das ist der sogenannte Laich. Das Männchen gibt seinen Samen darüber. Das nennt man äußere Befruchtung. In den befruchteten Eiern wachsen die Larven heran. Nach dem Schlüpfen ernähren sie sich von ihren Dottersäcken.
2 a Amphibien können ihre Körpertemperatur nicht selbst regulieren, sie ist von der Umgebungstemperatur abhängig. Dies nennen wir wechselwarm.
b Die Entwicklung vom Laich zum erwachsenen Tier wird als Metamorphose bezeichnet. In den befruchteten Eiern beginnt die Entwicklung der Larven, die auch Kaulquappen genannt werden. Zuerst bilden sich Kiemen und Ruderschwanz aus. Danach entwickeln sich zunächst die Hinterbeine und dann die Vorderbeine. Anschließend bilden sich Schwanz und Kiemen zurück, gleichzeitig entwickeln sich Lungen. Die Jungfrösche können jetzt auch an Land leben.
3 a Die Tiere dieser Wirbeltierklasse bewegen sich kriechend fort. „Kriechend" bedeutet im Lateinischen „Reptilis".
b Die Haut der Reptilien ist dicht mit Hornschuppen besetzt und bietet so einen guten Verdunstungsschutz. Da die Haut mit den Hornschuppen nicht mitwächst, wird sie irgendwann zu eng und daher abgestreift.
c Von innerer Befruchtung spricht man, wenn die Eizellen im Körper des Weibchens durch die Spermien des Männchens befruchtet werden.
4 a Die kräftigen Schwungfedern an den Flügeln dienen zum Fliegen, die Schwanzfedern dienen zum Bremsen und Steuern. Die Deckfedern schützen vor Wind und Nässe. Zwischen den Daunenfedern bildet sich ein wärmendes Luftpolster.
b Vögel besitzen einen spindelförmigen Körper, der beim Fliegen nur wenig Luftwiderstand bietet. Die Knochen der Vögel sind hohl, sie haben dünne Wände und sind dadurch besonders leicht. Auch die Federn haben kaum Gewicht. Zusätzlich besitzen Vögel Luftsäcke, die in ihrem Körper verteilt sind. Dadurch ist der Vogelkörper besonders leicht.
c Nesthocker kommen blind und oft nackt auf die Welt. Sie werden noch einige Zeit von ihren Eltern gefüttert, bis sie selbstständig geworden sind. Beispiele dafür sind Amsel, Kaninchen und Mäuse. Nestflüchter kommen vollständig entwickelt auf die Welt. Sie können bereits kurz nach dem Schlüpfen oder der Geburt laufen und suchen sich ihre Nahrung selbst. Beispiele dafür sind Enten, Pferde und Kühe.
5 a Säugetiere leben an Land wie der Feldhase, im Wasser wie der Biber und in der Luft wie die Fledermaus.
b Säugetiere sind lebend gebärend, das bedeutet, dass die Jungtiere ohne Eihülle geboren werden.
c Säugetiere haben Zitzen am Bauch. Aus ihnen säugen die Jungtiere die Muttermilch. Daher haben die Säugetiere ihren Namen.
6 a Alle Wirbeltiere besitzen ein Innenskelett mit einer Wirbelsäule. Ihr Körper ist in Kopf, Rumpf, Schwanz und zwei Paar Gliedmaßen oder Flossen gegliedert. Außerdem besitzen sie einen geschlossenen Blutkreislauf.
b

Wirbeltierklasse	Beispiele
Fische	Hecht, Forelle
Amphibien	Laubfrosch, Teichfrosch
Reptilien	Zauneidechse, Ringelnatter
Vögel	Amsel, Taube
Säugetiere	Hund, Pferd

c Fische atmen über Kiemen. Amphibien atmen über die Haut und über Lungen, als Larven atmen sie über Kiemen. Reptilien, Vögel und Säugetiere atmen über Lungen.

7 a **A** Mensch, **B** Pferd, **C** Wal, **D** Fledermaus
b Die Knochen der Vordergliedmaßen sind an die Lebensweise der verschiedenen Tiere angepasst. Der Arm des Menschen ist sehr beweglich, die Finger können fein greifen. Die Beine des Pferdes ermöglichen eine schnelle Fortbewegung auf festem Untergrund. Die Fingerknochen des Wals sind sehr lang und weit gespreizt, dadurch entsteht eine große Flossenfläche, mit der viel Wasser bewegt werden kann. Die stabilen, kräftigen Ober- und Unterarmknochen ermöglichen die Übertragung der dazu nötigen Kraft auf die Flosse. Die Fingerknochen der Fledermaus sind ebenfalls sehr lang. Die dazwischen gespannte Flughaut bildet eine große Flügelfläche, die diesem Säugetier das Fliegen ermöglicht.

8 a

Bild	Wirbeltierklasse	Begründung
A	Vögel	Schwimmhäute zwischen den Zehen deuten auf einen Wasservogel hin.
B	Säugetiere	Die Katzenpfote ist an ihren Haaren und den Krallen zu erkennen, die zum Klettern und Festhalten der Beute dienen.
C	Fische	Schwanzflossen findet man nur bei Fischen, außerdem ist diese Wirbeltierklasse anhand der Schuppen zu erkennen.
D	Vögel	Kräftige Krallen am Fuß weisen auf einen Greifvogel hin, sie dienen zum Ergreifen der Beute beim Jagen aus der Luft.
E	Säugetiere	Ein Huf aus festem Horn ermöglicht dem Pferd das Laufen auf festem Untergrund.
F	Amphibien	Schwimmhäute zwischen den Zehen und Saugnäpfe an den Zehenspitzen dienen dem Frosch zum Festhalten.

9 a

	Grasfrosch	Alpensalamander
Aussehen		
Körperform	kurz; birnenförmig	länglich
Hinterbeine	Hinterbeine viel länger als Vorderbeine	Vorderbeine und Hinterbeine etwa gleich lang
Fortbewegung	hüpfend	schlängelnde Vorwärtsbewegung
Schwanz vorhanden?	nein	ja
...lurch	Froschlurch	Schwanzlurch

10 a Man unterscheidet äußere und innere Befruchtung.
b 1 und C: innere Befruchtung; 2 und A: äußere Befruchtung; 3 und B: innere Befruchtung

4 Atmung des Menschen – S. 102/103

1 a Mundhöhle, Nasenhöhlen, Rachen, Luftröhre, Bronchien, Bronchiolen, Lungenbläschen, Rippen und Zwischenrippenmuskeln, Zwerchfell

b **A** Luftröhre, **B** Lunge, **C** Bronchiole mit Lungenbläschen, **D** Zwischenrippenmuskel, **E** Zwerchfell

c Die Lunge besteht aus zwei Lungenflügeln. Am Eingang zur Lunge gabelt sich die Luftröhre in die zwei Bronchien. Diese verzweigen sich in der Lunge immer weiter zu den dünnen Bronchiolen. Am Ende der Bronchiolen sitzen die Lungenbläschen. Bronchien und Bronchiolen sehen aus wie ein umgedrehter Baum, die Lungenbläschen wie Trauben.

d Bakterien und Staub bleiben zum Teil schon an den Nasenhaaren in den Nasenhöhlen kleben. Gelangen sie tiefer in die Atemwege, bleiben sie an der Schleimschicht der Schleimhaut kleben und werden von den Flimmerhärchen heraustransportiert. Größere Teilchen werden ausgehustet.

2 a Beim Einatmen heben sich die Rippen und das Zwerchfell senkt sich. Beim Ausatmen senken sich die Rippen und das Zwerchfell wölbt sich nach oben.

b Die Einatemluft enthält mehr Sauerstoff und weniger Kohlenstoffdioxid als die Ausatemluft. Die Ausatemluft ist meist wärmer und enthält mehr Wasserdampf, jedoch weniger Staub als die Einatemluft.

c Wenn sich das Volumen der Lunge verkleinert, atme ich aus. Wenn sich das Volumen der Lunge vergrößert, atme ich ein.

d In den Lungenbläschen geht der Sauerstoff aus der Einatemluft in das Blut in den feinen Blutgefäßen über. So wird aus dem sauerstoffarmen Blut an den Lungenbläschen sauerstoffreiches Blut. Gleichzeitig geht Kohlenstoffdioxid aus den Blutgefäßen in die Lungenbläschen über. Das Blut wird also ärmer an Kohlenstoffdioxid.

3 a Mein Körper benötigt Energie für Muskelbewegungen, das Aufrechterhalten der Körpertemperatur, den Auf- und Umbau von Stoffen beim Wachsen und für die Nervenimpulse.

b Kohlenhydrate werden zu Traubenzucker abgebaut. Dieser wird in den Körperzellen in Kohlenstoffdioxid und Wasser zerlegt. Dazu benötigen die Zellen Sauerstoff. Bei dieser Zellatmung wird Energie freigesetzt.

c Traubenzucker + Sauerstoff ⟶ Wasser + Kohlenstoffdioxid + Energie

d Zwischen Lungenbläschen und Blut wird Sauerstoff und Kohlenstoffdioxid ausgetauscht. Bei der Zellatmung wird zwischen den Körperzellen und dem Blut Kohlenstoffdioxid und Sauerstoff ausgetauscht.

4 a Die Lunge ist kein Muskel, daher kann sie sich nicht selbst ausdehnen oder zusammenziehen.

b Modell A zeigt die Zwerchfellatmung, Modell B die Rippenatmung.

c Der Luftballon entspricht der Lunge. Die Öffnung der Flasche entspricht der Luftröhre. Die Membran zum Ziehen entspricht dem Zwerchfell. Die Flasche entspricht dem Brustkorb.

d Bei Modell B sieht man, dass sich der Brustkorb und damit das Lungenvolumen vergrößert, wenn sich die Rippen heben.

5 a Schutzbrille, Luftballon, Kalkwasser, Strohhalm, Person, die ausatmet

b Im Becherglas mit Einatemluft brennt die Kerze länger als im gleich großen Becher mit Ausatemluft. Das heißt, dass in der Einatemluft mehr Sauerstoff enthalten ist als in der Ausatemluft.

6 Nur die Aussage des Arztes ist vertrauenswürdig, denn er hat Medizin studiert und Erfahrung mit vielen Patienten. Tante Margot ist keine sichere Quelle, denn sie spricht nur von ihrer Familie. Dem Verkaufsportal ist trotz des Doktor-Titels im Namen nicht zu vertrauen, denn das Hauptinteresse ist der Verkauf.

7 a Der Energiegehalt von Nahrungsmitteln wird in Kilokalorien beziehungsweise Kilojoule angegeben, abgekürzt mit kcal beziehungsweise kJ.

b Je größer die körperliche Belastung ist, desto höher ist die Atemfrequenz.

c Je größer die körperliche Belastung ist, desto mehr Energie benötigt der Körper. Dazu muss mehr Traubenzucker in der Zellatmung umgesetzt werden. Das Blut muss mehr Sauerstoff von der Lunge zu den Zellen transportieren und mehr Kohlenstoffdioxid von den Zellen zur Lunge. Daher muss auch mehr Sauerstoff aufgenommen und mehr Kohlenstoffdioxid abgegeben werden. Deshalb atmet man bei körperlicher Belastung schneller.

5 Herz-Kreislauf-System – S. 120/121

1 a Das gelbliche Blutplasma besteht vor allem aus Wasser. Darin sind Mineralstoffe und Hilfsstoffe zur Blutgerinnung gelöst.

b Das Blut transportiert Blutzellen, Nährstoffbausteine, Vitamine, Mineralstoffe, Sauerstoff, Kohlenstoffdioxid und Hormone durch den Körper.

c

	Aufgabe	Bild
rote Blutkörperchen	Transport von Sauerstoff und Kohlenstoffdioxid	C
weiße Blutkörperchen	Bekämpfung von Krankheitserregern	A
Blutplättchen	Wundheilung/ Wundverschluss	B

2 a In Arterien fließt das Blut vom Herzen weg. In Venen fließt das Blut zum Herzen hin.

b Das Herz ist ein Hohlmuskel. Die Herzscheidewand trennt das Herz in eine rechte und eine linke Hälfte. Jede Hälfte besitzt einen Vorhof und eine Herzkammer. Taschenklappen und Segelklappen verhindern ein Vermischen des Blutes.

c Körperkreislauf: Von der linken Herzkammer wird durch die Körperarterie sauerstoffreiches Blut zu allen Zellen und Organen des Körpers gepumpt. Durch die Venen fließt das kohlenstoffdioxidreiche Blut zum rechten Vorhof und zur rechten Herzkammer zurück.

Lungenkreislauf: Von der rechten Herzkammer wird kohlenstoffdioxidreiches Blut durch die Lungenarterie zur Lunge gepumpt. Dort findet der Gasaustausch statt. Kohlenstoffdioxid aus dem Körperkreislauf wird abgegeben und das Blut wird mit Sauerstoff angereichert. Die Lungenvene führt dieses Blut zum linken Vorhof.

3 a Man kann den Puls an der Halsschlagader oder am Handgelenk fühlen. Weitere Antwortmöglichkeiten: Leistenbeuge, Achselhöhle.

b Die Pulsfrequenz gibt an, wie oft das Herz in einer bestimmten Zeit schlägt.

Die Atemfrequenz gibt an, wie viele Atemzüge in einer bestimmten Zeit gemacht werden.

c Bei körperlicher Belastung benötigt unser Körper mehr Energie und mehr Sauerstoff. Deshalb atmen wir bei Anstrengung schneller und intensiver. Die Atemfrequenz erhöht sich. Unser Blut enthält dadurch mehr Sauerstoff. Damit dieser Sauerstoff schnell zu den Muskeln und Organen kommt, pumpt das Herz das Blut schneller durch den Körper. Das Herz schlägt also mit einer höheren Pulsfrequenz. Wenn die Anstrengung vorbei ist, verlangsamen sich auch Atem- und Pulsfrequenz wieder.

d Der Körper gewinnt die Nährstoffe mit Hilfe der Verdauung aus der Nahrung. Bei der Zellatmung wird vor allem aus Traubenzucker Energie freigesetzt. Dazu wird Sauerstoff benötigt. Über die Atmung wird der Sauerstoff aufgenommen, in der Lunge an die Blutgefäße des Herz-Kreislauf-Systems abgegeben und zu allen Zellen und Organen des Körpers transportiert.

4 a Fett- und zuckerreiches Essen, Rauchen, Stress, Bewegungsmangel und wenig Schlaf können das Herz-Kreislauf-System schädigen.

b Die Lebensweise dieses Jungen erscheint sehr ungesund. Die Chipstüte und die Cola sind Hinweise auf eine ungesunde Ernährung. Sein dicker Bauch verrät sein Übergewicht. Er sitzt vor dem Fernseher, wahrscheinlich hat er also wenig Bewegung.

c Tipps: abwechslungsreiche Ernährung, also ein ausgewogenes Verhältnis zwischen verschiedenen Nahrungsbestandteilen ist wichtig; Obst und Gemüse regelmäßig in den Speiseplan einbeziehen; keine zu späten Mahlzeiten; zuckerarme Getränke; täglich Bewegung oder auch sportliche Aktivitäten.

5 a Das Spenderblut wird auf verschiedene Krankheiten untersucht und dann aufgeteilt. Rote Blutkörperchen werden bei 4 °C, Blutplättchen bei 20 °C und Blutplasma wird bei –25 °C gelagert.

b Es ist nötig, dass viele Menschen Blut spenden, da in Deutschland täglich etwa 15 000 Blutspenden benötigt werden.

c Das gespendete Blut wird in die verschiedenen Blutbestandteile aufgeteilt, weil diese bei verschiedenen Temperaturen gelagert werden müssen.

6

Beschreibung	Bewertung
a	b
c	d
e	
f	

7 a Die drei häufigsten Ursachen für Stress bei Jugendlichen sind die Schule (33 %), Ärger und Streit (21 %) sowie Familie, Geschwister und Eltern (17 %).

7 b Gesunde Ernährung, ausreichend Schlaf, ausreichend Bewegung, genügend Entspannung und eine gesunde Lebensweise können helfen, Stress zu vermeiden.

7 c Individuelle Umsetzung;

Möglichkeiten: Protokoll zum Tagesablauf; Stressbefragung in der Schule; verschiedene Angebote für die Mitschüler wie Yoga zur Entspannung, bewegte Pause oder gesundes Frühstück; Umfrage zur Freizeitgestaltung; die Ergebnisse in geeigneter Form präsentieren (Aktionstag, Poster, Ausstellung ...)

6 Elektrische Energie – S. 150/151

1 a Wirkungen des elektrischen Stroms: Wärme (Herd), Bewegung (Bohrmaschine), Strahlung (LED), chemische Wirkung (Zersetzung von Wasser)

b Smartphone: Wärmeenergie + Strahlungsenergie + Bewegungsenergie (Schall)
Haartrockner: Bewegungsenergie + Wärmeenergie
Mixer: Bewegungsenergie + Wärmeenergie
Rolltreppe: Bewegungsenergie
Glühbirne: Wärmeenergie + Strahlungsenergie

c

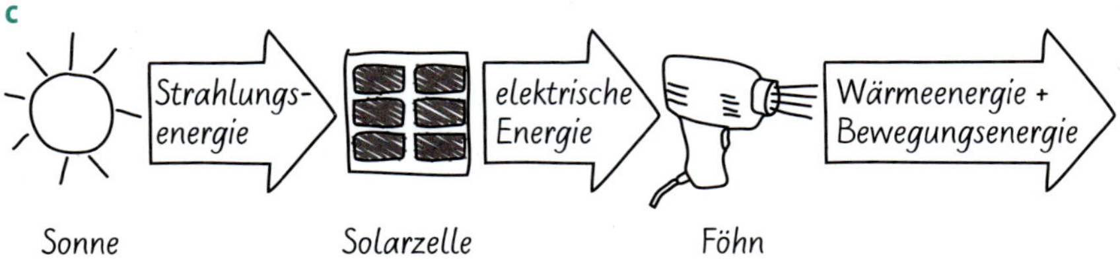

d Dynamo, Generator, Lichtmaschine

2 a Der Träger der elektrischen Energie ist das Elektron.

b **A** Lampe, **B** Spannungsmessgerät, **C** Schalter, **D** Strommessgerät, **E** Batterie

c Stromkreise müssen geschlossen sein, weil nur dann die Energieübertragung gelingt. Ein Modell dafür ist die Fahrradkette.

d

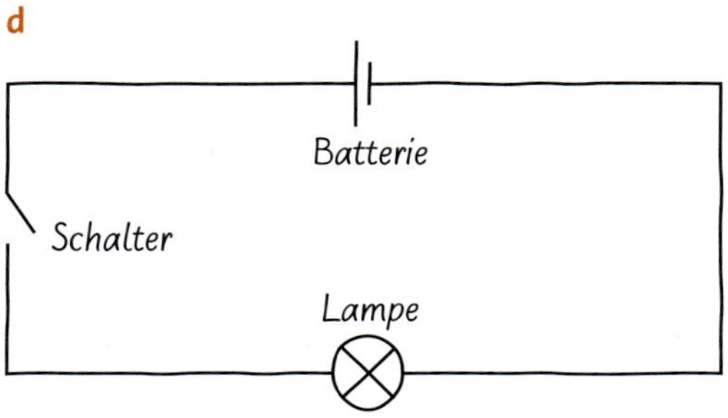

3 a Einheit Spannung = Volt, 1 V
Einheit Stromstärke = Ampere, 1 A

b Spannungsquellen:
Batterie (1,5–12 V), Fahrraddynamo (ca. 6 V), Solarzelle (0,5 V), Solarmodul (20–80 V), Netzspannung (230 V), Handyakku (ca. 4 V), Hochspannungsleitungen (110–400 kV)

c Eine Modellvorstellung für die Spannung ist der Wasserdruck in einer Wasserleitung.

d Eine Modellvorstellung für die Stromstärke ist fließendes Wasser. Die Wasserteilchen entsprechen den Elektronen, die Anzahl der Wasserteilchen pro Sekunde entspricht der Stromstärke (Elektronen pro Sekunde).

4 a

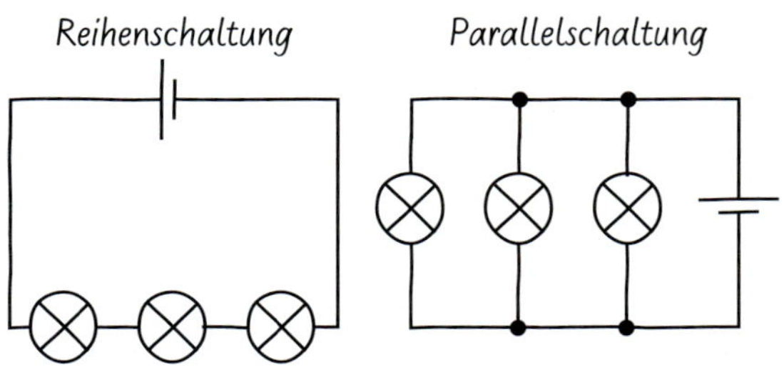

b Reihenschaltung: Alle Lampen gehen aus. Die kaputte Lampe ist nicht zu erkennen.
Parallelschaltung: Nur eine Lampe erlischt. Es ist die defekte.

c *Reihenschaltung*
Vorteil: geringe Kosten, geringer Materialverbrauch, einfache Bauweise
Nachteil: Defekte Geräte sind schwer zu finden, weil alle Geräte ausgehen.
Parallelschaltung
Vorteil: Defekte Geräte sind schnell zu lokalisieren.
Nachteil: höhere Kosten, größerer Materialverbrauch, aufwendigere Bauweise

5 a Wenn sich die Spannung verdoppelt, so verdoppelt sich die Stromstärke.
Halbe Spannung bedeutet halbe Stromstärke.

b Ohmsches Gesetz
Die Spannung ist das Produkt aus Widerstand und Stromstärke.
$U = R \cdot I$

6 a Sofortmaßnahmen:
– Not-Aus drücken, sofern vorhanden
– Stecker ziehen
– Verunglückten sicher von der Spannungsquelle trennen
– Notarzt rufen oder 112 wählen

b Das Ladekabel ist so beschädigt, dass der Metalldraht sichtbar ist. Wenn das Metall beim Aufladen an der Steckdose berührt wird, droht Lebensgefahr.

7 a Spannungsquelle = 2 Batterien;
Verbraucher = Lampe

b Der Weg der Elektronen beginnt am Minuspol der Batterie. Über die Kupferbleche, den Schalter und den Fuß der Lampe fließen die Elektronen zum Pluspol der Batterie.

c

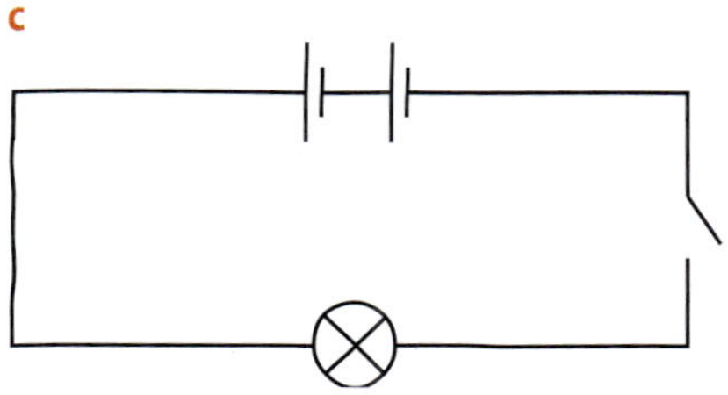

d Maschenregel: Den Stromweg in einem Stromkreis von einem Pol zum anderen Pol nennt man eine Masche. Innerhalb jeder Masche ist die Summe aller Teilspannungen gleich der Spannung an der Spannungsquelle.

e Die Spannungen der Batterien addieren sich zu 3 V.

8 a Es wird die Spannung gemessen.
Dies ist an der Parallelschaltung des Messgeräts, an den Anschlüssen des Messgeräts oder an der Stellung des Drehknopfs erkennbar.

b

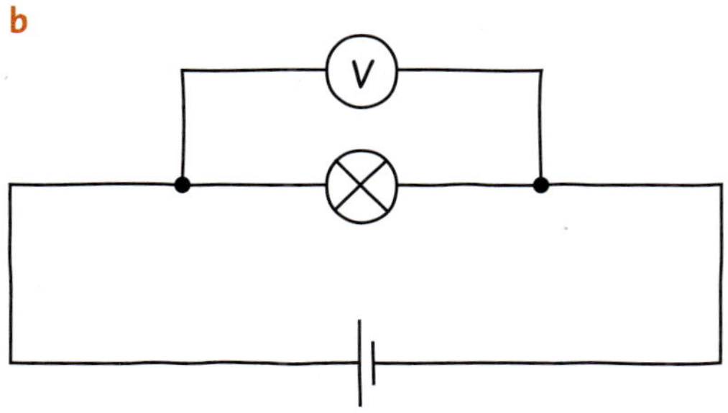

c Um die Stromstärke zu messen, müssen Spannungsquelle, Lampe und Messgerät in Reihe geschaltet werden. Der Drehknopf des Messgeräts muss auf A gestellt werden und die A-Buchse des Messgeräts mit einem der Kabel in der Reihenschaltung verbunden werden. Ein Kabel bleibt übrig.

9 a Der Wasserhahn kann nicht als Modell für einen Schalter dienen:
– Er wird geschlossen, um den Wasserfluss zu unterbinden; ein Schalter wird dagegen geöffnet, um den Stromfluss zu stoppen.
– Das Wasser verlässt nach dem Wasserhahn die Rohrleitung, das ist beim Strom unmöglich.
– Der Wasserhahn kann den Wasserdurchfluss regeln, auch das ist beim Schalter unmöglich. Er kennt nur ein und aus.

10 a Der Widerstand hängt von der Länge, der Querschnittsfläche, dem Material und der Temperatur des Leiters ab.

b

	Spannung	Stromstärke	Widerstand
Formelzeichen	U	I	R
Einheit	Volt	Ampere	Ohm
Abkürzung	V	A	Ω

c Es muss mit folgenden Formeln gerechnet werden:
$R = U : I = 12\,V : 0{,}4\,A = 30\,\Omega$
$I = U : R = 230\,V : 2{,}5\,A = 92\,\Omega$
$U = R \cdot I = 50\,\Omega \cdot 0{,}6\,A = 30\,V$

Spannung U	Stromstärke I	Widerstand R
12 V	0,04 A	30 Ω
230 V	2,5 A	92 Ω
30 V	0,6 A	50 Ω

Stichwortverzeichnis

Periodensystem der Elemente

Periode	I. Hauptgruppe	II. Hauptgruppe	III. Nebengruppe	IV. Nebengruppe	V. Nebengruppe	VI. Nebengruppe	VII. Nebengruppe	VIII. Nebengruppe	VIII. Nebengruppe
1	$^{1}_{1}$H Wasserstoff								
2	$^{7}_{3}$Li Lithium	$^{9}_{4}$Be Beryllium							
3	$^{23}_{11}$Na Natrium	$^{24}_{12}$Mg Magnesium							
4	$^{39}_{19}$K Kalium	$^{40}_{20}$Ca Calcium	$^{45}_{21}$Sc Scandium	$^{48}_{22}$Ti Titan	$^{51}_{23}$V Vanadium	$^{52}_{24}$Cr Chrom	$^{55}_{25}$Mn Mangan	$^{56}_{26}$Fe Eisen	$^{59}_{27}$Co Cobalt
5	$^{85}_{37}$Rb Rubidium	$^{88}_{38}$Sr Strontium	$^{89}_{39}$Y Yttrium	$^{90}_{40}$Zr Zirconium	$^{93}_{41}$Nb Niob	$^{98}_{42}$Mo Molybdän	$^{(98)}_{43}$Tc Technetium	$^{102}_{44}$Ru Ruthenium	$^{103}_{45}$Rh Rhodium
6	$^{133}_{55}$Cs Caesium	$^{138}_{56}$Ba Barium	* 57–71	$^{180}_{72}$Hf Hafnium	$^{181}_{73}$Ta Tantal	$^{184}_{74}$W Wolfram	$^{187}_{75}$Re Rhenium	$^{192}_{76}$Os Osmium	$^{193}_{77}$Ir Iridium
7	$^{(223)}_{87}$Fr Francium	$^{(226)}_{88}$Ra Radium	** 89–103	$^{(267)}_{104}$Rf Rutherfordium	$^{(270)}_{105}$Db Dubnium	$^{(269)}_{106}$Sg Seaborgium	$^{(270)}_{107}$Bh Bohrium	$^{(270)}_{108}$Hs Hassium	$^{(278)}_{108}$Mt Meitnerium

* Elemente der Lanthanreihe	$^{138}_{57}$La Lanthan	$^{140}_{58}$Ce Cer	$^{141}_{59}$Pr Praseodym	$^{142}_{60}$Nd Neodym	$^{(147)}_{61}$Pm Promethium	$^{152}_{62}$Sm Samarium
** Elemente der Actiniumreihe	$^{(227)}_{89}$Ac Actinium	$^{(232)}_{90}$Th Thorium	$^{(231)}_{91}$Pa Protactinium	$^{(238)}_{92}$U Uran	$^{(237)}_{93}$Np Neptunium	$^{(244)}_{94}$Pu Plutonium

Massenzahl des häufigsten (langlebigsten) Isotops → 12
Ordnungszahl → 6
Name → Kohlenstoff

$^{12}_{6}$C ← **Elementsymbol**
schwarz = Feststoff
blau = Flüssigkeit
rot = Gas

Metall

Halbmetall

Nichtmetall

VIII. Nebengruppe	I. Nebengruppe	II. Nebengruppe	III. Hauptgruppe	IV. Hauptgruppe	V. Hauptgruppe	VI. Hauptgruppe	VII. Hauptgruppe	VIII. Hauptgruppe
								$^{4}_{2}$He Helium
			$^{11}_{5}$B Bor	$^{12}_{6}$C Kohlenstoff	$^{14}_{7}$N Stickstoff	$^{16}_{8}$O Sauerstoff	$^{19}_{9}$F Fluor	$^{20}_{10}$Ne Neon
			$^{27}_{13}$Al Aluminium	$^{28}_{14}$Si Silicium	$^{31}_{15}$P Phosphor	$^{32}_{16}$S Schwefel	$^{35}_{17}$Cl Chlor	$^{40}_{18}$Ar Argon
$^{58}_{28}$Ni Nickel	$^{63}_{29}$Cu Kupfer	$^{64}_{30}$Zn Zink	$^{69}_{31}$Ga Gallium	$^{74}_{32}$Ge Germanium	$^{75}_{33}$As Arsen	$^{80}_{34}$Se Selen	$^{79}_{35}$Br Brom	$^{84}_{36}$Kr Krypton
$^{106}_{46}$Pd Palladium	$^{107}_{47}$Ag Silber	$^{114}_{48}$Cd Cadmium	$^{115}_{49}$In Indium	$^{120}_{50}$Sn Zinn	$^{121}_{51}$Sb Antimon	$^{130}_{52}$Te Tellur	$^{127}_{53}$I Iod	$^{132}_{54}$Xe Xenon
$^{195}_{78}$Pt Platin	$^{197}_{79}$Au Gold	$^{202}_{80}$Hg Quecksilber	$^{205}_{81}$Tl Thallium	$^{208}_{82}$Pb Blei	$^{209}_{83}$Bi Bismut	$^{(209)}_{84}$Po Polonium	$^{(210)}_{85}$At Astat	$^{(222)}_{86}$Rn Radon
$^{(281)}_{110}$Ds Darmstadtium	$^{(281)}_{111}$Rg Roentgenium	$^{(285)}_{112}$Cn Copernicium	$^{(286)}_{113}$Nh Nihonium	$^{(289)}_{114}$Fl Flerovium	$^{(289)}_{115}$Mc Moscovium	$^{(293)}_{116}$Lv Livermorium	$^{(293)}_{117}$Ts Teness	$^{(294)}_{118}$Og Oganesson

$^{153}_{63}$Eu Europium	$^{158}_{64}$Gd Gadolinium	$^{159}_{65}$Tb Terbium	$^{164}_{66}$Dy Dysprosium	$^{165}_{67}$Ho Holmium	$^{166}_{68}$Er Erbium	$^{169}_{69}$Tm Thulium	$^{174}_{70}$Yb Ytterbium	$^{175}_{71}$Lu Lutetium
$^{(243)}_{95}$Am Americium	$^{(247)}_{96}$Cm Curium	$^{(247)}_{97}$Bk Berkelium	$^{(252)}_{98}$Cf Californium	$^{(252)}_{99}$Es Einsteinium	$^{(257)}_{100}$Fm Fermium	$^{(258)}_{101}$Md Mendelevium	$^{(259)}_{102}$No Nobelium	$^{(262)}_{103}$Lr Lawrencium

Bildquellen

Cover: Image Source/Claire Keeley | S. 3: oben action press/REX/Birol Bali/Shutterstock; unten imago stock&people/blickwinkel | S. 4: oben OKAPIA KG/imagebroker/Anni Sommer/M, Germany; Mitte Shutterstock/wavebreakmedia; unten mauritius images/B. BOISSONNET | S. 5: Fotolia/fotoember | S. 10: Warnzeichen Fotolia/vektorisiert; Rettungssymbole Fotolia/Bergfee; Gebotssymbole Fotolia/Gooseman | S. 12: oben Shutterstock/Dirima | S. 14: action press/REX/Birol Bali/Shutterstock | S. 15: oben interfoto e.k./Granger, NYC; Mitte Fotolia/Michael; unten Fotolia/countrypixel | S. 18: oben Fotolia/freefly; (2) Fotolia/underwaterstas | S. 19: Fotolia/ramonespelt | S. 20: oben Fotolia/anweber; (3) Fotolia/lchumpitaz | S. 21: Fotolia/selezenj | S. 22: oben Fotolia/JRJfin; (2) Fotolia/Björn Wylezich; (3) Cornelsen/Volker Minkus, Isernhagen | S. 23: Shutterstock/Stocksnapper | S. 24: oben Shutterstock/olgaru79 | S. 25: (3) Fotolia/Matze; (4) Fotolia/benjaminnolte; (5) Cornelsen/Volker Döring; (6) Fotolia/mimadeo | S. 26: Gebotssymbol Fotolia/Gooseman | S. 27: Gebotssymbole Fotolia/Gooseman | S. 28: Fotolia/nd700 | S. 29: Cornelsen/Volker Minkus, Isernhagen | S. 30: Fotolia/vom | S. 31: Gebotssymbole Fotolia/Gooseman | S. 32: oben Fotolia/Mattoff; (1) Fotolia/animaflora; (2) Fotolia/ike; (3) Shutterstock/mubus7 | S. 33: (4) www.coulorbox.de/2017; (5) Fotolia/mirkograul; (6) Fotolia/bobakphoto; (7) ddp images/David Hecker/dapd | S. 34: Fotolia/Lars Schmidt | S. 35: (4) laif/Zenit/Paul Langrock; (5) Fotolia/elxeneize | S. 36: blickwinkel/Robert Grahn/euroluftbild.de | S. 39: Fotolia/volkerr | S. 40: imago stock&people/blickwinkel | S. 41: oben laif/Polaris; Mitte Shutterstock/Caleb Foster; unten Fotolia/Patrick Foto | S. 44: Fotolia/huci | S. 45: imago sportfotodienst/Dirk Holst | S. 46: ddp images/intertopics | S. 48: oben Fotolia/Gino Santa Maria; (1) Cornelsen/Volker Minkus, Isernhagen | S. 51: Gebotssymbol Fotolia/Gooseman; (3) alle Cornelsen/Volker Minkus, Isernhagen | S. 52: oben Shutterstock/iamporpla; (2), Chlor Cornelsen/Volker Döring; (2), Schwefel Fotolia/Stephen; (2), Aluminium Fotolia/Björn Wylezich; (2), Zinn Fotolia/bpstocks; (2), Kohlenstoff Fotolia/fablok | S. 53: (3) Fotolia/kv_san; (4) Fotolia/StudioLaMagica; (5) Fotolia/FrankU; (6) Shutterstock/adastra | S. 54: Shutterstock/Alistair McDonald | S. 56: Shutterstock/Nazzu | S. 58: (6) Fotolia/animaflora; (7) Shutterstock/oriontrail; (8) Shutterstock/Monstar Studio | S. 64: OKAPIA KG/imagebroker/Anni Sommer/M, Germany | S. 65: oben Fotolia/byrdyak; Mitte Shutterstock/Hayley Stainton; unten interfoto e.k./FLPA/Martin Hale | S. 67: oben (A) Shutterstock/Bernd Wolter; oben (B) GlowImages/Prisma RM; oben (C) Shutterstock/Dave Head; oben (D) Shutterstock/Podolnaya Elena; oben (E) Shutterstock/Hector Ruiz Villar; unten (A) Fotolia/emer; unten (B) mauritius images/imageBroker/Horst Sollinger; unten (C) imago; unten (D) Shutterstock/Rocksweeper; unten (E) Shutterstock/Mike Laptev | S. 68: oben Fotolia/Jag_cz; (1) Juniors/Pölzer, W.; (3) Juniors/Bürkel, D.L. | S. 69: blickwinkel/Heinz Schmidbauer | S. 70: oben Fotolia/Christian; (3) mauritius images/S. Ott/Tierfotoagentur | S. 71: (5) Juniors/Avalon | S. 72: (B) Juniors/Dirscherl, R.; (Ö) OKAPIA KG/imagebroker/Fotoatelier Berlin/M, Germany; (D) mauritius images/Paulo de Oliveira/Photoshot Creative; (A), (C), (R), (T) blickwinkel/A. Hartl; (S) Juniors/Fiedler, W. | S. 73: (1) Shutterstock/Marek R. Swadzba; (2) Feuersalamander Fotolia/Andreas Wuttke; (2) Kammmolch Fotolia/WitR; (2) Wechselkröte Fotolia/vipersgarden; (2) Gelbbauchunke Fotolia/Marek R. Swadzba; (2) Grasfrosch Fotolia/saccobent; (2) Laubfrosch Fotolia/Manuel Findeis; (A) F1online/Imagebroker RM/Horst Jegen; (B) Shutterstock/Tiberiu Sahlean; (C) Shutterstock/Florian Teodor | S. 74: oben Fotolia/bennytrapp; (1) blickwinkel/B. Trapp; (3) Juniors/4Nature | S. 75: (5) K. Bogon/WILDLIFE; (6) Juniors/G. Synatzschke; (7) OKAPIA KG/imagebroker/Mark Sisson/FLPA; (8) Juniors/A. Noellert | S. 76: oben Shutterstock/AndreAnita; (2) Science Photo Library/Gilbert S. Grant | S. 77: blickwinkel/Konrad Wothe | S. 78: (2) Shutterstock/Kunertus; (3) mauritius images/alamy stock photo/Stefan Sollfors | S. 80: (2) Fotolia/gudkovandrey; oben © Biosphoto/FOTOFINDER.COM; (3) Harvey, M./juniors@wildlife | S. 81: (4) Shutterstock/Aneta Jungerova; (5) imago stock&people/Nature Picture Library; (6) dpa Picture-Alliance/WILDLIFE; (7) Fotolia/santia3; (8) Shutterstock/Anupong Thiprot; (9) Fotolia/suedwind1 | S. 82: dpa Picture-Alliance/Christopher Austin | S. 83: (2) blickwinkel/McPHOTO/Alfred Schauhuber; (3) OKAPIA KG/imagebroker/Marko König | S. 84: Schwein www.coulorbox.de; Reh, Wildschwein, Luchs, Katzenbär, Okapi Shutterstock/Eric Isselee; Eichhörnchen Shutterstock/Giedriius; Löwe Fotolia/Sirius125; Meerschweinchen Fotolia/Uros Petrovic; Elefant Shutterstock/apple2499; Katze Shutterstock/Zharinova Marina; Ziege Shutterstock/Iakov Filimonov | S. 86: (2) Fotolia/olgavisavi | S. 87: (5A) Shutterstock/Cerovsek Barbara; (5B) Shutterstock/foxhound photos; (5C) Fotolia/A_Bruno; (5D) Fotolia/Tanya; (5E) Shutterstock/Kaiskynet Studio; (5F) Shutterstock/Dr Morley Read; (6) rechts blickwinkel/J. Fieber; (6) links Shutterstock/Max Daniel Padt | S. 88: Shutterstock/wavebreakmedia | S. 89: oben Image Source/Cultura/Kallista Images; Mitte Fotolia/Robert Kneschke; unten mauritius images/Science Photo Library/Pixologicstudio | S. 91: Fotolia/photominus21 | S. 92: Frederic Cirou/PhotoAlto/laif | S. 93: F1Online/VisualsUnlimited | S. 94: Fotolia/fizkes | S. 95: Cornelsen/Volker Döring | S. 96: Gebotssymbol Fotolia/Gooseman | S. 97: Shutterstock/JIANG HONGYAN | S. 98: oben Shutterstock/gkrphoto; (2) mauritius images/Wolfgang Filser | S. 100: (1) action press/PMD; Gunther von Hagens' KÖRPERWELTEN, Institut für Plastination, Heidelberg, www.koerperwelten.de; (2) Fotolia/elcovalana | S. 104: mauritius images/B. BOISSONNET/BSIP | S. 105: oben mauritius images/alamy stock photo/Charles McClean; Mitte Fotolia/lom123; unten GlowImages/Imagesource | S. 107: Shutterstock/Ilya Andriyanov | S. 108: oben Fotolia/Gina Sanders; (1) links Cornelsen/Volker Döring; (2) Fotolia/Andrew Dorey | S. 109: (3) links mauritius images/David M. Phillips/Science Source; (3) rechts imago stock&people/Science Photo Library; (4) Shutterstock/Juan Gaertner; (5) Shutterstock/ChaNaWiT | S. 110: Shutterstock/Omer Gurbuz | S. 112: (A) F1Online/BSIP; (B) Andreas Miehling, Augsburg | S. 113: (3) Andreas Miehling, Augsburg | S. 114: oben Shutterstock/Antonio Guillem; (1) Shutterstock/Jacek Chabraszewski; (2) Shutterstock | S. 115: (3), (4) Shutterstock/Maridav; (5) Shutterstock/cunaplus; (6) Shutterstock/Matt Ragen | S. 116: oben © Science Photo Library/SCIEPRO; (2) Fotolia/Light Impression; (3) Fotolia/AlexanderNovikov | S. 117: (4) Shutterstock/Crevis; (5) Shutterstock/Sasin Paraksa; (6) mauritius images/imageBroker/Günther Essbach; (7) oben Fotolia/majorosl66; (7) unten Fotolia/fotofrank | S. 118: Shutterstock/Jacek Chabraszewski | S. 120: (1) akg-images/Stocktrek Images | S. 121: dpa Picture-Alliance/Karl-Josef | S. 122: Fotolia/fotoember | S. 123: Mitte Fotolia/hykoe; oben Shutterstock/Derek Heasley; unten Fotolia/trendobjects | S. 126: oben mauritius images/alamy stock photo/Jannis Werner; (1) Shutterstock/Iakov Filimonov | S. 127: Fotolia/demarco | S. 128: oben Fotolia/Harald Biebel; (1), (2) Bernhard Schnupp, Pyrbaum | S. 129: Shutterstock/tea maeklong | S. 130: Bernhard Schnupp, Pyrbaum | S. 132: oben Fotolia/PhotoSG; (1) Fotolia/nickolae; (2) www.coulorbox.de | S. 133: Fotolia/nickolae | S. 136: Fotolia/asbe24 | S. 140: oben imago stock&people/Niehoff; (1) Fotolia/Archivist | S. 142: (8) mauritius images/alamy stock photo/Philip Lewis; (9A) Fotolia/Lefteris Papaulakis | S. 146: oben Fotolia/Jamrooferpix; (1) Fotolia/Klaus Eppele | S. 147: (3) Fotolia/micha_h; (4) Fotolia/dk-fotowelt; (5) Fotolia/SPP | S. 150: (1) Glühlampe www.colourbox.de; (1) Smartphone www.colourbox.de; (1) Handrührgerät Fotolia/beermedia; (1) Föhn Fotolia/gerasimenuk; (1) Rolltreppe www.colourbox.de; (3) Shutterstock/TanyaLovus | S. 157: links Shutterstock/Max Daniel Padt; rechts blickwinkel/J. Fieber | U4: Image Source/Claire Keeley

Illustrationen, Grafiken und technische Zeichnungen:
biologiegrafik: Seiten 76 (3), 85 unten links, unten Mitte, unten 2. von links, unten 2. von rechts, 93, 95, 101 (2), 102 (1), (3) | Christian Nusch: Seiten 10 (4), 16, 42, 66, 79 (4), 90, 106, 120 (3), 124, 137 (5) | Detlef Seidensticker: Seiten 9, 10 (1), 11 (1), (3), 17, 18 (1), 19, 20, 21, 22 (1), 23, 24, 26, 27, 28, 29, 30, 31, 34, 35, 36, 37, 39, 43, 44, 45, 46, 47, 48 (2), 49, 50, 51 (1), 55, 56, 57, 58, 59, 60, 61, 62, 63, 86 (3), 91, 96 (1), (2), 98, 99, 101 (3), 102 (2), 103, 107, 110 (1), 112 (2), 113, 116, 119 (2), 121, 125, 127, 128, 129, 130, 131, 132 (3), 133, 134, 135, 136, 137 (3), (4), 138, 139, 141, 142, 143, 144, 145, 148, 149, 151, 152, 153, 154, 155, 160, 161, 166, 167 | diGraph Medien-Service: Seiten 71 (6), 79 (5) | Heike Keis/Möller: Seite 71 (4) | Ingrid Schobel: Seiten 92 (1), 101 (1) | Jörg Mair: Seiten 78, 111 (4) | Karin Mall: Seiten 69, 77, 83, 87 (4), 92 (2), 108 (1, rechts), 110 (2), 111 (3), 119 (1), 120 (2) | Tom Menzel: Seiten 68 (2), 70, 74, 75, 76 (1), 80, 82, 85 alle oben, unten rechts, 86 (1), 87 (7), 94